权威·前沿·原创

皮书系列为
"十二五""十三五"国家重点图书出版规划项目

智库成果出版与传播平台

马来西亚蓝皮书
BLUE BOOK OF MALAYSIA

马来西亚发展报告（2021）
ANNUAL REPORT ON DEVELOPMENT OF MALAYSIA(2021)

北京外国语大学亚洲学院
北京外国语大学中国马来研究中心
北京大学东盟国家研究中心
主　编／苏莹莹　翟　崑
副主编／傅聪聪　宋清润

社会科学文献出版社
SOCIAL SCIENCES ACADEMIC PRESS (CHINA)

图书在版编目(CIP)数据

马来西亚发展报告.2021/苏莹莹,翟崑主编.——北京:社会科学文献出版社,2021.12
（马来西亚蓝皮书）
ISBN 978－7－5201－9546－1

Ⅰ.①马… Ⅱ.①苏…②翟… Ⅲ.①马来西亚－研究报告－2021 Ⅳ.①D733.8

中国版本图书馆 CIP 数据核字（2021）第 267526 号

马来西亚蓝皮书
马来西亚发展报告（2021）

主　　编／苏莹莹　翟　崑
副 主 编／傅聪聪　宋清润

出 版 人／王利民
组稿编辑／张晓莉
责任编辑／叶　娟
文稿编辑／邹丹妮
责任印制／王京美

出　　版／社会科学文献出版社·国别区域分社（010）59367078
　　　　　　地址：北京市北三环中路甲29号院华龙大厦 邮编：100029
　　　　　　网址：www.ssap.com.cn
发　　行／市场营销中心（010）59367081　59367083
印　　装／天津千鹤文化传播有限公司

规　　格／开 本：787mm×1092mm　1/16
　　　　　　印 张：17　字 数：252千字
版　　次／2021年12月第1版　2021年12月第1次印刷
书　　号／ISBN 978－7－5201－9546－1
定　　价／158.00元

本书如有印装质量问题,请与读者服务中心（010－59367028）联系

▲ 版权所有 翻印必究

北京外国语大学"双一流"建设项目成果(项目批准号:2021SYLZD015)

北京外国语大学区域与全球治理高等研究院
"区域和国别研究蓝皮书系列"

荣誉总主编	柳斌杰
总　主　编	王定华　杨　丹
执行总主编	孙有中
副总主编	谢　韬　王建斌
编　　　委	常福良　戴冬梅　戴桂菊　丁　超　丁红卫 姜　飞　柯　静　李洪峰　李建军　李雪涛 李永辉　梁　燕　刘欣路　米　良　牛华勇 苏莹莹　孙晓萌　孙　萍　王展鹏　王明进 吴宗玉　薛庆国　张朝意　张志洲　章晓英 赵　刚　周鑫宇
学术委员会	丁一凡　冯仲平　黄　平　季志业　江时学 李绍先　李向阳　刘鸿武　孙士海　王缉思 邢广程　薛　澜　杨伯江　杨　恕　袁　明 袁　鹏　翟　崑　张蕴岭　周　弘　朱晓中

马来西亚蓝皮书编委会

顾　　　问　吴宗玉

主　　　编　苏莹莹　翟　崑

副　主　编　傅聪聪　宋清润

编委会成员　（按姓氏拼音排序）

陈戎轩　邓家骏　范若兰　葛红亮　孔金磊
孔　涛　李　可　廖博闻　〔马来西亚〕林德顺
刘　勇　马燕冰　彭　健　〔马来西亚〕饶兆斌
邵　颖　唐嘉馨　邰　伟　许利平　于慧林
张静灵　张　澍　钟大荣　〔马来西亚〕周美芬

主要编撰者简介

苏莹莹 北京外国语大学亚洲学院院长，马来语专业教授。主要研究领域为马来语言文学、南海问题、东南亚社会文化、非通用语种专业教育教学研究。北外中国外语教材研究中心研究员，中国高校马来语专业发展委员会创会主席。出版专著《马来西亚南海政策研究》，主编《20世纪中国古代文化经典在东南亚的传播编年》，出版教材6部、专业辞书5部，正式发表论文40多篇，主持或参与省部级及国家级科研课题7项，获2017年度北京市教学成果奖一等奖（项目主持人）。

翟　崑 北京大学国际关系学院国际政治系教授、博士生导师，北京大学区域与国别研究院副院长、全球互联互通研究中心主任。主要研究领域有东南亚、亚太问题，世界政治与国际战略问题，以及中国的国际化战略、"一带一路"等。曾任中国现代国际关系研究院世界政治研究所所长（2011～2014）、南亚东南亚及大洋洲研究所所长（2008～2011），研究员。长期从事全球、周边地区及国别的综合研究和科研管理。为东盟地区论坛（ARF）中方专家名人、中国东南亚研究会副会长、中国外交学会理事，以及泛北部湾经济合作中方专家组成员、中国—东盟博览会高级顾问。

摘　要

2020年是马来西亚历史上又一个重要的年份,这一年马来西亚发生了"喜来登政变",执政的马哈蒂尔在执政联盟和其领导的土著团结党的双重压力下辞职下台。新总理、土著团结党主席穆希丁组建的新执政联盟仅在国会占微弱多数优势,因而引发了马来西亚政坛的新一轮激烈博弈。与此同时,2020年也是新冠肺炎疫情全球蔓延的一年,马来西亚也未能幸免。马来西亚朝野各党在政治斗争的同时,也不忘应对疫情,共促经济恢复、社会稳定。穆希丁政府因为应对疫情获得了暂时的喘息之机。

《马来西亚发展报告(2021)》以"喜来登政变"和新冠肺炎疫情冲击下的马来西亚内政、外交变局为核心,集中研讨马来西亚的政治、经济、外交、安全等议题,尤其是重点探讨马来西亚政局的变化、全国紧急状态、王权的作用、疫情背景下的数字经济和汽车行业发展政策、亚太经济合作组织(APEC)会议及中马人文交流的新特点、马来西亚对"一带一路"认知的差异等议题,并对中国与马来西亚的合作进行了展望。

研究发现,2020年,马来西亚政治步入不稳定期,新成立的国民联盟政府蹒跚前行,在联盟内部矛盾频发、在野党外部冲击、王室间接干预之中维持运转。政治斗争、疫情防控、经济发展成为未来马政府面临的三大难题。

受到新冠肺炎疫情影响,2020年马来西亚经济负增长5.6%,各行业均受不同程度打击,服务业、进出口受挫最严重。但数字经济取得长足进步。电子商务、电子支付等领域实现爆发式增长,在一定程度上改善了经济发展的不利局面。但数字经济面临基础设施建设落后、人才缺失、数字鸿沟扩大

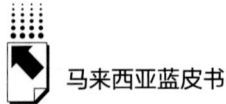

等明显问题。同时,政府颁布的《国家汽车政策2020》为未来10年汽车行业发展指明方向,有望引领马汽车工业实现新的辉煌。

外交方面,疫情极大地限制了马外交活动,但2020年马成功举办APEC领导人非正式会议、签署《区域全面经济伙伴关系协定》(RCEP),为区域经济合作做出贡献。

中马关系在2020年稳步发展,两国人文交流展现出一定的持续性和务实性,并形成多个常态化交流机制;"一带一路"合作务实推进,华文媒体在推动"一带一路"倡议在马传播过程中发挥了积极作用,《星洲日报》在一定程度上架起了中马之间信息互通的桥梁。未来,中马合作也面临新的挑战和机遇。挑战方面,双方合作面临马政局动荡、经济下行和地缘政治影响;机遇方面,中马在卫生、数字经济、可持续发展、区域合作等方面大有可为。

关键词: 马来西亚 喜来登政变 新冠肺炎疫情 中马关系

前　言

《马来西亚发展报告》系列是由北京外国语大学区域与全球治理高等研究院、亚洲学院、中国马来研究中心牵头,联合北京大学东盟国家研究中心,组织国内外知名专家学者编写的蓝皮书,是我国出版的第一套关于马来西亚的蓝皮书,先后发布了《马来西亚发展报告(2019)》和《马来西亚发展报告(2020)》。在此基础上,承蒙中马两国学者的支持与厚爱,我们再接再厉,组织编撰了《马来西亚发展报告(2021)》。希望通过这部年度蓝皮书的持续发布,加深国内读者对马来西亚、中马关系的了解。

中国和马来西亚有着2000多年源远流长的交往历史。两国同处于当今世界经济发展最为活跃的亚太地区,同为亚洲发展中国家和新兴经济体代表。1974年5月31日,中马建交,马来西亚成为东盟创始成员国中第一个与中国建交的国家。中马关系自20世纪90年代开始进入积极开拓的阶段。1999年,两国签署关于未来双边合作框架的联合声明。2004年,两国领导人就发展中马战略性合作达成共识。2013年10月,习近平当选国家主席后首访东南亚,马来西亚成为他的两个访问国之一,这显示了中国政府对马来西亚以及中马关系的高度重视。习主席如此定义中马关系,"中国和马来西亚是谈得来、信得过、靠得住的好朋友",并评价马来西亚是中国"隔海相望的邻居、真心相待的朋友、互利合作的伙伴",两国建立了全面战略伙伴关系。中马在诸多国际问题上拥有广泛高度共识,在联合国、世界贸易组织、亚太经合组织(APEC)、东亚区域合作等多边框架中始终密切协作,共同反对单边主义和保护主义,共同推进贸易投资自由化、便利化和经济全球化进程。中马双方政治互信深厚,利益融合紧密,人民相知相亲,传统友谊不断焕发出新的生机。2020年,两国友谊在新冠肺炎疫情大考中再次得到升华。

应该说,2020年的马来西亚充满了各种动荡与不安。一方面,新冠肺炎疫情给全球经济特别是区域合作带来严重冲击,受此影响,马来西亚经济出现了自1997~1998年亚洲金融危机以来最严重的衰退,经济复苏面临极其严峻的挑战。另一方面,政党纷争引发的政坛动荡也使其国内政局发展出现了不稳定、不明朗的态势。国民联盟政府面对各方面考验,中马关系也面临挑战。尽管如此,中马两国政府仍以实际行动诠释了双方的友好情谊,守望相助,共克时艰,两国的政治互信及良性互动得到了较好的维护。

2020年10月,王毅外长到访马来西亚。这是新冠肺炎疫情发生以来中国外长首次访马,王毅外长也是马来西亚正式接待的首位外长,这充分体现了中马全面战略伙伴关系的高水平。为进一步提升中马合作,两国决定成立由双方外长牵头的中马合作高级别委员会,就此制定政府间合作框架文件,统筹推进两国各领域合作,推动中马全面战略伙伴关系迈上新台阶。2020年11月,马来西亚首次以视频方式成功主办了2020年亚太经合组织领导人峰会,发表了《吉隆坡宣言》,呼吁各国团结一致,引领亚太地区应对新冠肺炎疫情及其经济影响,实现经济复苏,体现了马来西亚努力发挥区域大国作用的决心与担当。根据中国驻马来西亚大使馆的统计数据,中马贸易总额连续三年突破1000亿美元,至2020年达到1312亿美元,较2019年增长6%。2020年中国连续第12年成为马来西亚最大贸易伙伴。中国同时是马来西亚最大出口目的地和进口来源地。

目前中马都站在全面抗击疫情、推进经济复苏的最前沿。2020年是中国—东盟自贸区建成10周年,2021年是中国与东盟建立对话关系30周年,中马两国将以此为契机,推动中国—东盟合作提质升级,推动东亚合作聚焦抗疫和发展两大主题,促进地区和平稳定与繁荣发展。当前,中马两国合作前景广阔。中国高度重视中马关系,希望双方以共建"人类命运共同体"为导向,以合作开展"一带一路"项目为契机,加强发展战略对接,为中马全面战略伙伴关系注入新内涵，为地区发展增添新助力，为中马关系开创美好未来。这迫切需要国内加快相关研究产出，为两国加强战略协作提供智力支持。由此，《马来西亚发展报告（2021）》的推出将肩负起重要使命。

《马来西亚发展报告（2021）》包括总报告、分报告、专题报告、中马关系篇和附录几个部分。本书的作者除了来自国内知名高校及权威科研机构的专家学者，还有部分来自马来西亚的专家学者。在大家的通力合作下，本书全面呈现了2020年全年至2021年初马来西亚在政治、经济、外交、国防、教育、文化等领域的发展状况以及中马关系的最新发展态势。我们希望借马来西亚蓝皮书的平台，充分发挥中国高校、研究机构与马来西亚高校、智库的合作优势，通过两国学者对马来西亚政经社情和双边关系发展的全面跟踪、系统整理和综合分析，形成较为权威的报告，为中国各界了解马来西亚当代发展提供较为全面的研究资料，为中国"一带一路"倡议与马来西亚国内发展计划对接、中国企业走出去等提供重要参考。

当前，疫情正深刻地影响着世界，加速推进全球格局的变化。合作共赢，仍是区域局势发展的主流。展望未来，相信中马两国将在全力推进基础设施建设、经贸金融拓展、文化教育交流、外交防务合作的同时，积极促进中马文化的交流互鉴与和谐共生，携手并肩，互利共赢，继续为亚太地区乃至世界的和平发展与稳定繁荣贡献重要力量。

苏莹莹　翟崑

2021年7月于北京

目 录

Ⅰ 总报告

B.1 2020年的马来西亚：挑战与困难前所未有 …………… 骆永昆 / 001

Ⅱ 分报告

B.2 2020年马来西亚政治形势：变化形势中的政治秩序重构
　　………………………………………… 傅聪聪 陈戎轩 / 021
B.3 2020年马来西亚经济形势：遭受打击但有望回弹
　　……………………………………………………… 孔 涛 / 038
B.4 2020年马来西亚外交形势：三重危机下的外交 ……… 饶兆斌 / 068

Ⅲ 专题报告

B.5 2020年马来西亚国盟政府主要政党关系发展演变 …… 钟大荣 / 078
B.6 2021年马来西亚颁布紧急状态法令的政治背景 ……… 周美芬 / 091

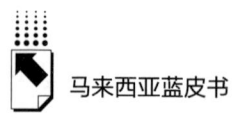

B.7 近年王权在马来西亚政权更迭中的作用和影响
………………………………………… 范若兰 彭 健 / 111

B.8 马来精英阶层的发展动态：类别、变化和作用
…………………… 阿兹哈尔·易卜拉欣（Azhar Ibrahim） 廖博闻 / 129

B.9 2020年马来西亚数字经济发展 ………… 孔金磊 翟 崑 / 139

B.10 国家汽车政策与马来西亚民族汽车工业发展 ………… 刘 勇 / 153

B.11 马来西亚与2020年APEC议程 ………… 葛红亮 唐嘉馨 / 170

Ⅳ 中马关系篇

B.12 中马合作：挑战与机遇 ………………… 许利平 张 澍 / 189

B.13 2020年中马人文交流发展和模式 ……………… 张静灵 / 203

B.14 马来西亚华文和马来文媒体对"一带一路"的认知差异
——基于《星洲日报》《当今大马》报道的对比分析
………………………………………… 邵 颖 李 可 / 217

Ⅴ 附 录

B.15 马来西亚大事记（2020年1~12月）…………… 廖博闻 / 234

Abstract ……………………………………………………… / 237
Contents ……………………………………………………… / 239

总报告

General Report

B.1
2020年的马来西亚：挑战与困难前所未有

骆永昆*

摘　要： 2020年是马来西亚历史上最具挑战的一年。一方面，新冠肺炎疫情全球蔓延，马来西亚的政治、经济、社会发展遭遇前所未有的冲击。经济出现了自1997～1998年亚洲金融危机以来最严重的衰退。另一方面，国内政治斗争持续深化。96岁高龄的马哈蒂尔总理意外辞职下台，新总理穆希丁在国会仅有2个席位的微弱优势，面临朝野各方的持续压力和挑战。马来西亚政治进入了历史上罕见的不稳定期。政治斗争、疫情防控、经济发展成为马来西亚未来面临的三大难题。

---

* 骆永昆，博士，中国现代国际关系研究院东南亚和大洋洲研究所副所长，副研究员，主要研究方向为印度尼西亚、马来西亚、东盟及亚太安全。

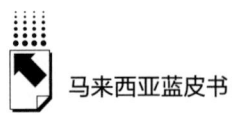

关键词： 新冠肺炎疫情　马哈蒂尔　国民联盟　穆希丁　巫统

一　政治斗争白热化

自2018年5月"变天"后，马来西亚政坛一直危机四伏。2020年2月，马哈蒂尔在各方压力下辞职下台，土著团结党主席穆希丁当选总理，马来西亚政治碎片化趋势进一步凸显。

第一，穆希丁当选总理，马来西亚政坛呈现不稳定格局。2020年2月24日，二度执政的马哈蒂尔突然宣布辞去政府总理和土著团结党总主席职务，掀起政坛风暴。与此同时，土著团结党以及人民公正党副主席阿兹敏派系的11名国会议员从安瓦尔领导的执政联盟希望联盟"跳槽"，导致执政不到两年的希望联盟政府骤然垮台。此后，朝野各党围绕新一届政府总理人选展开激烈博弈。马哈蒂尔、安瓦尔、穆希丁以及主要马来人政党巫统成为重要四方。马哈蒂尔希望凭借个人魅力组建一个跨越朝野的政党大联盟，自己继续执政；安瓦尔希望借助希望联盟在国会102个席位①（112个席位过半）的优势继续主导政坛，最终实现总理梦；穆希丁则采取务实举措，积极与从人民公正党分离出来的阿兹敏派系及巫统等政党磋商合作，谋求夺取政权。经过几番激烈博弈，2月29日，穆希丁最终赢得114名国会议员的支持，获得最高元首任命，当选新一届政府总理。马哈蒂尔由于纠结与安瓦尔的关系，并且拒绝与巫统合作，未能抢在穆希丁之前争取到国会多数议员的支持，从而失去了总理职位。3月1日，穆希丁宣誓就任新一届总理。

5月28日，随着马哈蒂尔被开除出土著团结党，马哈蒂尔派系的影响力式微。虽然马哈蒂尔与其子慕克里兹成立了新的政党——祖国斗士党（Pejuang

---

① PH hilang majoriti jadi Kerajaan Pusat, Berita Harian, Februari 24, 2020, https://www.bharian.com.my/berita/nasional/2020/02/658690/ph-hilang-majoriti-jadi-kerajaan-pusat（访问时间：2021年3月1日）。

Tanah Air)①，但该党仅占有 4 个国会席位，且不与其他政党结盟，难以有大的作为。相反，穆希丁领导的国民联盟虽然仅以 2 个席位的微弱优势执政，但由于反对派各方的相互掣肘，国民联盟逐渐站稳脚跟，成为政坛的一股主要政治力量。该联盟以土著团结党为核心，其他联盟成员或支持该联盟的政党有巫统领导的国民阵线、伊斯兰教党、民政党、沙捞越政党联盟、沙巴立新党、沙巴进步党等。然而，不可否认的是，国民联盟是一个极不稳定的执政联盟，其中主要的动荡因素就是巫统。巫统不仅是国民联盟中掌握国会席位最多的政党，而且领导国民阵线，又与伊斯兰教党结盟，可谓影响力巨大。迄今，巫统坚称支持穆希丁政权，但并未加入国民联盟。② 并且，在巫统内部有关是否继续支持穆希丁和土著团结党的争论一直未断。③ 巫统随时可能撤回对穆希丁的支持，导致其政权垮台。因此，巫统成为马来西亚政坛一股关键的政治力量。

除国民联盟和巫统外，当前马来西亚政坛的第三股政治力量是安瓦尔领导的希望联盟。该联盟至今仍占有 90 个④国会席位，颇具影响力。安瓦尔虽然年事已高，但在马来西亚政坛仍有大批支持者。从目前来看，希望联盟是一个较为稳定的联盟，人民公正党、民主行动党、国家诚信党三党之间关系和睦。三党均鼎力支持人民公正党主席安瓦尔竞选马来西亚总理。⑤ 希望联盟若能与其他政党开展合作，仍有望取代穆希丁政府。即使解散国会重新

---

① 祖国斗士党于 2020 年 8 月 12 日宣布成立。但 2021 年 1 月 6 日，马来西亚社团注册局正式宣布拒绝祖国斗士党的注册申请。次日，法庭宣布驳回该党针对社团注册局的司法审核，但马哈蒂尔提出上诉。

② UMNO, BN tidak sertai PN: Asyraf Wajdi, Sinar Harian, Disember 18, 2020, https://www.sinarharian.com.my/article/115321/BERITA/Politik/UMNO－BN－tidak－sertai－PN－Asyraf－Wajdi（访问时间：2021 年 3 月 1 日）。

③ Beberapa lagi MP UMNO mungkin tarik diri sokong PN-Tajuddin Rahman, Astro Awani, Januari 10, 2021, https://www.astroawani.com/berita－malaysia/beberapa－lagi－mp－umno－mungkin－tarik－diri－sokong－pn－tajuddin－rahman－277022（访问时间：2021 年 3 月 1 日）。

④ 90 个席位为 2021 年 3 月 1 日数据。

⑤ Pakatan Harapan jatuh sebab Anwar Ibrahim dipilih sebagai PM-Tun M, Astro Awani, Februari 5, 2021, https://www.astroawani.com/berita－politik/pakatan－harapan－jatuh－sebab－anwar－ibrahim－dipilih－sebagai－pm－tun－m－281470（访问时间：2021 年 3 月 1 日）。

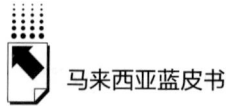

举行大选,希望联盟预计也能获得可观的国会席位。从这个意义上讲,至少在下届大选前,希望联盟仍然是能够左右马来西亚政坛的重要政治势力。

从以上分析可以看出,国民联盟、巫统以及希望联盟之间的互动将决定未来马来西亚的政坛格局。然而,上述三股政治力量的互动博弈极其复杂,并非占有国会席位多者一定胜出,关键看各方之间如何进行利益分配。并且在三方的互动中,已经式微的马哈蒂尔派系仍可能发挥重要影响,起到"四两拨千斤"的作用。

第二,反对派呼声高涨,穆希丁政权面临巨大挑战。穆希丁当选总理后,朝野各党斗争加剧,各方围绕"谁是合法的总理"争论不休。在执政联盟内部,从3月1日穆希丁就任起,巫统对国民联盟的态度就非常暧昧,不但反复重申未正式加入国民联盟的事实,而且不断向穆希丁施压。有关巫统要求穆希丁立即举行大选的新闻随处可见①,但巫统最终因内部意见不一,没有断然选择离开执政联盟。因为巫统及其他各政党的压力,穆希丁没有在3月9日组建的新内阁中委任阿兹敏为副总理,而是同时任命了四位高级部长,以平衡各方利益。这是马来西亚历史上首次没有设立内阁副总理职位。

反对党方面,马哈蒂尔自失去政权后,对穆希丁的批评和指责从未停止,不但指责其与腐败分子合作,而且在国会大力推动对穆希丁的不信任投票,要求他立即辞职下台。② 同时,马哈蒂尔还谋求与安瓦尔合作,希望安瓦尔领导的希望联盟推举自己为总理候选人,以争取多数国会议员支持,推翻穆希丁政权,但人民公正党坚持只推举安瓦尔为总理,导致马哈蒂尔再度任总理的理想破灭。③ 此后,马哈蒂尔还企图推举沙巴首席部长沙菲为新任

---

① UMNO minta PRU – 15 disegerakan, Berita Harian, Januari 3, 2021, https://www.bharian.com.my/berita/politik/2021/01/771649/umno – minta – pru – 15 – disegerakan(访问时间:2021年3月1日)。

② Tun M nasihat Muhyiddin letak jawatan, Astro Awani, Januari 7, 2021, https://www.astroawani.com/berita – malaysia/tun – m – nasihat – muhyiddin – letak – jawatan – 276565(访问时间:2021年3月1日)。

③ Anwar Ibrahim Tolak Mahathir sebagai Calon PM Pakatan Harapan, Kompas, Jun 20, 2020, https://www.kompas.com/global/read/2020/06/20/132727870/anwar – ibrahim – tolak – mahathir – sebagai – calon – pm – pakatan – harapan?page=all(访问时间:2021年3月1日)。

总理人选①，但最终也没有赢得各方的支持。安瓦尔在与马哈蒂尔合作失败后，并未放弃夺权的脚步。他积极拉拢巫统等关键政党的国会议员，并一度声称获得了过半数议员的支持，可以推翻穆希丁政权。10月13日，安瓦尔觐见最高元首，单方面宣布穆希丁政府倒台，要求元首任命自己为新总理。但由于安瓦尔未向最高元首提供确凿的证据，证明自己已经获得过半数国会议员的支持，此事最终不了了之。②

穆希丁在顶住了巫统、马哈蒂尔和希望联盟的两波攻势后，开始伺机反击。10月25日，穆希丁以防范新冠肺炎疫情传播为名，恳请最高元首宣布全国进入紧急状态，以搁置国会，但被最高元首否决。③ 11月6日，穆希丁又在国会对政府预算案的投票中，以111∶108侥幸过关。2021年1月，随着新冠肺炎疫情的大规模扩散，穆希丁再次恳请最高元首宣布全国进入紧急状态，获得元首批准。最终，穆希丁凭借最高元首宣布的全国紧急状态法令，暂停了国会，接管了全国政权，暂时坐稳了总理职位。尽管此后安瓦尔等人向法院提起上诉，挑战最高元首宣布的全国紧急状态法令，但无济于事。穆希丁在与巫统、马哈蒂尔和安瓦尔的斗争中获得了暂时的胜利。

穆希丁政权在朝野多个政党的攻击下依然屹立不倒，主要原因有二。一是新冠肺炎疫情的发生和扩散，在很大程度上减轻了穆希丁的执政压力。倘若没有此次疫情，估计穆希丁自上台之日起将面临持续不断的大规模示威游行，反对派也将持续在国会推动不信任投票，直至穆希丁交权下台。相反，新冠肺炎疫情的出现，让穆希丁顺理成章地缩短了国会议程，搁置了不信任案投票，同时通过"行动管制令"，躲过了大规模的示威游行，赢得喘息之机。后来也正是因为疫情，穆希丁获得了"全国紧急状态法令"这把尚方

---

① Shafie sebagai PM hanya helah, Berita Harian, Jun 28, 2020, https：//www.bharian.com.my/berita/politik/2020/06/705102/shafie－sebagai－pm－hanya－helah（访问时间：2021年3月1日）。

② Agong：Anwar tidak senarai nama MP yang sokongnya, Malaysia Kini, Oktober 13, 2020, https：//www.malaysiakini.com/news/546351（访问时间：2021年3月1日）。

③ Yang di-Pertuan Agong tolak cadangan darurat, Sinar Harian, Oktober 25, 2020, https：//www.sinarharian.com.my/article/106958/BERITA/Nasional/Yang－di－Pertuan－Agong－tolak－cadangan－darurat（访问时间：2021年3月1日）。

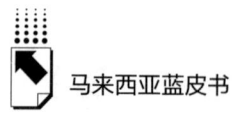

宝剑，暂时保住了政权。

二是反对派虽然势力强大，并且都有取代穆希丁政府的决心，但是各方就"谁当总理"始终难以达成一致，最终让仅有微弱优势的穆希丁坐稳了总理职位。马哈蒂尔不愿放弃总理职位，不论与哪个政党合作，都会推举自己或者安排其儿子慕克里兹出任总理。安瓦尔在经历了1998年的革职和此轮政变后，已不再相信马哈蒂尔，坚持自己出任总理，难与马哈蒂尔开展合作。巫统方面，前主席纳吉布、现主席扎希德都腐败丑闻缠身，均难胜任总理职位，而纳吉布执政时期的热门总理候选人、现任外交部部长希沙慕丁由于在巫统中没有担任官职，也暂时难以成为总理候选人。并且，巫统明确表示不与希望联盟合作①，而马哈蒂尔坚决不与巫统合作，这导致了巫统、马哈蒂尔、希望联盟虽然都极力想推翻穆希丁政权，但最终也无法形成合作的局面。

不过，未来马来西亚的政局变化虽然仍有待观察，但可以肯定的是，不论"全国紧急状态"结束后是否立即举行大选，马来西亚政坛碎片化的格局恐都难有根本改变。巫统领导的国民阵线、穆希丁领导的国民联盟、安瓦尔领导的希望联盟三大政治力量不论未来怎么分化组合，马来西亚都难以回到2018年以前一个政党（巫统）主导政坛的局面。

二 经济全面衰退

受新冠肺炎疫情和政局动荡的双重冲击，2020年，马来西亚经济全面衰退。穆希丁政府虽多次颁布大规模刺激政策和救助措施，但经济发展依然面临重重挑战，全面复苏困难较大。

第一，经济陷入衰退。马来西亚是外向型经济体，经济发展易受外部环境的影响。迄今，马来西亚历史上三次经济负增长都出现在外部环境波动之

---

① Pemimpin UMNO tolak kerjasama DAP, Anwar, Sinar Harian, Januari 6, 2021, https://www.sinarharian.com.my/article/117832/BERITA/Politik/Pemimpin-UMNO-tolak-kerjasama-DAP-Anwar（访问时间：2021年3月1日）。

时。比如受到 20 世纪 80 年代初"沃尔克冲击"①的影响，1985 年，马来西亚 GDP 负增长 1.025%。1997~1998 年东南亚遭遇金融危机时，马来西亚经济再遭打击，GDP 增长 -7.359%。2008~2009 年，在全球金融危机来袭时，马来西亚 GDP 再次出现 -1.514% 的增长。② 如今，面临新冠肺炎疫情的冲击，马来西亚经济又一次出现衰退。2021 年 9 月，国际货币基金组织数据显示，2020 年，马来西亚经济增长 -5.6%③。

数据显示，除政府消费增长 4.5% 外，2020 年马来西亚主要宏观经济指标全面下滑。其中，固定投资总额下滑 19.1%，货物和服务进口下滑 12.6%，货物和服务出口下滑 10.5%，国内需求减少 6.2%，私人消费下降 4.3%。同时，三大产业也出现不同程度萎缩。表现最好的农业增长 -0.5%，工业萎缩 7.0%，服务业则衰退 4.8%。④ 随着经济的下滑，2020 年，马来西亚出现通货紧缩，全年通货膨胀率为 -1.1%，失业率也从 2019 年的 3.275% 上升到 4.5%。⑤

值得注意的是，由于投入大量资金应对新冠肺炎疫情，2020 年马来西亚政府支出增加、债务大幅上升。马来西亚政府全年收入仅为 2852 亿林吉特，比 2019 年的 3048 亿林吉特大幅减少；同时，政府开支飙升至 3773 亿林吉特，比 2019 年的 3606 亿林吉特增加 167 亿林吉特。2020 年，政府总债务高达 9520 亿林吉特，占 GDP 的 67.58%，高于 2019 年的 8648 亿林吉特（占 GDP 的 57.24%）。预计 2021 年，政府总债务将突破 1 万亿林吉特，达到 1.027 万亿林吉特，占 GDP 的 66.025%。经常项目盈余也

---

① 沃尔克时任美联储主席，他主张采取收缩货币供应、提高利率的方式控制通货膨胀。依赖出口的马来西亚，由于初级产品价格暴跌和工业品需求减少，出口受阻，经济萎缩。参见 Cover Story: Lessons from the last three major economic crises, The Edge Markets, April 12, 2020, https://www.theedgemarkets.com/article/cover-story-lessons-last-three-major-economic-crises（访问时间：2021 年 3 月 1 日）。
② 以上数据均来自世界银行，https://data.worldbank.org/indicator/NY.GDP.MKTP.KD.ZG?locations=MY（访问时间：2021 年 3 月 1 日）。
③ 国际货币基金组织，https://imf.org/en/countries/MYS（访问时间：2021 年 3 月 1 日）。
④ 以上数据来自 EIU Country Report Malaysia, January 5, 2021。
⑤ 以上数据来自国际货币基金组织。

将从2019年的122.75亿林吉特大幅减少至31.56亿林吉特，占GDP的0.938%。① 与此同时，2020年马来西亚的财政赤字将达到GDP的6%左右，创历史新高。

尽管遭遇了自1997年亚洲金融危机以来最严重的打击，但2020年马来西亚的一些经济数据依然好于2008~2009年全球金融危机时期，值得关注。比如，2020年，马来西亚的投资批准目标预计达1380亿林吉特，虽低于2019年的2079亿林吉特②，但比2009年全球金融危机期间批准的实际投资高约32%。③ 其中，2020年1~9月，马来西亚批准的总投资额达到1098亿林吉特。中国（170亿林吉特）、新加坡（80亿林吉特）、美国（28亿林吉特）、瑞士（28亿林吉特）、荷兰（24亿林吉特）是主要外资来源，另外61.2%的投资来自国内。国际贸工部高级部长阿兹敏解释称，马来西亚在新冠肺炎疫情发生后仍能获得较稳定的外国投资，主要原因是马来西亚拥有建设完备的工业网络和从事高科技产品制造业及高附加值服务业的人力资源。④ 再如，马来西亚的外汇储备持续增加。2020年4月30日，马来西亚外汇储备达1025亿美元，可应付7.9个月的进口额，相当于短期外债的1.1倍。9月中旬，外汇储备增加至1048亿美元，12月31日升至1076亿美元，可支付8.6个月的进口额，相当于短期外债的1.2倍。⑤ 正是因为有以上相对较好的表现，国际货币基金组织预测，2021年，马来西亚GDP增速可反

---

① 以上数据来自国际货币基金组织。
② Malaysia approved RM207.9bil in investments in 2019, The Star, April 21, 2020, https://www.thestar.com.my/business/business-news/2020/04/21/malaysia-approved-rm2079bil-in-investments-in-2019（访问时间：2021年3月1日）。
③ Malaysia's investment approval target forecast to hit RM138bil in 2020, New Straits Times, December 11, 2020, https://www.nst.com.my/business/2020/12/648749/malaysias-investment-approval-target-forecast-hit-rm138bil-2020（访问时间：2021年3月1日）。
④ Malaysia records RM109.8b worth of approved investments in Jan-Sept 2020, The Edge Markets, December 1, 2020, https://www.theedgemarkets.com/article/malaysia-records-rm1098b-worth-approved-investments-jansept-2020（访问时间：2021年3月1日）。
⑤ 《马央行：马来西亚国际外汇储备金达1076亿美元》，中国驻马来西亚大使馆经商处，2021年1月8日，http://my.mofcom.gov.cn/article/sqfb/202101/20210103031919.shtml（访问时间：2021年3月1日）。

弹至6.5%，经常项目盈余将增加至148.5亿美元，失业率将降至3.8%。①

第二，积极应对新冠肺炎疫情。疫情发生以来，马来西亚政府高度重视应对疫情，多次颁布刺激政策，促进经济复工复产，帮助中小企业和普通民众渡过难关。比如，2020年2月27日，马哈蒂尔宣布出台总值200亿林吉特（约47.4亿美元）的《2020年经济振兴配套方案》，主要措施包括：对相关企业减免税收、提供补助，改进现金流短缺问题；对受影响的从业者提供津贴和培训补贴；通过减税、提供优惠券等方式刺激国内旅游。② 对受疫情影响的公司允许其相应地修改2020纳税年度应纳税额。其中，从事旅游行业的企业每月所得税的分期付款将从2020年4月推迟到9月。此外，从2020年4月1日到12月31日，企业可选择将其对雇员公积金的缴款比例从11%减少到7%。马哈蒂尔称，截至2月底，马来西亚卫生部门已投入1.5亿林吉特抗击新冠肺炎疫情。③

3月27日，穆希丁宣布2500亿林吉特（约575.4亿美元）的经济刺激计划。该刺激计划包括了马哈蒂尔政府的200亿林吉特投入，此外还有1000亿林吉特的企业刺激资金、1280亿林吉特的民生福利资金，以及20亿林吉特用于巩固经济。穆希丁表示，此刺激方案将惠及全民，特别是弱势群体。同时，政府将增加对卫生部的拨款，用于购置医疗设备和医疗服务；增加抗疫医护人员的津贴，并向参与执勤的军警和海关等发放津贴。④ 这是马来西亚有史以来最大规模的经济刺激计划，资金总计约占GDP的18%。4月6日，穆希丁宣布其任内的第二份刺激计划。该计划总额为100亿林吉特，主要针对中小企业，要求在行动管制令实施期间为中小企业提供援助。

仅2020年上半年，马来西亚政府共计推出总额为2950亿林吉特（约

---

① 国际货币基金组织，https://imf.org/en.countries/MYS（访问时间：2021年3月1日）。
② 《马来西亚推经济刺激举措应对新冠肺炎疫情影响》，中国新闻网，2020年2月27日，http://www.chinanews.com/gj/2020/02-27/9107080.shtml（访问时间：2021年3月1日）。
③ 《应对新冠肺炎疫情 马来西亚出台振兴经济配套方案》，环球网，2020年2月27日，https://world.huanqiu.com/article/9CaKrnKpD0x（访问时间：2021年3月1日）。
④ 《马来西亚宣布经济刺激计划应对疫情影响》，新华网，2020年3月27日，http://www.xinhuanet.com/2020-03/27/c_1125779302.htm（访问时间：2021年3月1日）。

707亿美元）的刺激计划，并注资450亿林吉特（约107亿美元）助推经济发展。以上刺激政策使政府的公共债务总额上升到GDP的56%。为保障政府获得足够资金实施刺激和复苏计划，8月24日，马来西亚国会批准将政府债务上限提升至GDP的60%，以应对疫情带来的冲击。马来西亚上一次调整债务上限是在2009年7月全球金融危机期间，当时政府债务的上限被提高至GDP的55%。①

第三，颁布2021年财政预算案。在新冠肺炎疫情冲击、全球经济衰退和国内政治斗争白热化的背景下，2020年11月6日，穆希丁政府向国会提呈2021年财政预算案。12月15日，国会下议院以111∶108的微弱优势通过预算案；23日，预算案在上议院获通过，次日获最高元首苏丹阿卜杜拉签署。需要特别指出的是，在国会投票前，反对派希望联盟呼吁国会下议院否决预算案；前总理马哈蒂尔亦和巫统元老东姑·拉萨里携手举行记者会，呼吁"阻击"预算案，并敦促穆希丁下台。正是由于激烈的政治斗争，正在防疫隔离中的3名国会下议院议员获准身着防护服至国会公众旁听席上单独投票，这才使预算案涉险过关。②

穆希丁推动的2021财政预算案旨在增进人民福祉、确保商业活动持续推进、保持经济发展韧性，为政府应对疫情和促进经济发展注入强心剂。该预算案总额高达3225.40亿林吉特（约781.34亿美元），比2020年增加了255亿林吉特，占GDP的20.6%，是马来西亚历史上迄今最庞大的预算案。其中，政府运营开支2365.40亿林吉特（占预算总额的73.3%），发展开支690亿林吉特（占预算总额的21.4%），疫情基金170亿林吉特。政府收入预计达2369亿林吉特，赤字856.40亿林吉特，占GDP的6%。③

针对在疫情中被严重冲击的旅游业和航空业，预算案颁布新举措，即旅

---

① 《马来西亚议会批准提高政府债务上限应对疫情冲击》，新华网，2020年8月25日，http：//www.xinhuanet.com/2020-08/25/c_1126409761.htm（访问时间：2021年3月1日）。
② 《马来西亚明年财案过关 穆希丁赢"政府保卫战"》，中国新闻网，2020年12月15日，https：//www.chinanews.com/gj/2020/12-15/9362974.shtml（访问时间：2021年3月1日）。
③ 《2021年马来西亚财政预算案》，2020年11月7日，https：//www.yycadirisors.com/malaysia-budget-2021-cn.html（访问时间：2021年3月1日）。

2020年的马来西亚：挑战与困难前所未有

游从业者和受疫情影响的公司免缴6个月的人力资源发展基金人头税（从2021年1月1日起生效）；同时，政府拨款5000万林吉特，为本地航空公司的8000名雇员提供培训和安置，并向保健旅游理事会拨款3500万林吉特，提高保健旅游业竞争力。针对医疗行业，马来西亚发展银行将推出14亿林吉特的国家发展计划，支持国内供应链的实施和发展，并增加医疗设备等本地产品的生产，同时医药产品（包括疫苗）制造商在马来西亚投资可享受0%~10%的优惠税率，为期10年。①

从目前看，穆希丁政府虽颁布了多项刺激政策，但经济要想在2021年复苏仍然面临诸多困难。一方面，迄今马来西亚的新冠肺炎疫情仍未得到有效控制。在全国实施紧急状态的背景下，政府既要做好防疫，还要发展经济，难度可想而知。卫生部门呼吁加强疫情防控，但商界则要求尽快放开经济活动。另一方面，如前所述，当前政治斗争异常激烈。穆希丁不论是在紧急状态结束后就辞职下台，还是率领国民联盟赢得下届大选，都将面临一个权力分散、政党恶斗的乱局。经济发展的相关政策、财政预算案的相关措施如何落实，值得进一步关注。

三 外交聚焦防疫和经济

受新冠肺炎疫情和政府更迭的影响，2020年马来西亚的外交受到较大限制，仅有的外交活动也重点集中于疫情防控和促进经济发展。马来西亚与中国的关系发展成为2020年马来西亚外交的亮点。

第一，举办亚太经合组织（APEC）会议。马来西亚是2020年APEC会议的主办国。早在2019年12月，马哈蒂尔政府就确定了2020年APEC的主题是"激发人民潜能，共享强韧、繁荣未来"，并举行了会议启动仪式。按照计划，APEC会议期间，马来西亚将举行120场国际会议，接待来自20

---

① 《2021年马来西亚财政预算案》，2020年11月7日，https://www.yycadirisors.com/malaysia-budget-2021-cn.html（访问时间：2021年3月1日）。

个国家和地区的与会者1.6万名。然而，新冠肺炎疫情的突然到来，使得马来西亚期待已久的主场外交顿时黯然失色；马哈蒂尔也因为辞职没能踏上APEC会议的主席台。

2020年3月，在穆希丁执政后，APEC高官会在马来西亚行政首都布城（Putrajaya）举行，会议就年底前达成"茂物目标"、制定2020年后合作愿景展开讨论。但此后随着新冠肺炎疫情在全球扩散，APEC系列会议转以视频方式召开，也更加关注疫情和经济可持续发展问题。11月20日，举世瞩目的第27次领导人非正式会议以视频方式召开。一向对亚太事务不感兴趣的美国总统特朗普罕见出席会议。总理穆希丁在会上呼吁APEC成员共同应对疫情，确保世界各地的民众能够以平等、可负担、可获取的方式获取新冠疫苗和卫生技术，并强调APEC应继续支持基于规则的多边贸易体系，推动数字经济发展，寻求包容性增长，以实现地区共同繁荣。①

会议发表《吉隆坡宣言》，明确将"改善贸易投资的宣介""利用数字经济和技术促进经济包容性""促进创新可持续发展"作为三大优先领域，强调利用一切政策工具，以包容、有效、持续的方式应对疫情，把疫情对民生的影响降至最低；加强刺激措施，促进经济复苏、创造就业，提高财政可持续性和透明度，以增强经济长期增长的韧性，并满足未来的融资需求；以市场驱动的方式，进一步推进区域经济一体化，包括推进亚太自贸区议程相关工作，促成高质量和全面的区域安排；推动高质量基础设施建设和投资，加强区域互联互通。会议宣布"2040年APEC布特拉加亚愿景"，即到2040年将建成一个开放、活力、强韧、和平的亚太共同体，实现亚太人民和子孙后代的共同繁荣。②

第二，穆希丁出席东盟系列会议。除APEC会议外，东盟系列会议是

---

① 《马来西亚总理呼吁APEC成员共同推动区域经济复苏》，新华网，2020年11月20日，http://www.xinhuanet.com/2020-11/20/c_1126767601.htm（访问时间：2021年3月1日）。

② 《2020年亚太经合组织领导人吉隆坡宣言》，中华人民共和国外交部，2020年11月21日，https://www.fmprc.gov.cn/web/ziliao_674904/1179_674909/t1834329.shtml（访问时间：2021年3月1日）。

2020年的马来西亚：挑战与困难前所未有

2020年马来西亚外交活动的另一主要平台。东盟是马来西亚外交政策的基石。在新冠肺炎疫情发生后，马来西亚将加强与东盟国家的合作作为应对疫情和保障经济发展的重要方式。穆希丁在出任总理后参加了第36、37届东盟峰会，就抗击疫情、加强区域经济合作、应对大国博弈、处理南海争端等问题表明了新政府的立场。在抗击疫情方面，穆希丁表示，公共卫生危机已经对经济造成深刻影响，重振区域经济、减少贸易障碍、增强区域供应链弹性是东盟国家的首要任务。马来西亚希望东盟各国政府采取务实一致的政策，在受疫情影响较小的东盟国家之间落实"旅游泡泡"项目。① 东盟在抗疫中发挥关键作用，要与国际社会密切合作，确保民众能够获得新冠病毒疫苗。②

在区域经济合作方面，马来西亚希望东盟接受马方建议，制定"东盟全面恢复计划"，以保障经济和民生发展。同时，马来西亚还将东盟与伙伴国签署的《区域全面经济伙伴关系协定》（RCEP）作为加强区域经济合作的重要手段，并鼓励印度加入。③ 马方认为，东盟区域内的贸易额较小，单靠提高生产力保障国家和地区经济的可持续发展是难以为继的。RCEP的签署将提供一个更大的市场，确保地区国家的投资和商业利益。④

在南海问题上，穆希丁表示，相关国家要认识到南海问题的复杂性和敏感性，确保南海的和平、稳定和安全，加强合作，建立、保持和增进信心与互信，将南海建设成和平、贸易之海。南海问题要以《联合国海洋法公约》

---

① PM's Speech at The 36th ASEAN Summit, Prime Ministers's Office of Malaysia, June 26, 2020, https：//www.pmo.gov.my/2020/06/speech-at-the-36th-asean-summit/（访问时间：2021年3月1日）。

② PM's Intervention at the 37th ASEAN Summit, Prime Ministers's Office of Malaysia, November 12, 2020, https：//www.pmo.gov.my/2020/11/pms-intervention-at-the-37th-asean-summit/（访问时间：2021年3月1日）。

③ PM's Speech at The 36th ASEAN Summit, Prime Ministers's Office of Malaysia, June 26, 2020, https：//www.pmo.gov.my/2020/06/speech-at-the-36th-asean-summit/（访问时间：2021年3月1日）。

④ Malaysia signs RCEP, world's largest Free Trade Agreement, New Straits Times, November 15, 2020, https：//www.nst.com.my/news/nation/2020/11/641290/malaysia-signs-rcep-worlds-largest-free-trade-agreement（访问时间：2021年3月1日）。

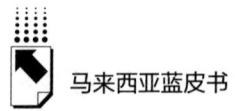

等国际公认的原则为依据和平解决。①

与此同时,马来西亚还重点加强了与新加坡之间的疫情防控和经济合作。由于大批在新加坡工作的马来西亚民众每日通勤于马来西亚南部柔佛州与新加坡之间,马来西亚格外重视与新加坡的疫情防控合作。7月,马新两国达成共识,同意实施"互惠绿色通道"和"周期性通勤安排",允许两国间必要的商务和公务旅行和持有对方国家长期商务和工作签证的居民以工作目的入境对方国家,在连续工作至少3个月后可短暂回国,随后可再次入境连续工作至少3个月。两国还同意在考虑卫生规章、医疗资源确保各自国民安全的情况下,研究包括每日通勤在内的其他跨境人员流动安排。② 2021年1月,马来西亚外交部宣布,所有在新加坡持永久居留证的马来西亚公民,1月11日可通过周期性通勤安排申请返马。③ 值得注意的是,马来西亚在积极推进与新加坡合作的同时,也根据自身经济和发展需要,取消了与新加坡之间的高铁项目。2021年1月1日,马来西亚总理穆希丁和新加坡总理李显龙发表联合声明,宣布因新冠肺炎疫情对马来西亚经济造成影响,取消连接吉隆坡与新加坡的高速铁路项目。为此,马来西亚要向新加坡赔偿约1.25亿美元。④

第三,中马关系保持向好发展态势。2020年是"中国—马来西亚文化旅游年"。2020年1月19日,"中国—马来西亚文化旅游年"开幕式在吉隆坡举行,中马两国总理分别向开幕式致贺词。但随后新冠肺炎疫情在全球蔓延,中马两国交往受阻,但双方国防与外交部门保持密切沟通。3月,中国

---

① PM's Speech at The 36th ASEAN Summit, Prime Minister's Office of Malaysia, June 26, 2020, https://www.pmo.gov.my/2020/06/speech-at-the-36th-asean-summit/(访问时间: 2021年3月1日)。PM's Intervention at the 37th ASEAN Summit, Prime Minister's Office of Malaysia, November 12, 2020, https://www.pmo.gov.my/2020/11/pms-intervention-at-the-37th-asean-summit/(访问时间: 2021年3月1日)。

② 《马来西亚与新加坡同意相互放开部分人员往来》,新华网,2020年7月14日,http://www.xinhuanet.com/world/2020-07/14/c_1126236426.htm(访问时间: 2021年3月1日)。

③ 《在新加坡持永久居留证的马来西亚公民11日起可申请返马》,中国新闻网,2021年1月9日,http://www.chinanews.com/hr/2021/01-09/9382668.shtml(访问时间: 2021年3月1日)。

④ 《马新高铁计划夭折》,新华网,2021年1月2日,http://www.xinhuanet.com/world/2021-01/02/c_1210960571.htm(访问时间: 2021年3月1日)。

向马来西亚提供医疗物资援助。此后,中国国务委员兼国防部部长魏凤和、外交部部长王毅分别与马来西亚国防部部长伊斯梅尔、外交部部长希沙慕丁通电话。9~10月,魏凤和、王毅又先后访马。中马同意探讨建立两国必要商务和公务人员往来的"快捷通道"和物资运输的"绿色通道",推动建立粮食运输"生命通道",探讨制定《中马经贸合作五年规划(2021—2025)》。在访马期间,魏凤和与马来西亚总理穆希丁举行会晤。穆希丁对中国援助马来西亚抗击新冠肺炎疫情表示衷心感谢,希望两国继续开展抗疫合作,推动防务、经贸、教育等各领域合作取得更大发展。① 在经贸领域,依据马来西亚贸工部的数据,2020年,马来西亚对华贸易同比增长4.2%。其中,对华出口额增长12.5%,达到创历史新高的1586亿林吉特,占马来西亚出口总额的近1/6;从中国的进口额达到1711亿林吉特,同比下降2.6%,占马进口总额的逾1/5。中国是马来西亚最大的出口目的地和进口来源地,并连续12年成为马来西亚的最大贸易伙伴。②

　　除了与中国的关系取得积极进展外,2020年,马来西亚与日本的关系也取得进展。5月,马来西亚外交部部长希沙慕丁与日本外相茂木敏充通电话。双方就合作应对新冠肺炎疫情达成共识,并对疫情发生后彼此给予的帮助表示感谢。日方建议在疫情后推动两国在各领域的对话和人文交流。③ 7月,马来西亚国防部部长伊斯梅尔与日本防卫大臣河野太郎通话,就合作抗疫、维护海洋安全、深化防务合作等问题交换意见。双方认为要及时交换情报和信息,分享经验教训,以有效应对疫情。马来西亚强调要维护南海和平稳定,依据《联合国海洋法公约》等国际法和平解决南海问题。④

---

① 《马来西亚总理穆希丁会见魏凤和》,中国政府网,2020年9月7日,http://www.gov.cn/guowuyuan/2020-09/07/content_5541368.htm(访问时间:2021年3月1日)。

② 《中国连续十二年成为马来西亚最大贸易伙伴》,中国新闻网,2021年1月30日,http://www.chinanews.com/gj/2021/01-30/9400614.shtml(访问时间:2021年3月1日)。

③ Japan-Malaysia Foreign Ministers' Telephone Talk, Ministry of Foreign Affairs of Japan, May 19, 2020, https://www.mofa.go.jp/press/release/press4e_002813.html(访问时间:2021年3月1日)。

④ Japan-Malaysia Defense Minister's Telephone Conversation, Japan Ministry of Defense, July 20, 2020, https://www.mod.go.jp/e/d_act/exc/area/docs/2020/20200720_j-malaysia-en.html(访问时间:2021年3月1日)。

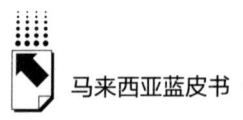

四 积极应对安全威胁

2020年,马来西亚面临的非传统安全威胁主要是疫情、洪水、毒品和网络犯罪。穆希丁政府在国家经济衰退、疫情扩散的背景下依然不遗余力地打击毒品和网络犯罪,并积极应对疫情和水灾,这也成为穆希丁赢得民心的重要举措。

第一,疫情和洪水灾害严重。一方面,政府积极防控新冠肺炎疫情。截至2021年1月29日,马来西亚累计新冠肺炎确诊病例突破20万例,达到20.39万例,累计死亡733例。为防控疫情,马来西亚自2020年3月18日起在全国范围内施行"行动管制令",至5月初放松管控,逐步重启经济社会活动。6月,马来西亚开始实施"复苏式行动管制令",并一直延期至12月31日。2021年1月,全国进入紧急状态后,疫情较严重的吉隆坡、布特拉加亚、雪兰莪州、沙巴州、柔佛州等地实施行动管制令,后扩展到除沙捞越州之外的全国所有地区。在实施行动管制令期间,禁止举行婚礼、会议、节日庆祝等聚集活动;民众出行限制在方圆10公里内,禁止跨市县出行;餐厅禁止堂食;制造业、建筑业、服务业、物流等"必要经济领域"可继续运营,但需严格遵守防疫规定并限制办公人数。

另一方面,自2020年11月以来,马来西亚全国8个州遭受暴雨袭击,造成严重水灾。截至2021年1月7日,水灾导致彭亨、登嘉楼、霹雳、柔佛、吉兰丹和雪兰莪等6个州超过7700个家庭的约3万民众受灾。① 其中,彭亨州遭遇50年来最强暴雨袭击,全州多处交通、水电、通信中断,超过2.2万民众被疏散。环境及水务部部长拿督·斯里·端依布拉欣称,从2020年11月至2021年1月10日,马来西亚全国发生了320场水灾。截至2021

---

① 《马来西亚强降雨引发水灾约3万人被疏散》,新华网,2021年1月7日,http://www.xinhuanet.com/2021-01/07/c_1126954420.htm(访问时间:2021年3月1日)。

2020年的马来西亚：挑战与困难前所未有

年1月7日，柔佛、吉兰丹、彭亨等州共报告死亡人数11人。① 马来西亚最高元首苏丹阿卜杜拉、总理穆希丁前往灾区勘灾。其中，最高元首阿卜杜拉乘坐救生快艇前往彭亨，并乘坐直升机巡视灾区，呼吁救援人员及受灾民众要遵守防疫标准作业程序，防止疫情因灾蔓延②，要求国家灾害管理局全力救助民众。马来西亚地处季风带，每年11月到次年3月的东北季风都会给马来西亚带来频繁的强风暴雨。2014年12月至2015年1月，马来西亚曾遭遇史上最严重水灾，造成20万人受灾、21人死亡。

第二，网络安全案件高发，政府启动网络安全战略。马来西亚政府高度重视网络安全问题，早在2006年就颁布实施国家网络安全政策，并取得较好效果。从全球范围看，马来西亚拥有较为完善的网络安全体系，在《全球网络安全指数》中排名靠前。比如，2017年，马来西亚在《全球网络安全指数》中排名第三，仅次于新加坡和美国；2018年马来西亚排名第八。但近年来，马来西亚网络安全事件频发，引起政府的关注。以2020年为例，受疫情影响，不少人居家办公或大量进行网上购物，这给犯罪分子带来可乘之机。相关统计数据显示，2020年1~8月，马来西亚报告网络安全案件7765起。其中，网络欺诈案件最多，达5697起，比2019年同期的4671起增加了22%；③ 其次是黑客攻击933起、恶意代码351起。马来西亚网络安全机构预测，2020年全年，网络安全案件将超过2019年的1.7万起。④ 在实施疫情行动管制令后，3月18日至4月7日，马来西亚报告网络安全事件838起，同比激增了82.5%，其中18%的案例涉及本地公司，其余则是

---

① Bencana banjir 2021: Senarai korban nyawa setakat ini, Astro Awani, Januari 7, 2021, https://www.astroawani.com/berita-malaysia/bencana-banjir-2021-senarai-korban-nyawa-setakat-ini-275993（访问时间：2021年3月1日）。
② 《马来西亚豪雨致逾两万人受灾》，中国新闻网，2021年1月6日，http://www.gx.chinanews.com/dmsj/2021-01-06/detail-ihafizyz6176421.shtml（访问时间：2021年3月1日）。
③ The rise of cybercrime in Malaysia-what you need to avoid, Astro Awani, October 25, 2020, https://www.astroawani.com/berita-malaysia/the-rise-of-cybercrime-in-malaysia-what-you-need-to-avoid-264890（访问时间：2021年3月1日）。
④ 《大马首8个月网络安全投诉：骇客入侵只排第二位》，2020年9月9日，http://www.techdaily.com.my/2020/0909/14495.html（访问时间：2021年3月1日）。

家庭用户和个人。① 而从 3 月 18 日至 6 月 30 日，马来西亚网络 999 服务中心受理的针对网络欺诈、黑客攻击等的投诉案件高达 3906 起，同比增长 90%。②

为进一步加强网络安全治理，打击网络犯罪，提升民众网络安全意识，2020 年 10 月，马来西亚政府拨款 18 亿林吉特，启动《马来西亚网络安全战略（2020—2024）》。该战略由通信和多媒体部和国家网络安全局负责制定、实施和协调，包含 5 个关键支柱、12 项政策、35 个行动计划和 113 个程序。其中，5 个关键支柱：一是加强各层级的网络安全治理和管理；二是加强现行法律法规和执法力度，以打击网络安全犯罪；三是打造世界一流的创新和技术网络空间，促进本地产业的研发；四是提高社区网络安全意识和专家能力；五是加强国际合作。③

总理穆希丁表示，国家网络安全仍然是国家安全及国防的主要议程。政府将致力于通过增强各方面的网络安全能力，确保网络空间安全。《马来西亚网络安全战略（2020—2024）》的实施将发挥至关重要的作用。为了配合实施网络安全战略，政府宣布成立国家网络安全委员会，由国防部部长伊斯梅尔担任委员会主席。2020 年 12 月 17 日，国家网络安全委员会讨论审议《马来西亚网络安全战略行动计划》。政府将成立一支特别工作组，以识别和研究网络安全问题，并制定相关法律。④ 目前，有 16 个机构负责落实相关计划。

---

① 《网络安全案件上升了 82.5%》，2020 年 4 月 12 日，https://malaysia.txos.cc/2020/04/12/%E7%BD%91%E7%BB%9C%E5%AE%89%E5%85%A8%E6%A1%88%E4%BB%B6%E4%B8%8A%E5%8D%87%E4%BA%8682-5%EF%BC%85-the-star-online/（访问时间：2021 年 3 月 1 日）。

② The rise of cybercrime in Malaysia-what you need to avoid, Astro Awani, October 25, 2020, https://www.astroawani.com/berita-malaysia/the-rise-of-cybercrime-in-malaysia-what-you-need-to-avoid-264890（访问时间：2021 年 3 月 1 日）。

③ Malaysia introduces new cyber security strategy, The Malaysian Reserve, October 13, 2020, https://themalaysianreserve.com/2020/10/13/malaysia-introduces-new-cyber-security-strategy/（访问时间：2021 年 3 月 1 日）。

④ Govt to set up special task force to identify cyber security issues, The Sundaily, December 17, 2020, https://www.thesundaily.my/local/govt-to-set-up-special-task-force-to-identify-cyber-security-issues-YN5690023（访问时间：2021 年 3 月 1 日）。

第三，严厉打击毒品犯罪。2020年以来，马来西亚警方不断加大打击毒品力度。7月，警方横跨四州展开突击行动，缴获297公斤冰毒和摇头丸，逮捕23名嫌犯。① 9月，吉兰丹州警方破获该州最大毒品案，起获各类毒品价值约6000万林吉特。10月，警方在槟城、吉打和霹雳查获82.2万林吉特的大麻，逮捕12名嫌犯。12月9日，马来西亚海事执法机构在槟城海域抓扣一艘船只。该船装有1998包用"观音王"茶袋包装的冰毒，总计2118公斤，价值1.05亿林吉特，这是马来西亚史上破获的最大冰毒走私案。② 2021年1月，柔佛警方又在新山缴获冰毒、大麻、海洛因等毒品，总价值达1.2583亿林吉特；③ 在甲洞、冼都和士拉央等地起获毒品1.5吨，逮捕9名嫌犯。

结　语

2020年是马来西亚历史上又一个重要转折点。马哈蒂尔的突然辞职下台，引发了政坛大地震。随后上台的穆希丁虽然借抗击新冠肺炎疫情暂时稳住阵脚，但其领导的执政联盟仅在国会占有微弱多数席位，此成为马来西亚政局至今仍持续动荡的主要原因。与此同时，新冠肺炎疫情全球肆虐，穆希丁政府被迫颁布全国行动管制令抗击疫情，外向型的马来西亚经济深受影响。2020年，马来西亚经济增速出现了历史上少有的负增长。在政局持续动荡、新冠肺炎疫情冲击和经济萎缩三重压力叠加下，穆希丁政府的执政前景并不乐观，马来西亚局势的不确定性、不稳定性显著上升。

---

① 《警跨4州破贩毒集团起获2560万毒品》，诗华日报网，2020年7月28日，http：//news.seehua.com/？p=585277（访问时间：2021年3月1日）。
② 《马来西亚海巡逻队破获一起总额2600万美元的冰毒走私案》，2020年12月15日，https：//www.medcom.id/cn/international/read/2020/12/15/18715（访问时间：2021年3月1日）。
③ 《警捣毒品仓库炼毒中心　起获逾1亿毒品》，〔马来西亚〕东方online，2021年1月12日，https：//www.orientaldaily.com.my/news/society/2021/01/12/386283（访问时间：2021年3月1日）。

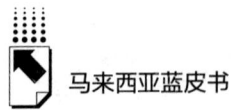

参考文献

EIU Country Report Malaysia, January 5, 2021.
Belanjawan Malaysia 2021.
Malaysia Cyber Security Strategy 2020 – 2024.

分报告
Topical Reports

B.2
2020年马来西亚政治形势：
变化形势中的政治秩序重构

傅聪聪　陈戎轩*

摘　要： 2020年，马来西亚政局出现变动。在新冠肺炎疫情发生的情况下，新成立的国民联盟政府蹒跚前行，在联盟内部矛盾频发、在野党外部冲击、王室间接干预之中维持运转。同时，在野党分裂、沙巴州选举等撼动新政治格局的事件屡屡上演。"马来族群领导下的多元主义"正为新的秩序所取代，马来西亚政治秩序在动荡中重构。

关键词： 马来西亚政治　国民联盟　巫统　政治秩序

---

* 傅聪聪，博士，北京外国语大学区域与全球治理高等研究院、中国—印度尼西亚人文交流研究中心研究员，主要研究方向为马来西亚政治、族群关系、东南亚国际关系。陈戎轩，密歇根大学硕士，北京外国语大学中国—印度尼西亚人文交流研究中心研究助理，主要研究方向为东南亚国家政党政治。

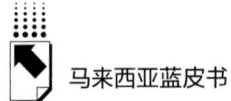

毫无疑问，2020年为马来西亚政治发展史留下了浓墨重彩的一笔。年初，成立不到两年的希望联盟（希盟）政府在内外矛盾的夹击之下黯然落幕，放弃了跨族群联盟国民阵线（国阵）的巫统与土著团结党转而集结起马来民族主义势力，重新夺取联邦政权。在新冠肺炎疫情发生的大背景下，新成立的国民联盟（国盟）政府蹒跚前行，在联盟内部矛盾、在野党外部冲击、王室间接干预之中维持运转。影响政坛势力对比的政治事件不断上演：前总理纳吉布·拉扎克被正式定罪，进一步加剧巫统内部及其与盟友的矛盾；前总理马哈蒂尔·穆罕默德与人民公正党主席安瓦尔·易卜拉欣关系再度破裂，导致扩展版希望联盟（"希盟＋"）计划破产；在野党在沙巴州选举与财政预算案博弈中接连失利，改写了朝野的实力对比。

马来西亚政坛乱象丛生，究其根本，是因为这个长期以来被视为"选举型威权主义"[1]的东南亚国家，正在经历着前所未有的政治秩序重构。在2018年第14届全国大选之前，国阵政府维系着"马来族群领导下的多元主义"，尽可能地将多方政治势力纳入巫统领导的政治体系，维持着其威权领导下的稳定。[2]然而，随着巫统与国阵领导下的中央集权与威权统治黯然落幕，马来西亚的政治秩序也随之迈入了一个新的时代：权力不再集中于长期执政的威权政党，而是分散到各个政治势力之中。这一改变显然不是在一朝一夕发生的。早在2008年国阵大选受挫以后，时任总理纳吉布就曾做出判断：马来西亚"全能政府"的时代已经一去不复返。[3]而2020年希盟政府的骤兴速亡与国盟政府的趔趄而行，似乎都印证了这一论断。

从政党体制的角度来说，由于政治的稳定态势已被打破，政党不再愿意耗费精力长期维系一个政党联盟，转而以更为自由的形态参与政治竞争；它

---

[1] Andreas Ufen, "The Transformation of Political Party Opposition in Malaysia and Its Implications for the Electoral Authoritarian Regime," *Democratization*, Vol. 16, No. 3, 2009, pp. 604–605.

[2] Abdul Rahman Embong, The Culture and Practice of Pluralism in Postcolonial Malaysia, *The Politics of Multiculturalism: Pluralism and Citizenship in Malaysia, Singapore, and Indonesia* (Edited by Robert W. Hefner), Hawai'i: University of Hawai'i Press, 2001, pp. 61–65.

[3] End of "Govt Knows Best" Era, The Edge Markets, April 10, 2009, https://www.theedgemarkets.com/article/end-%E2%80%98govt-knows-best%E2%80%99-era（访问时间：2021年3月30日）。

2020年马来西亚政治形势：变化形势中的政治秩序重构

们更愿意根据一时一事的利益，灵活地改变自己的阵营。越是拥有强大政党机器、能够独立生存的大党，越会展现出这种倾向。以巫统为例，上届大选的得票情况和第14届大选后的历次补选实践都使巫统意识到，团结马来族群选民能够使其耗费最少的政治资本而获取最多的选票。因此，巫统放弃了维系多元政治联盟的努力，转而回归了马来民族主义。与之相对应的是人民公正党，它在艰难地维系着其多元民主政治立场的同时，也不再为了实现广泛的民主同盟而做出更多妥协，因而与马哈蒂尔派系以及沙巴民兴党渐行渐远。[1] 可以说，马来西亚的政党体制越来越接近萨托利所定义的"极化的多党制"[2]：巫统和人民公正党各自站在对立的两端，而其他政治势力在它们双方之间寻求与其结盟合作的可能。从政治体制的角度来说，国阵政府时期的内阁主导体制逐渐回归更为传统的君主立宪制，马来王室重新在政治生活中扮演"守门员"和"稳定器"的角色。从央地关系的角度看，马来西亚地方政治不再是中央政治的"映射"；地方政治不再是为中央服务的，而呈现出更加多元的特点。

以此为出发点，本报告将梳理过去一年马来西亚政治局势的发展。首先，本报告将分别从巫统和人民公正党及其盟友两方的视角，展现2020年马来西亚政治形势的变化过程：一方面，将关注巫统如何联合伊斯兰教党及土著团结党穆希丁·亚辛派系、人民公正党阿兹敏·阿里派系，重新夺取联邦政权并逐步稳固其势力；另一方面，同样值得注意的是，希盟阵营如何逐步分化为两派、逐步错失翻盘的可能。其次，本报告也将关注其他政治势力对马来西亚政治局势的影响：东马的政治力量扮演着越来越重要的角色，而代表着传统势力的马来王室也逐步重新回到政治中心。最后，本报告也将根据2020年的总体形势，对今后马来西亚政治发展的方向做出概括的展望。

---

[1] Jennifer McCoy and Murat Somer, "Mainstream Parties in Crisis: Overcoming Polarization," *Journal of Democracy*, Vol. 32, Issue 1, 2021, pp. 6–7.

[2] 参见 Giovanni Sartori, *Parties and Party Systems: A Framework for Analysis*, Colchester: the European Consortium for Political Research (ECPR) Press, 2005, pp. 107–110、116–125。

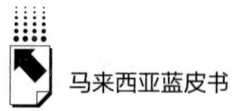
马来西亚蓝皮书

一　希盟政府倒台与国盟政府成立

2020年2月23日,马来西亚联邦议会下议院最大的党派——人民公正党中的阿兹敏派系,在吉隆坡与雪兰莪州交界的八打灵再也喜来登酒店召开会议;随后土著团结党、巫统和沙捞越政党联盟等朝野政党纷纷举行临时会议。会后,土著团结党主席穆希丁、时任人民公正党署理主席阿兹敏、巫统主席艾哈迈德·扎希德、伊斯兰教党主席哈迪·阿旺、沙捞越土著保守党主席阿邦·佐哈里和沙巴民族复兴党("民兴党")主席沙菲益·阿达于傍晚在国家皇宫觐见最高元首苏丹阿卜杜拉。① 次日下午,马哈蒂尔宣布由于希盟政府失去议会多数议员的支持,他不得不辞去总理职务;几乎在同一时间,人民公正党阿兹敏派系宣布退党,土著团结党主席穆希丁宣布该党退出希盟。② 至此,希盟政府在一夜之间失去联邦政权。在持续一周的政治斗争后,3月1日下午,穆希丁正式在国家皇宫宣誓就任马来西亚第八任总理,国盟政府正式成立。

希盟政府倒台与国盟政府成立这一过程被马来西亚媒体和参与其中的政党称为"喜来登行动"(Langkah Sheraton)。③ 正如伊斯兰教党主席哈迪·阿旺透露的,这是一场从2018年便开始谋划的政治行动。④ "喜来登行动"不仅为马来西亚政治发展带来了极为深远的影响,更是希盟政府打破该国政治稳定形势后各方势力博弈的产物。

---

① Mahathir Breaks Silence on "Sheraton Move", and 9 News from Yesterday, Malaysia Kini, February 27, 2020, https://www.malaysiakini.com/news/512359(访问时间:2021年3月10日)。
② Mahathir Letak Jawatan Sebagai PM Dalam Langkah Kejutan, Berita Harian Singapura, Februari 24, 2020, https://www.beritaharian.sg/berita-utama/mahathir-letak-jawatan-sebagai-pm-dalam-langkah-kejutan(访问时间:2021年3月10日)。
③ "Langkah Sheraton" Bawa Malaysia Ke Jalan Buntu: Apa Seterusnya?, Malaysia Kini, Februari 26, 2020, https://www.malaysiakini.com/news/512353(访问时间:2021年3月10日)。
④ Hadi Awang: "Sheraton Move" Was Clean, Planned Since End of GE14, Malay Mail, March 7, 2021, https://www.malaymail.com/news/malaysia/2021/03/07/hadi-awang-sheraton-move-was-clean-planned-since-end-of-ge14/1955641(访问时间:2021年3月10日)。

2020年马来西亚政治形势：变化形势中的政治秩序重构

（一）"喜来登行动"的背景

为了在2018年大选中击败前总理纳吉布领导的"国阵"，安瓦尔与马哈蒂尔"冰释前嫌"，携手合作，建立希望联盟，四党约定推举马哈蒂尔为总理候选人，推选安瓦尔之妻、人民公正党主席旺·阿兹莎为副总理候选人。希盟执政后，立即启动法律程序，请求王室特赦尚在狱中的安瓦尔，并成为第八任总理人选。然而，《希望联盟共识》的发布为"喜来登行动"埋下了伏笔。

出狱后重掌人民公正党的安瓦尔面临其党内得力副手——阿兹敏的挑战。当时舆论普遍认为，马哈蒂尔欲培植阿兹敏作为制衡安瓦尔的政治领袖，各大媒体政治版也频现阿兹敏是否会取代安瓦尔成为马哈蒂尔接班人的报道。① 渐生的嫌隙和党内外的压力，使得安瓦尔与阿兹敏逐渐貌合神离，关系日趋恶化。人民公正党内也早已分化为安瓦尔阵营和阿兹敏阵营，两派在2019年人民公正党全国大会上正式分道扬镳。②

与人民公正党内讧同步发生的还有土著团结党的内部斗争。马哈蒂尔与穆希丁之间的矛盾，早在柔佛州大臣任命问题上就已经初露端倪。2019年4月，穆希丁支持的州议员萨鲁丁成功接任柔佛州州务大臣，并且不顾马哈蒂尔的反对，对柔佛州行政议会进行改组。③ 此次柔佛州宪政危机，使马哈蒂尔和穆希丁之间产生了信任危机，并最终以马哈蒂尔的妥协告终。

土著团结党和人民公正党的党内矛盾很快外溢成为希盟内部的裂痕，联盟四党内部矛盾公开化使得"希盟共识"摇摇欲坠。从根本上说，希盟政府本身的脆弱性是因为缺乏统一的领导和行动纲领，多方势力共同合作的唯

---

① "Azmin, Mukhriz pun boleh jadi Perdana Menteri", Astro Awani, September 20, 2019, https://www.astroawani.com/berita-malaysia/azmin-mukhriz-pun-boleh-jadi-perdana-menteri-217997（访问时间：2021年3月10日）。
② Kami Bukan Pengkhianat, Kata Puak Azmin, Februari 24, 2020, The Malaysian Insight, https://www.themalaysianinsight.com/bahasa/s/221786（访问时间：2021年3月10日）。
③ Dr Sahruddin Angkat Sumpah MB Baharu Johor, Berita Harian, April 14, 2019, https://www.bharian.com.my/berita/nasional/2019/04/552795/dr-sahruddin-angkat-sumpah-mb-baharu-johor（浏览时间：2021年3月30日）。

025

一动因是击败共同的敌人——纳吉布领导的国阵政府。希盟政府成立后，各党派并未达成统一的前进方针，而其领袖马哈蒂尔意图稳固自身的政治势力，却引发了接班人之争，从而激化了联盟内部本就脆弱的相互信任。

这一时期，离开了权力中心的巫统从未放弃重新夺回政权的努力。大选后，巫统与伊斯兰教党组成"国民和谐"阵线（国谐），并在多场补选中获胜，不断冲击希盟政府。同时，自2019年下半年开始，就不断有传闻称"国谐"将联合部分希盟领袖成立新的政府。① 而这些传言最终在"喜来登行动"中得到证实。

（二）马哈蒂尔闪电辞职

2020年初，随着人民公正党内部派系斗争进一步白热化，为了稳定联盟和政治形势，马哈蒂尔再次向公众承诺，会将总理职位交给安瓦尔，时间定于2020年11月马来西亚主办亚太经合组织（APEC）会议之后。为一劳永逸地解决政治纷争，希盟于2月21日举行主席理事会，商讨"总理交棒"事宜，并一致决定由马哈蒂尔全权决定交棒时间。马哈蒂尔在新闻发布会上宣布，总理权力移交只会在APEC峰会后，但没有确切的日期。他指出，未能确定最终交棒日期，是因为还有很多任务未完成。他也呼吁联盟各成员党党员不要再为此互相攻击，而希盟将举办一场大会，具体日期将再决定。发布会风平浪静的背后是各党派在会上的针锋相对。民主行动党与国家诚信党要求马哈蒂尔确定总理职务交接的明确日期。而土著团结党领袖扬言，若再向马哈蒂尔施压，该党将考虑退出希盟。人民公正党主席安瓦尔则呼吁人民公正党和希盟盟党尊重会议达成的共识。②

然而，2月23日，希盟政府因"喜来登行动"而垮台，马哈蒂尔却成

---

① Kerajaan pintu belakang bukan "cara" Muafakat Nasional, Sinar Harian, Disember 6, 2019, https://www.sinarharian.com.my/article/60672/KHAS/UMNO/Kerajaan-pintu-belakang-bukan-cara-Muafakat-Nasional（访问时间：2021年3月10日）。

② "Saya Tentukan Bila Hendak Lepas Jawatan"-Tun M, Februari 22, 2020, Berita Harian, https://www.bharian.com.my/berita/nasional/2020/02/657943/saya-tentukan-bila-hendak-lepas-jawatan-tun-m（访问时间：2021年3月10日）。

为此次行动中各党派推举的总理人选。① 不过，2月24日，马哈蒂尔却出人意料地辞去了内阁总理和土著团结党总主席的职务，拒绝了"喜来登行动"各党的提名。同时，马哈蒂尔也拒绝了来自希盟的提名。② 随后，国盟内部的巫统和伊斯兰教党宣布撤回对马哈蒂尔的支持③，希盟也宣布转而支持人民公正党主席安瓦尔作为总理候选人④。

（三）穆希丁宣誓就任第八任总理

由于朝野各方就总理候选人问题争执不下，2月27日上午，马哈蒂尔再次前往国家皇宫觐见最高元首。会后马哈蒂尔透露，最高元首难以找到一个能够得到联邦议会下议院绝对多数支持的总理人选，因而将把这一问题交由议会决定；如若议会也无法达成共识，那么他将宣布解散议会提前大选。⑤

2月28日，最高元首召集各州马来王室召开统治者会议。会后，马来王室一致决定，由最高元首与全部政党领袖举行会面，以确定他们支持的总理人选。⑥ 会上，国盟各党首次统一提出，支持穆希丁成为新任总理。⑦ 而

---

① Tun Mahathir letak jawatan Perdana Menteri, Pengerusi Bersatu, Astro Awani, Februari 24, 2020, https：//www.astroawani.com/berita – politik/tun – mahathir – letak – jawatan – perdana – menteri – pengerusi – bersatu – 231527？amp = 1（访问时间：2021年3月30日）。

② Romance of the Three Factions："Sheraton Move" Drives Malaysia into Impasse, Malaysia Kini, February 26, 2020, https：//www.malaysiakini.com/news/512350（访问时间：2021年3月10日）。

③ BN, PAS tarik balik SD sokong Dr Mahathir, Berita Harian, Februari 25, 2020, https：//www.bharian.com.my/berita/nasional/2020/02/659208/bn – pas – tarik – balik – sd – sokong – dr – mahathir（访问时间：2021年3月10日）。

④ PH setuju calonkan saya sebagai Perdana Menteri-Anwar, Astro Awani, Februari 26, 2020, https：//www.astroawani.com/berita – politik/ph – setuju – calonkan – saya – sebagai – perdana – menteri – anwar – 231812（访问时间：2021年3月10日）。

⑤ "Tiada Siapa Ada Majoriti, Agong Serah kepada Parlimen", Malaysia Kini, Februari 27, 2020, https：//www.malaysiakini.com/news/512456（访问时间：2021年3月10日）。

⑥ YDP Agong Akan Adakan Pertemuan dengan Ketua-ketua Pimpinan Parti Politik-Istana Negara, Astro Awani, Februari 28, 2020, https：//www.astroawani.com/berita – politik/ydp – agong – akan – adakan – pertemuan – dengan – ketuaketua – pimpinan – parti – politik – istana – negara – 232042？amp（访问时间：2021年3月10日）。

⑦ BN, Pas sokong Muhyiddin sebagai PM-8, Astro Awani, Februari 28, 2020, https：//www.astroawani.com/berita – politik/bn – pas – sokong – muhyiddin – sebagai – pm8 – 232057？amp（访问时间：2021年3月10日）。

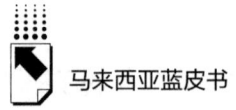

马来西亚蓝皮书

同样参与了"喜来登行动"的民兴党则与希盟重新回到了同一阵线,转而重新支持马哈蒂尔担任总理。① 马哈蒂尔甚至列出了一份115人的名单,来显示自己获得了多数支持。②

最高元首在与全部下议院议员逐一确认后,认定穆希丁获得了多数议员的支持,并拒绝再次接见马哈蒂尔。3月1日,在一片争议声中,穆希丁正式宣誓就任马来西亚第八任总理,负责组建内阁,国盟政府正式成立。③

二 国盟内部分化与在野党联盟分裂

国盟政府的成立仅仅是马来西亚政治动荡的开始。与希盟的成立一样,在国盟成立的背后,巫统为首的各政党急于恢复其在联邦层面的权力,而穆希丁和阿兹敏所领导的派系成员则希望在马来西亚政坛中更进一步。在实现了取代希盟政府的政治目标后,国盟内部也不断分化并形成了多个派系。相比之下,重新成为在野党的希盟,逐渐分裂为马哈蒂尔领导的国家斗士党("斗士党")、沙菲益领导的民兴党和安瓦尔领导的希盟三党(人民公正党、民主行动党和国家诚信党)三派。"民希马"联盟政治主张不一,并在"喜来登行动"中丧失了对彼此的信任,因而"在野党大团结"一直难以成形。

(一) 国盟内部的分裂

2020年3月9日,在宣誓就职一周以后,马来西亚第八任总理穆希丁正式宣布其第一任内阁的全体成员。穆希丁内阁共设32名正部长及38名副部

---

① Warisan konsisten sokong Tun M sebagai PM, Astro Awani, Februari 29, 2020, https://www.astroawani.com/berita-politik/warisan-konsisten-sokong-tun-m-sebagai-pm-232143(访问时间:2021年3月10日)。
② Dr M publishes list of 115 MPs, hopes Agong will accept, Malaysia Kini, February 29, 2020, https://www.malaysiakini.com/news/512708(访问时间:2021年3月10日)。
③ Muhyiddin angkat sumpah Perdana Menteri Kelapan, Berita Harian, Mac 1, 2020, https://www.bharian.com.my/berita/nasional/2020/03/660878/muhyiddin-angkat-sumpah-perdana-menteri-kelapan(访问时间:2021年3月10日)。

长，不设立副总理一职，改由4名高级部长协助各部门运转。内阁名单中，穆希丁在暗中维护了自己领导的土著团结党的利益，穆希丁派系的土著团结党的下议院议员仅有32人，然而土著团结党却获得了25个正副部长职位，数量远超拥有39个下议院席位的巫统。此外，土著团结党掌握的都是内政部、教育部以及总理府经济事务部等核心部门；而巫统获得的国防部、外交部、高教部看似重要，但实际上在马来西亚内阁中一直是边缘化的存在。①

巫统重回执政党联盟却未真正掌握核心权力，这在其党派内部引起了一些不满的情绪。一些巫统领袖也公开发声，巫统虽然并不企图在国盟中"当老大"，但各方也无法否认巫统确实是联盟中的"最大政党"。② 同时，巫统内部对穆希丁的态度也有着微妙的分歧。巫统最高理事达祖丁·阿卜杜·拉赫曼曾经邀请穆希丁顺势回归巫统③，但是不少巫统党员对曾经退出过巫统的穆希丁心存芥蒂。④ 实际上，穆希丁与其合作伙伴巫统以及伊斯兰教党大部分高层领袖的关系也并不融洽。正如巫统副主席诺·加兹兰指出的那样，穆希丁在成立国盟政府后，一直到年底才与巫伊两党领导人举行正式会谈；⑤ 对任命巫统领袖为副总理的呼声，穆希丁也置若罔闻。⑥ 巫统的诉

---

① Senarai Barisan Kabinet Malaysia 2020, Astro Awani, Mac 9, 2020, https：//www.astroawani.com/berita–malaysia/senarai–barisan–kabinet–malaysia–2020–233030（访问时间：2021年3月10日）。
② Umno Bukan Berlagak "Abang Besar" Cuma Ada Kerusi Paling Banyak, Malaysia Kini, Mei 22, 2020, https：//www.malaysiakini.com/news/526850（访问时间：2021年3月10日）。
③ "Muhyiddin perlu kembali kepada UMNO", Sinar Harian, Julai 9, 2020, https：//www.sinarharian.com.my/article/91421/BERITA/Politik/Muhyiddin–perlu–kembali–kepada–UMNO（访问时间：2021年3月10日）。
④ "Ahli Parlimen BN Dijangka Tolak Muhyiddin", Sinar Harian, Oktober 26, 2020, https：//www.sinarharian.com.my/article/107074/BERITA/Politik/Ahli–Parlimen–BN–dijangka–tolak–Muhyiddin（访问时间：2021年3月10日）。
⑤ Muhyiddin Tak Pernah Hormati UMNO, PAS：Nur Jazlan, Sinar Harian, Oktober 19, 2020, https：//www.sinarharian.com.my/article/105970/BERITA/Politik/Muhyiddin–tak–pernah–hormati–UMNO–Pas–Nur–Jazlan（访问时间：2021年3月10日）。
⑥ Zahid Minta Pemimpin, Ahli UMNO Tidak Desak Muhyiddin Isu Jawatan TPM, Astro Awani November 29, 2020, https：//www.astroawani.com/berita/malaysia/zahid–minta–pemimpin–ahli–umno–tidak–desak–muhyiddin–isu–jawatan–tpm–270712（访问时间：2021年3月10日）。

求不断地被穆希丁忽视,乃至于在巫统重新夺得联邦政权后,也无力阻止纳吉布成为马来西亚历史上第一个被定罪的政府最高领导人。①11月,巫统甚至与希盟合作推翻了土著团结党领导的霹雳州政府。②由于巫统和穆希丁及其领导的土著团结党存在诸多分歧,而巫伊两党形成的国谐又在补选之中接连取胜,巫统与土著团结党合作的意愿逐渐被消磨殆尽。凭借着其自身雄厚的政治资源,巫统显然有信心在第15届大选中单打独斗,取得足以撼动政局的成绩,但伊斯兰教党作为实力相对较弱的国盟成员党,则艰难地在巫统和土著团结党之间寻求平衡。

(二)在野党联盟的分化

在"喜来登行动"引发的政权更迭中失败后,重新回归在野党身份的希盟分化为马哈蒂尔领导的部分前土著团结党党员、沙菲益领导的民兴党和安瓦尔领导的希盟三党。在被土著团结党开除党籍后,马哈蒂尔很快重整旗鼓,筹备组建新党祖国斗士党。然而,社团注册局却长期拒绝通过斗士党的注册申请,这使马哈蒂尔及其长子慕克里兹的政治步伐受到不小阻碍。③

"民希马"三派的最大分歧在于难以选出一个三方共同认可的领袖。在经历了上一次的合作失败以后,安瓦尔不再信任马哈蒂尔,因而坚持将自己作为希盟的政治领袖。而民兴党则开始考虑让自己的党主席沙菲益成为马来西亚第一个东马出身的总理候选人。④

---

① "Muhyiddin Pasti Tersenyum Dengan Keputusan Kes Najib",*Malaysia Kini*,Julai 28,2020,https://www.malaysiakini.com/news/536425(访问时间:2021年3月10日)。
② "UMNO-Bersatu di Perak Sedang Berperang",*Sinar Harian*,November 19,2020,https://www.sinarharian.com.my/article/112536/EDISI/Perak/UMNO-Bersatu-di-Perak-sedang-berperang(访问时间:2021年3月10日)。
③ Mahathir's Pejuang Fails in Bid to Be Registered as Political Party,*The Straits Times*,January 8,2021,https://www.straitstimes.com/asia/se-asia/malaysias-registar-of-societies-rejects-applications-from-dr-mahathirs-pejuang-to-be(访问时间:2021年3月10日)。
④ Shafie Apdal Says Still Open to Being PM in the Future,*Malay Mail*,March 16,2021,https://www.malaymail.com/news/malaysia/2021/03/16/shafie-apdal-says-still-open-to-being-pm-in-the-future/1958186(访问时间:2021年3月20日)。

2020年马来西亚政治形势：变化形势中的政治秩序重构

即使排除三派之间的分歧，自乱阵脚的安瓦尔也一再错失良机，他对人民公正党、民主行动党和国家诚信党三党的领导力也遭到了广泛质疑。自2020年9月开始，安瓦尔已经多次声称自己获得了下议院多数议员的支持，但最终都无疾而终。① 而安瓦尔最大的政治危机出现在2021年财政预算案表决期间。在国盟政府推动财政预算案表决前，安瓦尔自称已经策反了部分国盟议员，进而促使"民希马"三派人马在议会推动财政预算案实名制投票，推动对国盟政府的不信任议案。但是，安瓦尔却在投票前的最后时刻放弃了斗争。② 在多次错失良机之后，民兴党与安瓦尔阵营也渐行渐远。③

三 "两线制"之外：更多政治势力的兴起

如果说2008年以来，马来西亚政坛被视为由执政党联盟和在野党联盟对立所主导的"两线制"的话，那么随着希盟政府的突然倒台，马来西亚政坛陷入了某种更加无序的状态。在这一时期，一些长期存在但未受重视的政治势力来到了政治权力斗争的中心，开始参与新政治秩序的构建。其中最为瞩目的莫过于马来王室与东马各政党。

（一）马来王室：超越虚位君主

从2020年2月政治危机开始，最高元首和马来统治者会议开始在决定总理任免、维护政治秩序、保证国家稳定等问题上扮演越来越重要的角色。

---

① Anwar Dakwa Miliki Majoriti Parlimen, Minta Agong Balikkan Perintah Darurat, Berita Harian Singapura, Januari 20, 2021, https://www.beritaharian.sg/dunia/anwar-dakwa-miliki-majoriti-parlimen-minta-agong-balikkan-perintah-darurat（访问时间：2021年3月30日）。
② Selepas Najib Tarik diri, Anwar Arah Ahli Parlimen PH Sokong Belanjawan 2021, Malaysia Now, November 26, 2020, https://www.malaysianow.com/berita/2020/11/26/selepas-najib-tarik-diri-anwar-arah-ahli-parlimen-ph-sokong-belanjawan-2021/（访问时间：2021年3月30日）。
③ Warisan tidak hadir undi sebab kecewa dengan Anwar, Sinar Harian, Disember 1, 2020, https://www.sinarharian.com.my/article/112784/KHAS/Belanjawan-2021/Warisan-tidak-hadir-undi-sebab-kecewa-dengan-Anwar（访问时间：2021年3月30日）。

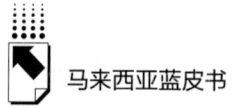

可以说，在这样一个相对不稳定的时代，马来西亚最高元首和王室不再机械地遵从总理和内阁的建议、扮演宪法赋予的各种礼仪性角色，尤其是在政治局势动荡不安时，马来王室在政治结构中的角色愈发凸显。

2020年2月，喜来登政变期间，马哈蒂尔、安瓦尔、穆希丁等人均有成为总理的可能。苏丹阿卜杜拉临危不乱，并未在马哈蒂尔辞职后匆忙解散议会并宣布重新大选，而是与下议院全体议员一一面谈，斟酌总理人选。①最终，最高元首通过行使君主的裁量权，认定穆希丁获得下议院多数议员支持，任命其担任第八任总理。随后，苏丹阿卜杜拉多次在下议院、国家皇宫等场合发布御词，敦促国内朝野政党不要在抗击新冠肺炎疫情时轻易掀起政治波澜，造成政局不稳。②

9月，反对党联盟希望联盟领袖安瓦尔曾一度宣称自己已拥有强大的、稳固而可信的多数议员支持，试图推翻穆希丁的国民联盟政府。对此，最高元首在"御体抱恙"一周后才接见安瓦尔，并在会见后的声明中指出安瓦尔没有提供支持他的多数议员名单，元首因此劝告其遵守并尊重联邦宪法所阐明的法律程序。③10月，朝野政党对2021年财政预算案的反对之声不断，最高元首再度发布声明，劝谕政治人物抛弃分歧和个人利益，为人民福祉和国家安全而支持财政预算案。④

政治局势动荡，政党分裂与议员变节时有发生，联邦和各州的政权更迭愈发频繁。在这一大背景下，王室通过扮演"守门员"的角色，重新

---

① Agong to Personally Interview Each MP on PM Candidate, The Edge Markets, February 25, 2020, https://www.theedgemarkets.com/article/agong - personally - interview - each - mp - pm - candidate（访问时间：2021年3月30日）。

② King Cautions Politicians Not to Drag Country into Political Turmoil Again, The Star, May 18, 2020, https://www.thestar.com.my/news/nation/2020/05/18/king - cautions - politicians - not - to - drag - country - into - political - turmoil - again（访问时间：2021年3月30日）。

③ Agong Tidak Terima Senarai Nama Ahli Parlimen Sokong Anwar, Sinar Harian, Oktober 13, 2020, https://www.sinarharian.com.my/article/105098/BERITA/Politik/Agong - tidak - terima - senarai - nama - Ahli - Parlimen - sokong - Anwar（访问时间：2021年3月30日）。

④ Agong Titah Ahli Parlimen Sokong Belanjawan 2021, Berita Harian, Oktober 28, 2020, https://www.bharian.com.my/berita/nasional/2020/10/747273/agong - titah - ahli - parlimen - sokong - belanjawan - 2021（访问时间：2021年3月30日）。

回到了政治斗争的中心。同时，马来族群越发分裂，政坛则越呼吁实现"马来人大团结"；而作为马来人团结的标志，王室在这一过程中也相应地获得了更多的权力。政治乱局下，无论是在中央还是在地方，马来君主都将扮演更重要的角色。尤其当朝野政治角逐处于焦灼状态、各方势力僵持不下时，各州苏丹或元首将发挥关键的作用。实际上，在是否承认议会选举结果方面，马来君主不仅继承了西敏寺体制下君主"守门员"的角色，而且具有相当的自主裁量权。从联邦层面来说，最高元首有权选择他认为能够获得议会大多数议员支持的人选，而非简单地任命议会下院多数党领袖。同时，当总理提出解散议会的请求或遭遇不信任投票时，元首仍然有自行决定解散议会的权力，甚至有权重新任命一位他认为能够获得多数支持的政治领袖负责组阁。王室的这一权力在州一级立法中也能够得到体现。① 内阁总理或各州州务大臣有可能成为马来君权的代理人，但在政治格局中也难以成为主导。最高元首还可以通过召集马来统治者会议，决定国家政局走向。

（二）东马：政治角力的新舞台

由于国盟与希盟在西马半岛的政治斗争陷入焦灼，东马成为马来西亚政坛角力的新战场。仅以国盟政府为例，这个庞杂的政党联盟实际上依靠着来自沙巴、沙捞越两州的22个联邦议会议席艰难地维持着议会多数优势。而从"民希马"联盟的角度看，拥有10个联邦议席的民兴党也是希盟和马哈蒂尔阵营不可或缺的盟友。

2020年，位于东马的沙巴州成为各方政治势力直接对决的舞台——这个紧邻菲律宾的东马州属在新冠肺炎疫情的阴影之下于9月提前举行州立法议会改选。由于这是国盟政府成立以来的第一场大型选举活动，各方都将这

---

① Jaclyn L. Neo, Change and Continuity: The Constitutional Head of State and Democratic Transitions in Malaysia, *Malayan Law Journal*, *Forthcoming*, January 20, 2012, pp. vi-ix, https://ssrn.com/abstract = 1988979.

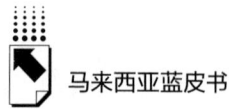

次选举视为检测民意所向的最佳机遇。

沙巴州本应随全国联邦议会大选同步举行州立法议会选举。然而，7月29日，沙巴州前任首席部长、巫统政治领袖慕沙·阿曼宣布，他成功策反了数名民兴党议员，从而获得了州立法议会多数议员支持，将宣誓成为新任沙巴首席部长。① 不过，时任沙巴首席部长沙菲益则认为，这种收买议员的行为并不能真正反映人民的意志，同时他也拒绝平稳地交出权力；因此，沙菲益选择解散议会重新举行大选，希望通过选举重新掌握对沙巴的控制权。② 这也拉开了持续近两月的沙巴州选之争。

在这次地方选举中，联邦层面的在野党联盟保持了最大限度的团结，希望联盟和民兴党共同组建了"民兴党+"联盟，而希盟领导人也纷纷前往沙巴助力选举。相比之下，国盟内部反而出现了一定程度的分裂：土著团结党沙巴分支以联邦执政联盟国盟的身份上阵选举，而巫统则坚持与其在沙巴本地的盟友——沙巴人民团结党合作，以国阵的旗号参加选举。国盟与国阵甚至出现了多个候选人竞选同一个议席的情况。③ 这在一定程度上印证了土著团结党与巫统之间的嫌隙。不过，穆希丁还是尽其所能地将国盟、国阵以及代表着沙巴原住民（卡达山-杜顺人）利益的沙巴团结党统合在沙巴人民阵线（"沙民阵"）这一临时政党联盟的旗号下，以一个整体参与选举。④

---

① Former Sabah Chief Minister Musa Aman Claims to Have Simple Majority to Form State Government, Channel News Asia, July 29, 2020, https：//www.channelnewsasia.com/news/asia/musa-aman-former-sabah-chief-minister-state-government-12974160（访问时间：2021年3月30日）。

② Dun Sabah Bubar：Ini 10 Perkara Anda Perlu Tahu Dari Sidang Akhbar Shafie Apdal, Astro Awani, Julai 30, 2020, https：//www.astroawani.com/berita-politik/dun-sabah-bubar-ini-10-perkara-anda-perlu-tahu-dari-sidang-akhbar-shafie-apdal-253921（访问时间：2021年3月30日）。

③ PRN Sabah：PN, BN bertembung di 3 kerusi, Berita Harian, September 10, 2020, https：//www.bharian.com.my/berita/nasional/2020/09/729920/prn-sabah-pn-bn-bertembung-di-3-kerusi（访问时间：2021年3月30日）。

④ Malaysian PM Muhyiddin Forms Gabungan Rakyat Sabah Alliance to Take On Sabah Polls, The Straits Times, September 12, 2020, https：//www.straitstimes.com/asia/se-asia/malaysian-pm-muhyiddin-forms-gabungan-rakyat-sabah-alliance-to-take-on-sabah-polls（访问时间：2021年3月30日）。

在选举前，包括灵感中心在内的多个民调中心曾预测"民兴党+"将以微弱的优势获得选举的胜利，但事实却与此相反："沙民阵"成功获得了79个议席中的48个，赢得了选举的胜利。"沙民阵"能够以较大优势赢得选举，主要有两方面原因：一方面，本次沙巴州选的投票率仅有66%，远低于第14届大选的77%，许多在外工作的年轻人并没有参与此次投票；另一方面，"沙民阵"包括了巫统、沙巴团结党等多个长期在沙巴执政的政党，这些政党在沙巴基层仍然有着强大的动员能力。① 实际上，沙巴州选并不完全地反映中央的政治实力。相比中央政治人物的政治宣传，真正帮助国阵和国盟实现胜利的是地方政党的强大政党机器，这些政党机器帮助它们在基层获得更多的支持。

除了沙巴州以外，在西马各方势力势均力敌的情况下，即将于2021年举行州联邦议会议席和州立法议会议席改选的沙捞越州也就吸引了更多的关注。② 沙捞越政党也不再是西马政治的附庸，转而向联邦更加主动地提出自己的政治诉求。其中一个最为关键的议题就是，作为石油主产区之一的沙捞越州能否从联邦获得更多的石油收入分红。早在2019年希盟政府时期，沙捞越首席部长、沙捞越土著保守联合党主席阿邦·佐哈里就曾强硬地要求联邦向沙捞越州支付石油税。2020年10月，马来西亚国家石油公司与沙捞越州政府最终达成和解，向沙捞越州支付2019年全年的石油税，总额近30亿林吉特。同时，马来西亚国家石油也承诺在日后给沙捞越州更大比例的分成。③ 由此可见，在未来相当的一段时间内，长期与西马政治割裂的沙捞越政党，可能都会保持不同于以往的政治参与。

---

① Why Warisan Plus Lost-A Preliminary Analysis, Malaysia Kini, September 28, 2020, https://www.malaysiakini.com/columns/544346（访问时间：2021年3月30日）。

② Sarawak Politicians All for Joint General-State Elections, Free Malaysia Today, February 26, 2021, https://www.freemalaysiatoday.com/category/nation/2021/02/26/sarawak-politicians-all-for-joint-general-state-elections/（访问时间：2021年3月30日）。

③ Petronas Agrees to Give Sarawak Bigger Share of Oil, Gas Revenue, The Straits Times, December 8, 2020, https://www.straitstimes.com/asia/se-asia/petronas-agrees-to-give-sarawak-bigger-share-of-oil-gas-revenue（访问时间：2021年3月30日）。

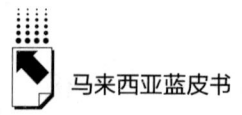
马来西亚蓝皮书

四 面向2021年的马来西亚政局

2021年1月12日,在总理穆希丁建议下,马来西亚最高元首苏丹阿卜杜拉正式御准从1月12日起至8月1日马来西亚全境进入紧急状态,以应对新冠肺炎疫情。穆希丁在全国电视讲话中宣布,紧急状态期间,联邦议会及州立法议会暂停会议,不举行全国大选、州选举和补选,政府将成立跨党派的独立委员会实时评估疫情并为元首建言。这是1969年"五一三"族群暴力冲突以来,马来西亚颁布的首个全国紧急状态法令。① 尽管这一紧急状态法令招致了多方批评,但是马来西亚社会仍然保持了总体上的平稳。同时,由于沙巴州立法议会选举导致州内疫情反扑,国盟政府不愿意冒风险在疫情结束之前举行全国范围内的选举。可以说,新一波疫情在一定程度上缓解了马来西亚紧张的政治局势。

随着疫情得到控制和紧急状态的结束,2021年下半年马来西亚政坛将进入更加动荡的时期。如何看待未来马来西亚政治?最重要的是,应该摒弃将希盟及潜在的"希盟+"视为"民主的希望"而将巫统、国阵、国盟、国谐等视为"破坏民主的邪恶势力"的简约、二元化思路。过去两年间,马来西亚多次补选以及沙巴州的选举结果似乎都出人意料,但这恰巧表明马来西亚选民的真实想法并没有得到充分的挖掘,马来西亚研究在很大程度上被马来西亚的政治叙事以及媒体的话语垄断,进而把"打倒巫统、国阵"与"实现自由民主"画上等号。实际上,对马来西亚而言,一个更加积极健康的发展方向,正是各政党在法制框架下实现充分的竞争。对马来西亚政治的研究应该放弃预设的价值判断,转向

---

① Ordinan Darurat: Agong putuskan tarikh sesuai adakan pilihan raya, Berita Harian, Januari 15, 2021, https://www.bharian.com.my/berita/nasional/2021/01/776475/ordinan-darurat-agong-putuskan-tarikh-sesuai-adakan-pilihan-raya; Teks Ucapan Pengumuman Khas Darurat, Januari 12, 2021, https://www.pmo.gov.my/ms/2021/01/teks-ucapan-pengumuman-khas-darurat-2/ (访问时间: 2021年3月30日)。

尊重马来西亚人民的选择，理解马来西亚选举结果背后所代表的民意和诉求。

同时，在未来的很长一段时间内，以族群为边界的族群政治依然会是马来西亚政治的底色。越来越多的实证研究表明，马来西亚"城乡二元对立"或"民主改革派与保守派的二元对立"更多是媒体和部分学者一厢情愿的判断。① 相应地，由于马来人是马来西亚的主体民族，其内部分裂也将会主导马来西亚未来政治的发展。

---

① 参见 Elvin Ong, "Urban versus Rural Voters in Malaysia: More Similarities than Differences," *Contemporary Southeast Asia*, Vol. 42, No. 1, 2020, pp. 28 – 57; Jennifer Gandhi & Elvin Ong, "Committed or Conditional Democrats? Opposition Dynamics in Electoral Autocracies," *American Journal of Political Science*, Vol. 63, No. 4, 2019, pp. 1 – 16。

B.3
2020年马来西亚经济形势：
遭受打击但有望回弹

孔 涛[*]

摘 要： 2020年，受到新冠肺炎疫情的严重影响，马来西亚经济全年负增长5.6%。上半年经济低迷不振，第二季度下滑17.1%，前6个月收缩8.3%；在多项经济复苏政策的助力下，第三、第四季度有所回暖，下行趋势放缓。居民收入和消费受损，但显现一定韧性。各行业均受到不同程度的打击，尤以服务业最为严重。进出口均严重受挫，但净出口商品为正向增长，服务净出口赤字扩大，收入账户赤字较低，经常账户盈余增加。私人消费和投资大幅下滑，政府消费投入以保障基本民生。年内货币政策宽松，通货膨胀缓和，国内金融市场波动，不确定性强。由于疫情对市场的冲击和政府对人员流动的限制，劳动力市场受到重创，社会保障体系经历严峻考验。随着疫情得到相对控制，新冠疫苗接种推进，隔离制度有所放宽，国内消费和外部需求预期在2021年显著回升，经济有望实现有力回弹。

关键词： 马来西亚　宏观经济形势　公共政策

---

[*] 孔涛，经济学博士，北京大学中国社会科学调查中心副研究员，研究方向为发展经济学和劳动经济学，关注中国和东南亚社会经济。

一 经济增长

2020年全球各国经济都经历了起伏,新冠肺炎疫情的冲击,引发了大萧条以来最严重的经济衰退,第二季度形势最为严峻,下半年有所缓解。根据联合国(UN)、世界银行(WB)、国际货币基金组织(IMF)等机构的估算,2020年全球经济产出下降3.5%~4.5%,其下降程度是2009年全球金融危机期间的2.5倍多。[1] 世界主要经济体中,除中国实现GDP正向增长(2.3%)[2]以外,其余各国GDP均出现不同程度的收缩,其中美国和欧元区国家2020年GDP增长率分别为-3.5%和-6.8%。[3] 造成经济萧条的主要原因,一方面是疫情所导致的生产和经营的中断对各国国内市场需求和供给的双重打击;另一方面是全球供应链和跨境活动的大规模受阻,更加剧了在疫情之前就已笼罩在贸易保护主义及主要经济体之间贸易紧张关系阴云之下的国际贸易活动。2020年全球贸易收缩9.6%,[4] 特别是跨境相关的经济活动,如航空、旅游和进出口受到猛烈重创。

在疫情的冲击下,很多经济体都采取了包括财政刺激、量化宽松等政策手段,以缓解社会经济的下行压力,避免经济进一步恶化。2020年下半年,随着对生产和生活的限制性措施逐渐放松和解除,多国经济显示出不同程度的回暖,全球经济出现复苏迹象。就跨国比较而言,各国为应对疫情所采取的限制措施与其经济所受到的负面影响存在较强联系。国际货币基金组织在其《世界经济展望报告》[5]中提到,与管制相对宽松的国家相比,封锁严格

---

[1] 《联合国报告:全球经济今年将出现温和复苏 增幅将达4.7%》,联合国,2021年1月25日,https://www.un.org/zh/desa/wesp-2021。
[2] 《国家统计局:2020年GDP为1015986亿元 同比增长2.3%》,中国经济网,2021年1月18日,https://baijiahao.baidu.com/s?id=1689189667417029511&wfr=spider&for=pc。
[3] 世界银行数据库,https://data.worldbank.org/indicator/NY.GDP.MKTP.KD.ZG?locations=US。
[4] 世界银行数据库,https://data.worldbank.org/indicator/NY.GDP.MKTP.KD.ZG?locations=XC。
[5] 《世界经济展望报告》,国际货币基金组织,2021年3月23日,https://www.imf.org/zh/Publications/WEO/Issues/2021/03/23/world-economic-outlook-april-2021。

国家的GDP增长率预期下降幅度更大,如英国、欧元区国家和菲律宾等;而一些国家采取了较为缓和但有效的方式,经济受损较小。比如,韩国通过大量的快速测试、全程追溯、精准隔离和在公共场所保持间隔等方式,使疫情散播得到控制,同时减少对国内经济活动的冲击,最终2020年经济收缩1.0%(见图1)。考虑到疫情仍在持续发展及其与经济之间复杂的影响,可以肯定的是,各国经济都深受疫情影响,但两者间确切的关系仍难有定论。

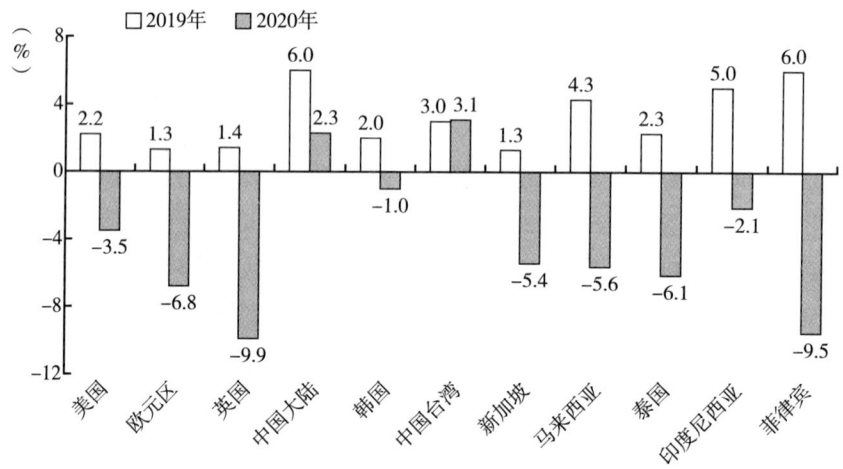

图1 2019~2020年各国和地区实际经济增长

资料来源:马来西亚国家银行。

马来西亚经济在2020年步履维艰,经历了严峻考验,诸多因素直接和间接地造成经济下行压力。在全球经济饱受疫情冲击的大背景下,包括马来西亚在内的新兴市场经济体经历了对外出口收缩、服务业收入损失等多重打击,特别是市场需求疲软导致劳动力市场条件恶化,就业和收入严重受创,从而进一步影响消费支出,削弱了以往为GDP增长提供动力的居民消费。特别是2020年上半年,马来西亚经济受挫明显,GDP增长同比收缩8.3%,下半年稍有回暖,最终全年收缩5.6%(见图2),成为1997年亚洲金融危机以来的最低点。此外,受到政府各类针对疫情防控限制措施的影响,私人投资活动和公共开支均放缓,市场信心低沉,工程项目进展不利。

2020年马来西亚经济形势：遭受打击但有望回弹

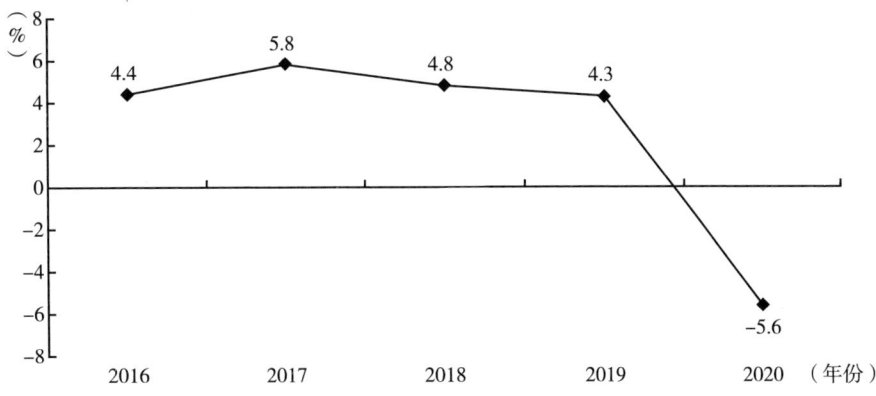

图2 2016~2020年马来西亚经济增长

资料来源：马来西亚国家银行。

在2020年中尽管马来西亚经济增长在第一季度已经凸显下行趋势（见图3），但仍有小幅经济增长（0.7%）。第二季度为遏制疫情的传播，马来西亚政府颁布了"条件性行动管制令"（Conditional Movement Control Order, CMCO），限制人员流动，特别是控制跨区和跨州交通，对市场的供给和需求形成双重打击。该季度马来西亚经济落入全年中最为艰难的低谷，国内生产总值收缩了17.1%。从第三季度开始，随着全球疫情防控的进展，外部需求有所改善，国内经济重新开启，对行动的限制措施也有所调整。虽然持续受到疫情所带来的诸多不利和不确定性困扰，但马来西亚整体经济已初步改善，经济收缩显著放缓，GDP同比增长-2.6%（经季节性调整后，经济环比增长18.2%）。2020年第四季度全球经济持续复苏。在私人投资反弹和私人消费改善的推动下，美国经济收缩减缓，从第三季度的-2.8%缓解到第四季度的-2.5%[1]；而中国经济取得了6.5%的正增长，较前一季度更有所提升（2020年第三季度为4.9%），基本恢复到疫情发生前的增长水平。[2]

---

[1] OECD 数据库, https://www.oecd.org/economy/gdp-growth-third-quarter-2020-oecd.htm; https://www.oecd.org/economy/gdp-growth-fourth-quarter-2020-oecd.htm。

[2] 《国家统计局局长就2020年全年国民经济运行情况答记者问》，国家统计局，2021年1月18日，http://www.stats.gov.cn/tjsj/sjjd/202101/t20210118_1812480.html。

在外部需求逐渐改善的情况下，马来西亚的贸易活动也显现出较为积极的表现，但私人消费和公共投资活动的增长有所放缓，消费者继续对支出持谨慎态度，这对国内需求形成一定压力，整体经济增长速度较为温和，达到 -3.4%（经季节性调整后，经济环比增长 -0.3%）。相比情况最差的第二季度，下半年经济已明显回暖。

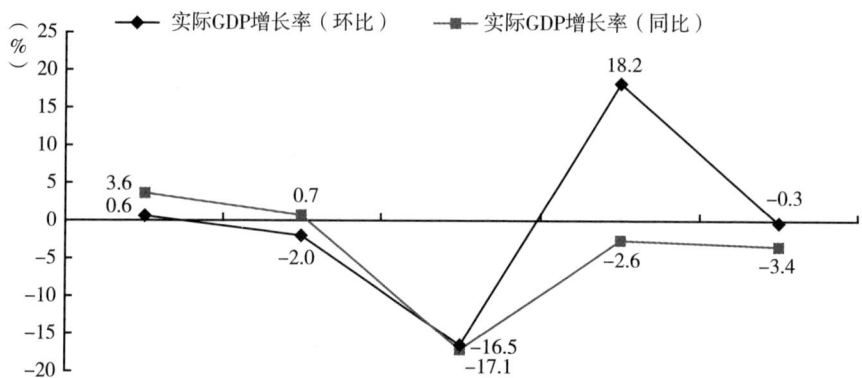

图 3　2019 年第四季度和 2020 年马来西亚分季度经济增长

资料来源：马来西亚统计局和马来西亚国家银行。

以支出法来分析马来西亚的 GDP，2020 年，私人部门支出、公共部门支出和商品与服务净出口三项均在第二季度经历最严重的受挫，之后在第三、第四季度又有所回弹（见表 1）。就各个分项对全年 GDP -5.6% 增长的影响而言，内需、净出口和存量变化三者分别的贡献为 -5.4 个百分点、-0.9 个百分点和 0.7 个百分点①。国内需求中私人部门支出所包含的私人消费下降 4.3%，是 1997 年亚洲金融危机以来的首次收缩，也集中体现为就业和收入受损导致的家庭支出下降。投资活动受到疲软的劳动力市场状况和低沉的消费者情绪影响，无论是私人投资还是公共投资都低迷不振，与 2019 年相比，分别收缩 11.9% 和 21.4%。就内需而言，仅公共部门为刺激经济、促进复苏的一

---

① 马来西亚国家银行：《经济与货币报告（2020）》，第 29 页，https://www.bnm.gov.my/documents/20124/3026377/emr2020_en_book.pdf。

2020年马来西亚经济形势：遭受打击但有望回弹

系列支出（扩张4.1%）为经济增长提供了积极支持（0.5个百分点）。对外方面，商品与服务净出口出现12.3%的收缩。受到国内需求普遍疲软的影响，进口下降（8.3%），但受到全球增长放缓以及贸易和旅游活动大幅减少的影响，出口比进口下降得更快，全年收缩8.8%，最终商品与服务净出口下降造成GDP下滑0.9个百分点。① 聚焦2020年下半年，马来西亚国内需求仍显疲软，主要受到私人消费和公共投资减少的负面影响，第三、第四季度分别下降3.3%和4.4%。投资方面，私营部门和公共部门的资本支出仍然相对疲软。相比需求和投资，较为可圈可点的是商品与服务净出口，第三、第四季度分别实现正向增长21.9%和12.4%，其中制成品出口持续增长。

表1 2019～2020年马来西亚经济发展情况

单位：%

实际 GDP(2015 = 100)							
		2019年		2020年			
	2020年份额	第四季度	2019年度	第一季度	第二季度	第三季度	第四季度	2020年度
		年度变化						
国内需求	93.9	4.8	4.3	3.7	-18.7	-3.3	-4.4	-5.7
私人部门支出	75.2	7.4	6.2	4.7	-20.5	-3.6	-4.1	-6.0
消费	59.5	8.1	7.6	6.7	-18.5	-2.1	-3.4	-4.3
投资	15.7	4.3	1.6	-2.3	-26.4	-9.3	-7.0	-11.9
公共部门支出	18.7	-2.3	-2.8	-0.6	-10.6	-1.6	-5.4	-4.6
消费	13.4	1.3	2.0	5.0	2.3	6.9	2.7	4.1
投资	5.2	-8.0	-10.8	-11.3	-38.7	-18.6	-19.8	-21.4
商品与服务净出口	6.5	-12.4	9.7	-37.0	-38.6	21.9	12.4	-12.3
出口	61.6	-3.4	-1.3	-7.1	-21.7	-4.7	-1.8	-8.8
进口	55.1	-2.4	-2.5	-2.5	-19.7	-7.8	-3.3	-8.3
实际 GDP	100	3.6	4.3	0.7	-17.1	-2.6	-3.4	-5.6
GDP(环比增长,季度调整)	—	0.6	—	-2.0	-16.5	18.2	-0.3	—

资料来源：马来西亚统计局和马来西亚国家银行。

---

① 马来西亚国家银行：《经济与货币报告（2020）》，第29页，https://www.bnm.gov.my/documents/20124/3026377/emr2020_en_book.pdf。

就行业构成而言（见表2），占马来西亚经济比重最大的是服务业（占比57.7%），其次为制造业（占比23.0%），其他行业如农业、采矿业和建筑业均占比较小，在4%~8%。就全年而言，各行业在2020年的总体表现均为负向增长，其中第二季度最为惨淡，虽然在下半年呈现复苏迹象，但除制造业以外的其他行业仍处于负增长状态。

表2 2019~2020年马来西亚分行业经济增长状况

单位：%

各部门实际GDP占比(2015=100)								
	2020年	2019年		2020年				
		第四季度	2019年度	第一季度	第二季度	第三季度	第四季度	2020年度
	占GDP比重	跨年变化						
服务业	57.7	6.2	6.1	3.1	-16.2	-4.0	-4.9	-5.5
制造业	23.0	3.0	3.8	1.5	-18.3	3.3	3.0	-2.6
农业	7.4	-5.7	2.0	-8.7	1.0	-0.5	-0.7	-2.2
采矿业	6.8	-3.4	-2.0	-2.0	-20.0	-6.8	-10.6	-10.0
建筑业	4.0	1.0	0.1	-7.9	-44.5	-12.4	-13.9	-19.4
实际GDP	100.0	3.6	4.3	0.7	-17.1	-2.6	-3.4	-5.6

资料来源：马来西亚统计局。

分行业来看，服务业全年收缩5.5%，对增长的贡献为-3.2个百分点[①]，特别在第二季度收缩明显（-16.2%），此后在下半年内有显著改善，但仍未进入正向增长。主要由于政府对人员流动和服务提供的严格限制，与服务业相关的活动严重受挫。例如，缩短营业时间等限制和疲软的消费者情绪，对娱乐活动和非必需零售商品的销售都造成了负面压力，并进而影响批发和零售贸易活动。此外，国际边界一直无法开放，旅游业活动疲软，与其相关的食品和饮料、住宿以及运输和仓储等行业经济也较为萧条。服务业在2020年第三、第四季度分别收缩4.0%和4.9%。不过，服务业内也有个别

---

① 马来西亚国家银行：《经济与货币报告（2020）》，第31页，https://www.bnm.gov.my/documents/20124/3026377/emr2020_en_book.pdf。

亮点，比如机动车相关领域、金融和保险业及信息和通信（尤其是宽带）领域。这些子行业的经济在 2020 年持续增长，并在一定程度上抵消了批发零售、餐饮娱乐、旅游住宿等行业的经济萎缩。

制造业全年收缩 2.6%，对增长的影响为 -0.6 个百分点①。其在第二季度严重受挫，收缩 18.3% 后，受到外部需求逐步改善的带动，回暖较其他行业更为明显，并在第三、第四季度恢复正向增长，分别增长 3.3% 和 3.0%，在消费疲软的大背景下为整体经济的复苏提供了宝贵的支持。制造业内部各子行业的表现也有一定差异。其中，表现最为突出的是马来西亚电子电气（E&E）子行业。作为全球"半导体重镇"之一，马来西亚不仅是半导体产品的重要出口地，而且是全球半导体封装测试的主要中心之一，其半导体产品生产与全球价值链高度整合。在全球性短缺和疫情影响下，全球对半导体组件的需求旺盛，马来西亚电子电气子行业表现强劲，甚至出现订单积压的状况。此外，除个别子商品的生产，如与疫情防控相关的产品和药品以及得到销售与服务税减免的家用汽车等，具有较强动力以外，制造业的其他子行业均深受国内需求不足的影响，表现不尽如人意。比如，食品和饮料、烟草和纺织品子行业，深受政府对社交聚会、教育活动、人口跨州和跨县流动的限制所致的需求疲软的影响。此外，棕榈油相关产品的精炼和制造也受到由劳动力短缺导致的农业部门中断的影响。

农业的表现在 2020 年较为特殊，一季度严重的干旱及化肥使用的减少，对油棕榈的产出造成严重打击，农业收缩 8.7%，第二季度农业迅速回暖至正向增长（1.0%），并在下半年小幅负向徘徊，第三、第四季度分别收缩 0.5% 和 0.7%。对农业行业内部而言，尽管畜牧业和其他子行业有所扩张，但受到劳动力短缺的持续影响，以及年初和年底的不良天气条件影响，油棕产量不振，加之橡胶、渔业、林业和伐木子行业因销售受限和人力不足也较为疲软，整体上拖累了农业的增长，农业全年收缩 2.2%。此外，建筑业和

---

① 马来西亚国家银行：《经济与货币报告（2020）》，第 31 页，https：//www.bnm.gov.my/documents/20124/3026377/emr2020_ en_ book.pdf。

采矿业在2020年的收缩幅度较为剧烈，分别为19.4%和10.0%。对建筑业而言，疫情导致劳动力短缺和工程建设无法按计划推进，土木工程和住宅子行业深受冲击。尽管政府针对疫情的刺激计划（PRIHATIN）为一些小规模项目提供了支持，但建筑业整体受到重创，第二季度几乎停摆，业绩下滑44.5%；虽在下半年有所回暖，但行业整体与疫情前相比仍处于收缩状态，第三、第四季度增长分别为-12.4%和-13.9%。采矿业各季度均呈现收缩状态，原油和天然气产量下降。

2020年，主要受到全球石油价格上半年下跌严重且持续走低的影响，马来西亚经济以消费价格指数显示的标题通胀率为负（-1.2%），较2019年（0.7%）明显下降。但刨除暂时性价格波动的成分后，对马来西亚货币政策更有指示性意义的核心通胀率为1.1%，比2019年（1.5%）稍有缓和。可以看出，尽管年内大量经济活动受阻或被中断，但部分商品和服务（如零售燃料、租金和通信服务）的价格下滑与其他类别产品（如运输服务和食品等）的价格上升相互抵消，造成价格下行压力的基础并不广泛。与此同时，生产能力的闲置和劳动力市场的疲软与较低的通胀率也有一定关系。①

二 贸易

在对外贸易方面，受到疫情的严重影响，商品和服务的进出口都明显收缩。2020年上半年，出口方面，由于大宗商品价格的急剧下降和外部需求的急剧收缩，马来西亚的商品出口的贸易额和贸易量锐减。全球经济在2020年下半年显现复苏迹象，外部需求和国内制造业活动增加，马来西亚全年总出口9809.8亿林吉特，持续以电子电器产品出口为主导（见图4）。与此同时，马来西亚进口贸易相比于出口收缩更为急剧，全年总进口7961.9亿林吉特（见图5）。这最终导致商品贸易顺差较2019年的1233亿林吉特反而有所增加，达到1391

---

① 马来西亚国家银行，"Economic and Financial Developments in Malaysia in the 4th Quarter of 2020," 2021年2月11日，https：//www.bnm.gov.my/-/quarterly-developments-q4-2020。

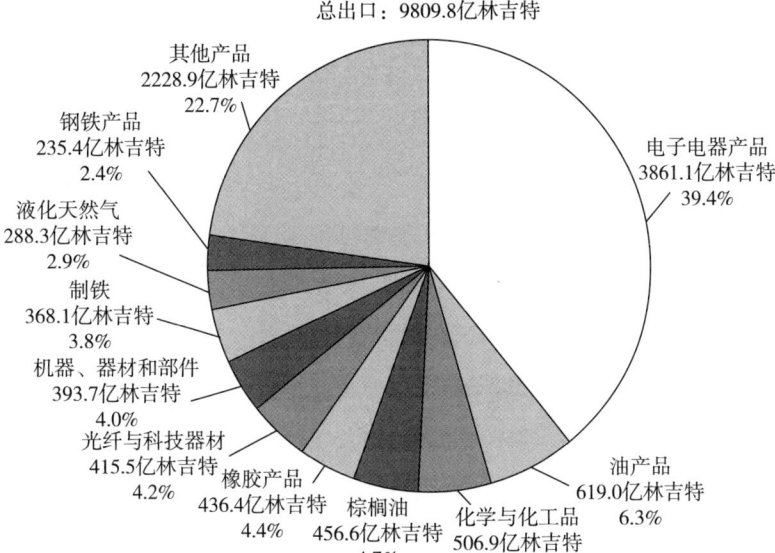

图 4　2020 年马来西亚总出口中各类产品占比（2021 年 7 月 1 日更新）

资料来源：马来西亚对外贸易发展局。

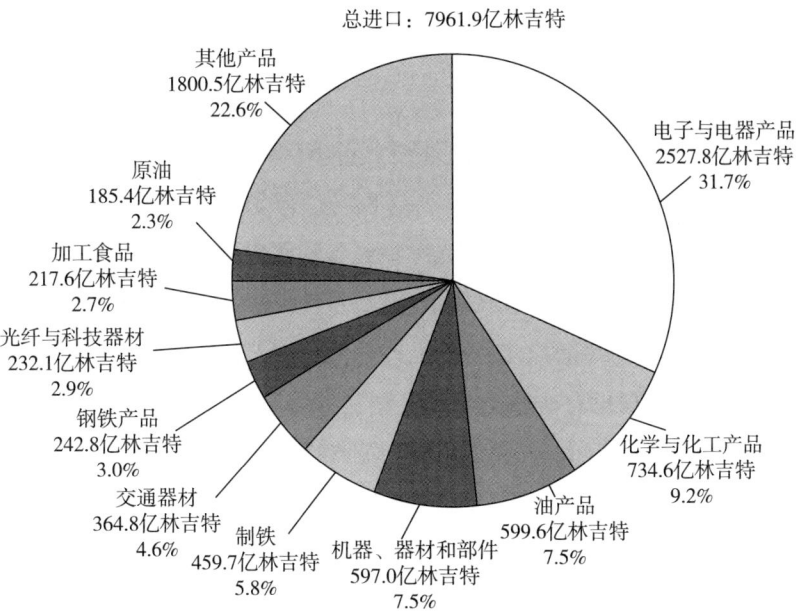

图 5　2020 年马来西亚总进口中各类产品占比（2021 年 7 月 1 日更新）

资料来源：马来西亚对外贸易发展局。

亿林吉特①。就商品贸易而言，对马来西亚至关重要的面向本区域的出口活动在第三、第四季度出现回暖，其对本区域内主要经济体（除新加坡外）的出口均有所增加。特别是中国经济恢复的强劲趋势，在很大程度上带动了周边国家的经济活动，马来西亚的贸易状况也有明显改善（见图6）。

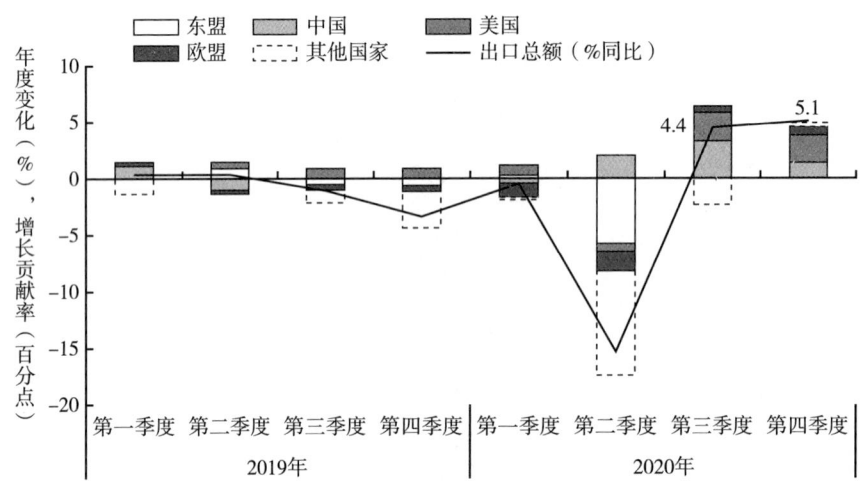

图6　2019~2020年各主要经济体商品出口情况

资料来源：马来西亚统计局、马来西亚国家银行。

就贸易商品类别而言，尽管原油出口量下降、大宗商品出口进一步收缩（2020年第三、第四季度为-7.2%，-7.8%），但受到以电子电器为首的制造业商品出口持续强劲的推动，特别是家用设备和医疗设备对半导体的强劲需求推动，马来西亚商品出口总额增长率在第三、第四季度分别达到4.4%和5.1%（见图7）。同时，由于劳动力市场状况持续疲软，家庭支出下降，消费进口下降，且中间产品进口也有所收缩，进口总额下降6.3%和4.5%。最终，第三、第四季度马来西亚贸易顺差分别达到603亿林吉特和599亿林吉特。②

---

① 根据国际货币基金组织的《国际收支和国际投资头寸手册》（第6版）相关内容，用于加工、储存和分销的商品因其所有权不发生变化，不包括在商品账户中，商品和总贸易顺（逆）差的结果会有所差异。

② 马来西亚国家银行，"Economic and Financial Developments in Malaysia in the 4th Quarter of 2020," 2021年2月11日，https://www.bnm.gov.my/-/quarterly-developments-q4-2020。

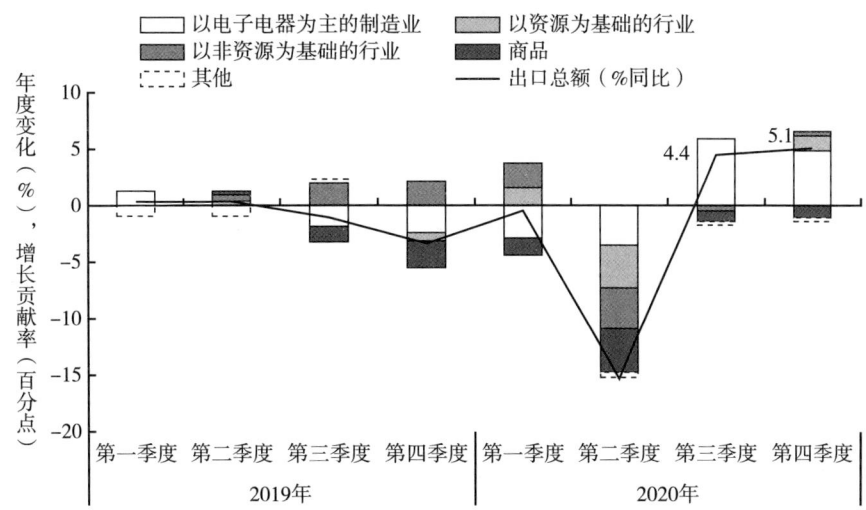

图 7　2019～2020 年马来西亚分行业出口情况

资料来源：马来西亚统计局、马来西亚国家银行。

2020 年马来西亚服务贸易收入出现大幅下滑，最终逆差达到 480 亿林吉特，远远超过 2019 年 109 亿林吉特，创下自 1961 年有记录以来的最大逆差。造成这一状况的最主要因素是由疫情所造成的对跨境旅行的严格限制，导致旅行和航空运输服务出口急剧下降。此前五年中，国外到访旅游者消费占比较高于国内旅游者消费或两者几乎持平，但 2020 年两者占比分别为 26.2% 和 73.8%。① 在服务账户中极为突出的是，由于游客人数锐减，旅游收入急剧下降至 127 亿林吉特，仅仅是 2019 年 861 亿令吉的约 15%。这一单项就导致马来西亚的旅游账户出现 78 亿林吉特的逆差，这也是自 1999 年以来马来西亚旅游收支首次出现逆差。②

---

① 马来西亚统计局，"Tourism Satellite Account 2020," 2021 年 9 月 23 日，https://www.dosm.gov.my/v1/index.php?r=column/cthemeByCat&cat=111&bul_id=SXp2ZUF0TGx2OTU0YXo2YXZ1QUMydz09&menu_id=TE5CRUZCblh4ZTZMODZIbmk2aWRRQT09。

② 马来西亚国家银行：《经济与货币报告（2020）》，第 33 页，https://www.bnm.gov.my/documents/20124/3026377/emr2020_en_book.pdf。

三 投资

与贸易相似,全球投资在2020年受疫情影响整体低迷,投资者以规避风险、寻求资产安全为主要考量,投资活动不兴。马来西亚私人及公共投资在2020年均显著下滑,较2019年分别收缩11.9%和21.4%。2020年上半年尤为低落,下半年略有好转,但私人部门和公共部门的资本支出仍然相对疲软。其中,由于政府对固定资产的支出有所减少而且较多部门的需求仍然疲软,第三、第四季度公共投资下降幅度分别为18.6%和19.8%。相比之下,私人投资的降幅稍小,主要得益于现有项目(尤其是出口导向型行业)持续的资本支出,第三、第四季度分别负增长9.3%和7.0%。同时,马来西亚固定资本形成总额(GFCF)持续收缩,2020年第三、第四季度分别为-11.6%和-11.9%,其中建筑结构投资在第四季度收缩了13.1%(第三季度为-12.9%),机械设备投资(M&E)在第四季度下降了9.0%(第三季度为-8.3%)。①

就国际和国内投资而言,马来西亚的投资活动在年内持续下降,金融市场波动性持续走高,市场动荡,第四季度之前较为低迷。2020年马来西亚的金融账户下,直接投资账户录得2亿林吉特的小额净流出(见表3),与近年来高额的净流入形成鲜明对比(2018年为101亿林吉特,2019年为56亿林吉特)。其背后的原因与全球经济活动的萎缩、国内为遏制疫情而实施的封锁措施和较低的商品价格下外国直接投资(FDI)流入的显著放缓有关,并突出体现在房地产、专业服务业、制造业和采矿业等多个领域。值得一提的是,尽管外国直接投资总体有所放缓,但个别行业仍有小幅改善,如金融服务和信息通信服务行业。与过去两年约占GDP的2%的体量相比,2020年外国直接投资流入总额较小,仅为139亿林吉特,相当于GDP的1.0%(2018年为326亿林吉特,占GDP的2.3%;2019年为317亿林吉

---

① 马来西亚国家银行,"Economic and Financial Developments in Malaysia in the 4th Quarter of 2020," 2021年2月11日,https://www.bnm.gov.my/-/quarterly-developments-q4-2020。

特，占GDP的2.1%）。① 本地区主要经济体新加坡、泰国和中国是外国直接投资的主要来源国，分别贡献了2020年净外国直接投资的30.1%、24.7%和16.9%。同时，马来西亚对外直接投资（DIA）流出量也较低，仅为141亿林吉特，相当于GDP的1.0%，较2019年的261亿林吉特（相当于1.7%的GDP）明显收缩。对外投资主要流向金融服务和信息通信服务行业以及制造业和采矿业；加拿大、英国和印度尼西亚是前三大投资目的地，分别接受马来西亚DIA的30.7%、29.4%和24.3%。②

表3　2018～2020年马来西亚国际收支

单位：十亿林吉特

国际收支[1]	2018年	2019年	2020年（初步估算）
经常账户	32.3	50.9	62.1
商品[2]	114.6	123.3	139.1
服务	-17.5	-10.9	-48.0
初级收入	-45.1	-40.3	-26.2
次级收入	-19.7	-21.3	-2.8
资本账户	-0.1	0.3	-0.4
金融账户	11.4	-33.8	-79.1
直接投资	10.1	5.6	-0.2
证券投资	-49.4	-29.0	-49.1
金融衍生品	1.0	-0.5	1.6
其他投资	49.7	-9.9	-31.4
净误差和遗漏[3]	-35.9	-9.0	-2.0
总体收支	7.8	8.4	-19.4

注：1. 根据国际货币基金组织的《国际收支和国际投资头寸手册》（第6版）（BPM 6）相关内容整理。

2. 已调整，用于估值和涵盖生产、储藏和分发的产品。

3. 就2018年第一季度，净误差和遗漏不包括储备重估的变化。

资料来源：马来西亚统计局、马来西亚国家银行。

---

① 马来西亚国家银行：《经济与货币报告（2020）》，第34页，https://www.bnm.gov.my/documents/20124/3026377/emr2020_en_book.pdf。

② 马来西亚统计局，"Malaysia's DIA Flows in 2020 Declined while the Accumulated Investment Overseas Improved to RM518.6 Billion," 2021年6月18日，https://www.dosm.gov.my/v1/index.php?r=column/cthemeByCat&cat=440&bul_id=UlBPMGdkVFphR0R4OEhkcnN5Y2d5UT09&menu_id=azJjRWpYL0VBYU90TVhpclByWjdMQT09。

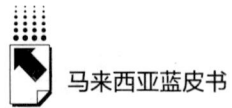

在接近2020年末时，伴随着新冠疫苗研发进展的利好消息，美国、英国和几个欧元区发达经济体的复苏迹象提振了市场预期，马来西亚的投资状况也出现回暖。2020年第四季度较第三季度金融账户净流出有所减少，从净流出352亿林吉特下降为108亿林吉特，主要表现为证券投资和其他投资账户资本流出较少。与此同时，得益于流向服务业和制造业的资金，第四季度外国直接投资也录得净流入61亿林吉特，扭转了第三季度外国直接投资自2009年第四季度以来出现的首次净流出，为31亿林吉特。就对外直接投资而言，第四季度流出量达到54亿林吉特，较第三季度22亿林吉特上升。最终，第四季度直接投资账户的净值扭转了之前三个季度净流出的状况，录得8亿林吉特的小额净流入。①

如表3所示，证券投资账户2020年较2019年出现较高净流出，达491亿林吉特（2019年为290亿林吉特）。这背后的一个主要原因是国内机构投资者推动的股票和债务证券投资符合马来西亚本地居民试图分散风险和提高投资回报的动机，这使得海外投资从2019年的417亿林吉特增加到576亿林吉特。与此同时，一方面，疫情所带来的严重不确定性促使非本地居民清算国内股票证券；另一方面，下半年全球金融状况有所缓和，加之马来西亚政府在应对疫情的经济冲击方面所采取的政策支持也有助于改善投资者情绪，国内债务市场的非居民投资有所增加。上述两者的作用相互抵消，最终体现为非居民投资净流入减小，从2019年的126亿林吉特收缩至85亿林吉特。②

2020年下半年内，非居民证券投资净流入大幅增加，从第三季度的24亿林吉特，显著提升至第四季度的128亿林吉特。其背后是非居民债务证券投资的上扬，从第三季度的45亿林吉特上升到第四季度141亿林吉特，且远远超出了国内股票证券的清算（2020年第三、第四季度分别为69亿林吉

---

① 马来西亚国家银行，"Economic and Financial Developments in Malaysia in the 4th Quarter of 2020"，2021年2月11日，https：//www.bnm.gov.my/-/quarterly-developments-q4-2020。
② 马来西亚国家银行：《经济与货币报告（2020）》，第35页，https：//www.bnm.gov.my/documents/20124/3026377/emr2020_en_book.pdf。

特和13亿林吉特）。与此同时，居民在海外的投资与第三季度基本持平，从207亿林吉特小幅调整到197亿林吉特。最终，证券投资账户净流出从第三季度的231亿林吉特大幅降低到第四季度的净流出69亿林吉特。①

除此以外，金融账户下另一较为重要的分项是其他投资账户，其于2020年出现大幅净流出，达314亿林吉特，较2019年净流出99亿林吉特明显增长（见表3）。这反映了在全球和马来西亚国内经济活动急剧收缩的情况下，在岸银行的外部流动性需求降低。与此同时，银行业同业借款的偿还和存款的提取以及较高的国内外币存款、非居民对银行同业拆借资金的需求减少都是导致资金净流出的重要原因。随着经济逐渐恢复，其他投资账户净流出的金额在下半年内有所减少，从第三季度的85亿林吉特降至第四季度的37亿林吉特。②

四 财政

2020年，面对全球和国内经济形势，马来西亚的国际收支表现出较强的韧性。受到较高的商品盈余和初级及次级收入账户中较低的赤字支持，经常账户盈余自2019年持续增加，最终录得621亿林吉特（占GDP的4.4%），较2019年509亿林吉特（占GDP的3.4%）上浮明显。特别是2020年第三、第四季度盈余分别达到261亿林吉特和190亿林吉特，占GDP的7.1%和5.0%。③ 从储蓄投资的角度来看，较高的盈余反映了投资的急剧下降（见图8）。

从经常账户的构成来看，商品账户保持盈余，达到1391亿林吉特，较2019年1233亿林吉特盈余增加（见表3）。这一盈余是出口贸易波动和进口

---

① 马来西亚国家银行，"Economic and Financial Developments in Malaysia in the 4th Quarter of 2020," 2021年2月11日，https：//www.bnm.gov.my/-/quarterly-developments-q4-2020。
② 马来西亚国家银行，"Economic and Financial Developments in Malaysia in the 4th Quarter of 2020," 2021年2月11日，https：//www.bnm.gov.my/-/quarterly-developments-q4-2020。
③ 马来西亚国家银行，"Economic and Financial Developments in Malaysia in the 4th Quarter of 2020," 2021年2月11日，https：//www.bnm.gov.my/-/quarterly-developments-q4-2020。

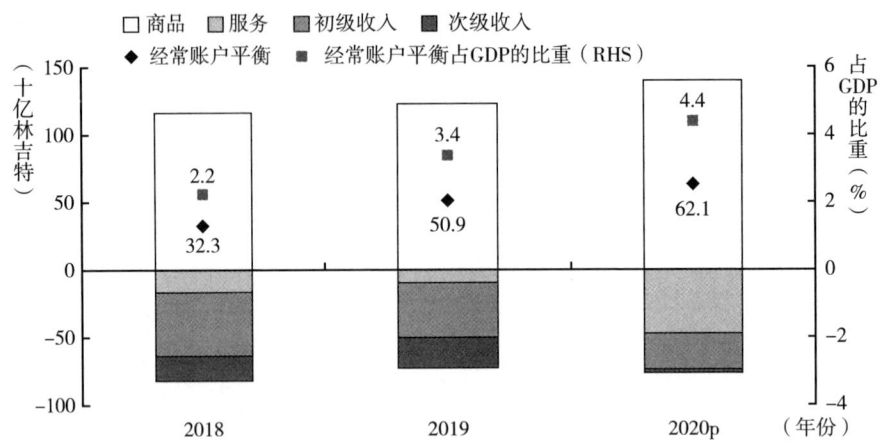

图8 2018～2020年马来西亚经常账户

资料来源：马来西亚统计局和马来西亚国家银行。

急剧收缩的多重作用的结果。一方面，由于全球需求和贸易量的急剧收缩，马来西亚的商品出口在2020年上半年显著下降，主要商品出口价格亦大幅下跌；但在下半年有所回暖，得益于电子电器、橡胶手套和个人防护设备（PPE）的强劲出口，盈余在第三、第四季度增至415亿林吉特和429亿林吉特。[1] 而商品进口相对于商品出口的下滑更为猛烈，两者抵消后，最终表现为商品账户的盈余。

服务账户、初级收入和次级收入账户在2020年均出现赤字。其中，由于深受疫情对人员流动和社交活动的限制的影响，服务行业受到重创，旅游收入低迷，运输付费较高，赤字达到480亿林吉特。这不仅远高于2019年服务账户109亿林吉特的赤字，而且是自1961年有记录以来的最高赤字额。即使在疫情有所缓和的下半年，服务业持续疲软，第三、第四季度赤字分别为133亿林吉特和142亿林吉特。非常突出的是旅游和航空运输服务出口由于受到国际旅行限制，游客人数急剧下降，相关收入急剧下降至127亿林吉

---

[1] 马来西亚国家银行：《经济与货币报告（2020）》，第34页，https://www.bnm.gov.my/documents/20124/3026377/emr2020_en_book.pdf。

2020年马来西亚经济形势：遭受打击但有望回弹

特，不足2019年861亿林吉特的1/6，马来西亚的旅游账户出现自1999年以来的首次赤字，为78亿林吉特。①

相比服务账户，收入账户的赤字较低，其中初级收入账户的赤字为262亿林吉特，较2019年赤字（403亿林吉特）收窄。受到动荡的全球经济影响，尤其对采矿业和服务业而言，外国企业在马来西亚的直接投资下降，从2019年的587亿林吉特，下滑至432亿林吉特。同时，对外直接投资，特别是对大宗商品投资的收益有所减少。次级收入账户受到年内第三季度与政府相关的资金到账及外国劳工向外汇款的减少，最终赤字为28亿林吉特，与前一年的213亿林吉特赤字相比，大幅回落。

从金融账户看，概括而言，上半年由于疫情严重扰乱了贸易活动和全球供应链，加之一些国家将医疗设备和防疫产品相关的制造业转移至国内，资本流入显著下滑。下半年，尽管制造业已出现回暖，但资本进口仍处于收缩状态，第三、第四季度分别下滑12.8%和15%，在对外投资下降及海外投资收益的贡献抵消了部分资本流出的影响下，2020年马来西亚金融账户最终录得净流出791亿林吉特。

从资产—负债的角度看，2020年，主要通过银行和企业的投资组合和直接投资的形式，马来西亚的外部资产在年内增加了1396亿林吉特。同时，外部负债仅增加了159亿林吉特。这使得马来西亚国际投资头寸（International Investment Position，IIP）从2019年的净负债441亿林吉特（占GDP的2.9%）扭转为净资产796亿林吉特，相当于2020年底GDP的5.6%。这是马来西亚自2016年录得净外部资产头寸702亿林吉特（占GDP的5.6%）后，首次在国际投资头寸上录得净资产。其背后主要的原因是受到疫情冲击，非居民存款减少以及非居民持有的股本证券的市场重估较低，加之年内银行同业借款的净偿还，最终体现为外部负债增量远远小于往年

---

① 马来西亚统计局，"Statistics of International Trade in Services（SITS）2020，"2021年6月9日，https://www.dosm.gov.my/v1/index.php? r = column/cthemeByCat&cat = 331&bul_id = VmZaK0lNVFdZWmtXWXY4eEJ2eFpGdz09&menu_id = azJjRWpYL0VBYU9OTVhpclByWjdMQT09。

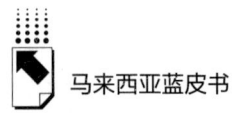

（2019年新增外部负债为613亿林吉特）。①

从货币构成的角度看，马来西亚的外部地位也得到增强。具体而言，其国际投资头寸中净外币外部资产头寸，即以外币计价的外部资产减去以外币计价的对外负债，增加到1.1万亿林吉特（占GDP的75.1%）。对比2019年的9300亿林吉特（占GDP的61.5%），有明显提升。得益于以外币计价的净资产支持，银行和企业录得净外部资产头寸，加上其持有的可流动外部资产达到7009亿林吉特，较2019年6178亿林吉特更为可观，可供在必要时动用以偿还外债。②

此外，在马来西亚的国际收支表里（见表3），净误差和遗漏（E&O）达20亿林吉特，占总贸易额的0.1%，对比2019年该项的90亿林吉特（占总贸易额的0.5%），体量较小。

2020年，从债务角度看，马来西亚企业所发行的债券及非居民所持有的国债都有所增加，在银行间的同业拆借、非居民存款和林吉特对应主要货币的汇率上浮部分抵消了外债增加的影响后，最终马来西亚外债总额相比2019年9454亿林吉特（占GDP的62.6%）有所增加，截至2020年12月末，外债总额达到9585亿林吉特，相当于GDP的67.7%。③ 如果从债务到期时间、债务货币构成来评估，或从央行对金融业所提出的审慎和对冲要求的监管角度看，马来西亚外债的总体风险在可控范围内。

首先，就在险外债（debt at risk）比例而言，截至2020年底，企业和银行的外债风险分别为264亿林吉特和621亿林吉特，共约占马来西亚外债总额的9.2%，相当于国际储备的20.5%，规模可控。④ 其次，具体从期限

---

① 马来西亚国家银行：《经济与货币报告（2020）》，第36页，https://www.bnm.gov.my/documents/20124/3026377/emr2020_en_book.pdf。
② Malaysia External Debt, CEIC, https://www.ceicdata.com/en/indicator/malaysia/external-debt。
③ BNM: Malaysia's external debt increased to RM985.5b in 2020, The Edge Markets, March 31, 2021, https://www.theedgemarkets.com/article/malaysias-external-debt-increased-rm9855b-2020。
④ BNM: Malaysia's external debt increased to RM985.5b in 2020, The Edge Markets, March 31, 2021, https://www.theedgemarkets.com/article/malaysias-external-debt-increased-rm9855b-2020。

的角度来看，外债总额中超过60%的份额倾向于中长期期限，短期外债占外债总额的不到四成。同时值得关注的是，后者中又有约40%为集团内部借款，总体稳定且条件优惠。此外，短期外债中大约10%是贸易信贷，主要由出口收入支持，并且正在自行清算。再次，从外汇储备的角度看，截至2021年1月29日，马来西亚国际储备为1076亿美元，可以为8.6个月的进口提供资金，是短期外债的1.2倍。最后，就债务的货币构成而言，以林吉特计价的外债占外债总额的33.9%，主要以非居民持有国债（在以林吉特计价的外债中占比67.7%）和常驻银行机构中的林吉特存款（在以林吉特计价的外债中占比17.7%）的形式存在。这些负债不受汇率波动的影响。此外，以外币计价的外债总额为6334亿林吉特，相当于外债总额的66.1%。其中，51.5%的外币计价外债来自企业，并受到央行有关审慎和对冲要求的约束；此外，以外币计价外债总额的27.1%是离岸的长期债券和票据，主要由非金融机构发行，用于海外资产收购融资；另外，公司间贷款占以外币计价外债的15.1%，通常具有较为灵活和优惠的条款，对总体风险负担影响较小。[①]

五 货币与金融

在全球经济衰退的大背景下，为帮助各经济体应对新冠肺炎疫情造成的困境，全球60%的经济体的央行将利率降至不到1%，许多经济体甚至采取负利率。比如，仅2020年3月美联储就连续两次降息，欧元区、日本、英国和澳大利亚的央行也将利率降至创纪录低点。从年初各国采取了降息等一系列货币政策措施，但从通胀率反应微弱来看，货币政策对经济的调节作用近乎失灵，从而使全球经济面临陷入"流动性陷阱"的风险。

---

① 马来西亚国家银行：《经济与货币报告（2020）》，第36页，https://www.bnm.gov.my/documents/20124/3026377/emr2020_en_book.pdf。

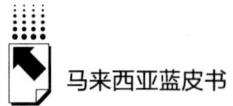

马来西亚国内金融市场与该区域的大趋势一致：上半年较为低迷；下半年受到全球经济回暖的提振，投资者情绪较为积极，市场状况广泛改善。特别是，尽管疫情的波动可能使马来西亚再次启动各项管制措施，但新冠疫苗的批准和部署取得进展，以及美国总统大选结果降低了美国政策方向的不确定性，这些都使得投资者信心有所增加。进一步而言，马来西亚国内股市呈上涨趋势，资产市场显现较为广泛的改善，利率基本保持稳定，价格平稳。汇率方面美元走弱，银行系统内，机构层面和系统层面流动性保持充足，融资需求上升，信贷不断扩张。

截至2020年末，尽管新冠肺炎疫情仍有卷土重来的风险且疫苗供给不足、大范围接种也有所延迟，但从整体趋势来看，全球经济仍在持续复苏中。伴随着大规模疫苗接种计划的加速推出，同时在持续的政策支持作用下，全球经济增长的预期较为显著。马来西亚总体通胀稳定，2020年第四季度的实际定期存款利率较第三季度保持稳定，3个月和12个月定期存款实际利率分别为3.00%和3.20%。流动性方面，呈净流入状态，央行的流动性小幅增加13亿林吉特。在机构层面，截至2020年12月末，所有银行在本行的流动性头寸均保持充足。2020年第四季度，净融资同比增长4.4%（2020年第三季度为4.6%），受未偿公司债券和贷款持续扩张的驱动，第四季度未偿公司债券增长率从第三季度的4.3%上浮至6.5%。①

趋近年末，经济复苏趋势逐渐确定，商业贷款申请和批准有所增加，尤其是与投资相关的贷款。投资贷款申请在2020年第三、第四季度达到297亿林吉特和369亿林吉特；投资贷款批准在2020年第三、第四季度达到121亿林吉特和166亿林吉特。贷款发放保持较为强劲的趋势，第三、第四季度分别发放991亿林吉特和995亿林吉特。各类用途贷款的还款也恢复到之前的水平（为946亿林吉特，2019年平均为918亿林吉特）。在利率较低和经济刺激措施的共同推动下，居民贷款特别是房贷和购车贷款的需求旺盛，贷款增

---

① 马来西亚国家银行，"Economic and Financial Developments in Malaysia in the 4th Quarter of 2020," 2021年2月11日，https://www.bnm.gov.my/-/quarterly-developments-q4-2020。

长5.4%,与第三季度基本持平(2020年第三季度为5.6%)。偿还贷款总额同比增长3.7%(2020年第三季度为4.7%),未偿还商业贷款增长幅度较小(为0.9%,2020年第三季度为2.9%)。主要由于上年同期贷款基数较高,且还款增长较快,支付和还款金额均有所增加,用于营运资金用途的贷款增长尤为明显。同期,非居民投资组合持续流入,投向国内债券市场,导致3年期、5年期和10年期马来西亚政府债券(Malaysian Government Securities,MGS)收益率分别下降11.0个基点、13.4个基点和1.0个基点。① 惠誉评级(Fitch Ratings)在2020年12月将马来西亚的主权评级下调至"BBB+",但此次下调似乎对国内债券市场的影响有限。②

基于相对乐观的大背景,2021年1月,马来西亚货币政策委员会(Monetary Policy Committee,MPC)在相关会议上认同将隔夜政策利率(Overnight Policy Rate,OPR)维持在1.75%,并认为货币政策的立场是适当和宽松的。这一立场还体现在央行将允许银行机构使用马来西亚政府债券和马来西亚政府投资票据(Malaysian Government Investment Issues,MGII)来满足法定储备金要求(Statutory Reserve Requirement,SRR)的灵活规定延长至2022年12月31日。

六 劳动力市场

2020年,全球劳动力市场饱受新冠肺炎疫情之苦,就业岗位减少和薪酬下降现象极为普遍。国际劳工组织在其《新冠肺炎与劳动世界》③ 报告中

---

① 马来西亚国家银行,"Economic and Financial Developments in Malaysia in the 4th Quarter of 2020," 2021年2月11日,https://www.bnm.gov.my/-/quarterly-developments-q4-2020。
② Fitch Downgrades Malaysia to "BBB+"; Outlook Stable, Fitch Ratings, December 4, 2020, https://www.fitchratings.com/research/sovereigns/fitch-downgrades-malaysia-to-bbb-outlook-stable-04-12-2020.
③ 国际劳工组织:《新冠肺炎与劳动世界》,2020年4月7日,https://www.ilo.org/global/topics/coronavirus/lang--en/index.htm。

称，当年亚太地区损失多达8100万个工作岗位，拉丁美洲减少3000万个工作岗位。仅2020年前三个季度，全球收入就下降了10.7%，相当于3.5万亿美元。劳动力市场危机可能导致贫困或经济社会不确定性等长期后果。

和很多国家一样，马来西亚为抑制疫情蔓延，2020年内实施了多项限制社交活动和人员流动的严格举措。加之疫情对供给和需求的双重打击，劳动力市场受到严重影响，就业收缩0.2%（见表4）。对比2019年就业率增长2.1%，2020年净失业约30000人，失业率上升至4.5%，达到过去30年来最高。年内裁员人数上升至每年10.4432万人，约为2019年（2.9605万人）的3.5倍，劳动力参与率较2019年的68.7%略有下降，为劳动年龄人口的68.5%。

表4　2016~2020年马来西亚部分劳动力市场指标

	2016年	2017年	2018年	2019年	2020年（初步估算）
就业人数(万人)	1418	1445.9	1481	1512.6	1509.6
(跨年变化,%)	1.3	2.0	2.4	2.1	-0.2
失业率(劳动力占比,%)	3.4	3.4	3.3	3.3	4.5
劳动力参与率(劳动年龄人口占比,%)	67.7	68	68.3	68.7	68.5
裁员(人)	37699	35097	23168	29605	104432
外国员工(万人)	220.5	224.4	218.3	223.7	231

注：2020年的失业率和劳动力参与率是基于劳动力调查的2020年季度平均数字，2020年的就业增长率源自劳动生产统计。

资料来源：马来西亚统计局、马来西亚人力资源部。

在对流动和劳工限制（Movement Control Order，MCO）实施最严格的2020年第二季度，马来西亚失业人数增加到36.7万人，占劳动力总体的2.3%，几乎是2019年季度平均失业人数的2倍（2019年季度平均失业人数为19.1万人，占劳动力人口的1.2%）。[1] 劳动力市场的困境在下半年特

---

[1] 马来西亚国家银行：《经济与货币报告（2020）》，第32页，https://www.bnm.gov.my/documents/20124/3026377/emr2020_ en_ book.pdf。

别是接近年底的时候有所缓和，限制性措施的阶段性解除使得部分工人有机会恢复工作，但恢复仅限于某些就业领域，劳动力市场整体状况仍显疲弱。特别是重新实施人员流动限制期间，劳动力市场状况不容乐观，失业率在第三、第四季度保持在4.7%、4.8%的高位，就业下降幅度在两个季度分别达到0.4%和0.6%。

细分来看，疫情发生后就业的变化与马来西亚劳动力市场的构成有重要关联。从技能水平的角度，约六成（58.8%）的就业者所从事的工作属于中等技能工作，占总就业人数的最大份额，其次是高技能就业者，约占三成（28.9%）。2020年就业的收缩主要是从事中低技能就业者的工作净流失所致，两者分别下降了1.3%和5.3%；与之形成鲜明对比的是，高技能就业增长了4.6%。从部门角度来看，就业受到负向冲击最严重的是与疫情密切相关的建筑业和旅游相关的服务业。其中，建筑业因多个项目推迟实施而下降4.4%，而属于服务业的食品、饮料和住宿子行业也收缩0.4%。①

疫情对劳动力市场影响的另一个方面体现在劳动者的工资上。尽管总体而言，2020年劳动者人均工资基本持平（下降0.01%），但与2019年3.0%的增长率形成反差。同时，在劳动者内部，工资的变化有很大差异。2020年，私人部门的名义工资总额全年下降2.4%，这一状况在下半年也未有缓和：第三、第四季度持续下行，分别降低2.6%和3.4%（见图9）。而公共部门工资仍有小幅增长（2.0%）。分行业来看，由于运输和仓储、住宿和食品饮料等旅游相关行业工资的持续拖累，服务业劳动者工资收缩了3.1%（第三、第四季度仍分别下滑2.6%和4.5%）；制造业劳动者工资也有小幅下降（1.1%），尽管制造业本身有所回暖，但面向国内和面向出口的企业仍持续受到全球经济恢复状况不明朗的困扰，雇主普遍持谨慎态度，

---

① 马来西亚国家银行：《经济与货币报告（2020）》，第32页，https://www.bnm.gov.my/documents/20124/3026377/emr2020_en_book.pdf。

制造业的工资的恢复幅度较小,第三季度收缩2.7%,第四季度温和提升到1.2%。①

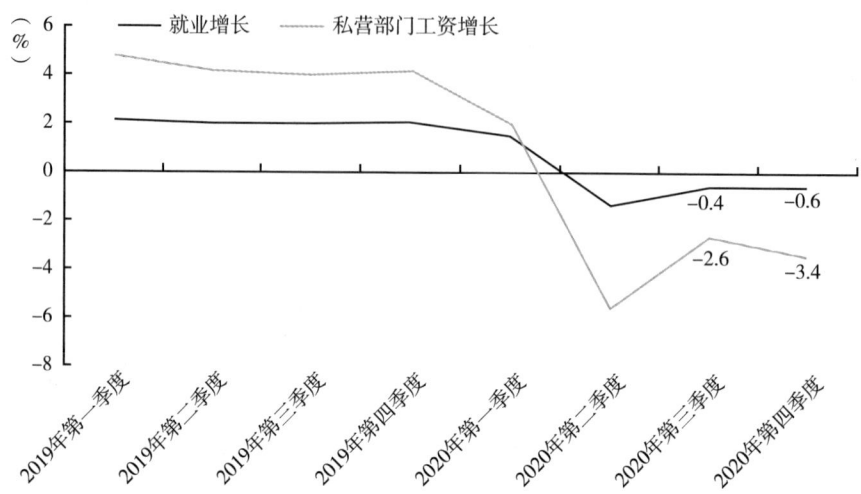

图9　2019~2020年马来西亚就业及工资增长情况

注：私营部门工资增长是指制造业和服务业工人的工资增长。
资料来源：马来西亚统计局和马来西亚国家银行。

有趣的是,以单位工作的实际附加值衡量的劳动生产率在年内的表现优于上年,增至3.4%（2019年为2.2%）,且是跨行业的普遍提升,除建筑业外的所有部门均有所改善。这在很大程度上可能与疫情相关的限制措施使得总工作时间相对于产出的下降幅度更大有关。其中,得益于信息和通信以及金融和保险子行业的增长,服务业生产率增长3.2%（2019年为2.7%）；由于电子电气子行业的改善,制造业的生产率增长也扩大到7.0%,显著高于2019年的2.5%。②

---

① 马来西亚国家银行,"Economic and Financial Developments in Malaysia in the 4th Quarter of 2020," 2021年2月11日, https://www.bnm.gov.my/-/quarterly-developments-q4-2020。
② 马来西亚统计局,"Annual labour productivity 2020," 2021年2月17日, https://www.dosm.gov.my/v1/index.php?r=column/cthemeByCat&cat=438&bul_id=UGt5UDRVVmNzdkU4NDBvKzRvc1B6QT09&menu_id=Tm8zcnRjdVRNWWlpWjRlbmtlaDk1UT09。

七 复产复工及扶持措施

2020年对马来西亚的意义极其不平凡。1991年时任总理马哈蒂尔提出了"2020宏愿"（Vision 2020），憧憬到2020年让马来西亚发展为真正的发达国家，并有志于攻克在政治、经济和社会等多个维度的九大挑战。但在2020年，马来西亚很少有精力对当年提出的愿景在多大程度上已经实现、各项挑战是否得以完成做全面的评估。因为，这一年里，突如其来的席卷全球的新冠肺炎疫情和随之而来的经济萧条，以及让人始料不及的政府更迭，使马来西亚面临公共卫生、政治和经济三大危机。

在全球性的公共卫生和经济危机的大背景下，世界各国在疫情发生后为避免经济全面崩溃，相继采用了大规模的经济刺激措施，总计投入达12.7万亿美元。这些刺激方案需要远高于平时规模的资金，相关的借贷导致全球公共债务增加15%。① 从避免经济陷入重度萧条的角度看，大部分刺激性支出对保护就业、鼓励消费发挥了积极作用，但不可否认的是，膨胀的公共债务和全球范围内的资产价格泡沫也为后续的经济发展和政策制定提出了巨大的挑战。

就马来西亚本国而言，政府面对疫情下重大的公共卫生危机采取了多项应对措施，出台了刺激经济回暖的一揽子计划，总价值达到前所未有的体量，为3050亿林吉特，相当于GDP的20%。这些在财政、货币、金融等领域内的应对政策在缓解疫情对国内经济的负面冲击和支持经济增长复苏方面发挥了重要作用。特别是在社会保障方面，各类措施与民生问题息息相关，其不仅降低民众在面临各种经济风险时的脆弱性，而且是重要的宏观经济政策工具，在促进经济复苏和增长的恢复方面扮演重要角色。比如，政府推出了现金转移支付、税收优惠和工资补贴等财政支持政策，以

---

① 《联合国发布报告展望2021年世界经济形势 全球经济今年将反弹4.7%》，中国经济网，2021年1月27日，http://www.ce.cn/xwzx/gnsz/2008/202101/27/t20210127_36262026.shtml。

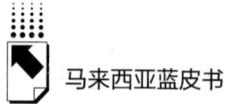

及特别针对居民和中小企业的6个月自动暂停贷款、定向还款援助（TRA）、信用担保等多项贷款和融资政策。这些措施与其他一些机制相互配合，比如员工公积金（Employee Provident Fund，EPF）现金提取（i-Lestari）计划和降低员工EPF的缴费率等，为缓解企业和居民的现金流压力、保障就业、带动经济的恢复发挥积极的作用。但是，在疫情的考验下，马来西亚现有的社会保障体系也暴露出深层次的结构性问题。其中，最关键的问题包括现行的社会保障体系中的相关措施既有重叠又零散的设置对需要保护的群体覆盖不足，无法全面解决社会经济的脆弱性，以及财政资源的有限。鉴于此，马来西亚亟须实施相应的改革举措，以应对这些暴露出的问题，有效加强社会安全网、社会保险和积极的劳动力市场政策等，构建坚固的社会保障体系，进一步增强政策的反周期性调节功能，为社会经济提供更有力的政策支持。

在货币政策层面，马来西亚货币政策委员会（MPC）将隔夜政策利率（OPR）累计下调125个基点至1.75%的历史低位，为经济提供尽量宽松的货币支持。此外，2020年3月将法定准备金要求（SRR）比例从3.00%降至2.00%，并暂时承认银行机构持有的马来西亚政府债券（MGS）和马来西亚政府投资票据（MGII）是SRR合规性的一部分，以缓解银行机构的流动性限制。在各项政策支持措施下，整体融资活动基本得以维持。①

与此同时，马来西亚政府还实施了一系列供给侧政策，例如通过提升、拓展劳动力技能和助力企业加速数字化转型等举措，来助力经济中仍有增长势头的领域。在帮扶那些较为脆弱的群体方面，政府也采取了一些措施，比如通过与私人部门合作，吸纳因疫情而失业的劳动者进入较为强劲的经济领域，并出台了培训补贴以支持他们获得新的技能。此外，马来西亚政府还通过延长工资补贴等激励措施支撑并力图重振旅游业、汽车和房地产市场，在一定程度上缓解了这些行业中企业在中短期内大规模倒闭

---

① Malaysia's Central Bank Cuts Statutory Reserve Ratio to 2.00%，Reuters，March 19，2020，https：//financialpost.com/pmn/business – pmn/malaysias – central – bank – cuts – statutory – reserve – ratio – to – 2 – 00 – 2.

的状况。

最后，如同危机中往往潜藏着机会一样，2020年的疫情也使消费者的消费行为以及企业的运营方式经历迅速转变。而这些转变意味着马来西亚经济需要加快关键的结构性改革，特别是在自动化和数字化方面，以使经济迅速适应新常态。针对这一认识，马来西亚政府在2020年底之前实施了多项举措，其中包括推出国家数字基础设施计划（JENDELA）、通过多种资金来源刺激数字投资，以及启动微型和中小型企业（MSME）电子商务运动并将这些企业引入线上平台。

八 2021年基本预期

全球经济在2020年经历了严重的动荡与萧条。疫情肆虐、美国大选、英国脱欧、原油价格骤降、国际局势不定等挑战对在公共卫生和经济双重危机之中的各国政府和民众形成了巨大的考验。直至2020年末，世界各国仍旧处于疫情的阴霾之下，经济回暖程度极不均衡，仅有中国经济的加速"回暖"使人振奋。2020年中国经济增长2.3%，作为世界第二大经济体在疫情下突围，是世界主要经济体中唯一实现正向增长的国家。①2021年，摆脱疫情困局、实现经济复苏是全人类的愿望。新冠疫苗的上市也为全球经济和股市注入一剂强心剂。但是，"疫苗能否对抗变异病毒？""如何阻止感染率持续上升？""贸易保护主义是否继续盛行？""资本市场价格被推高后的金融市场有无泡沫风险？"等问题均是对全球各经济体极具挑战性的问题。

总体而言，2021年全球抗疫形势仍然不容忽视，各大国际组织对经济复苏持谨慎乐观的态度，既看到上行潜力，也强调下行风险，经济形势总体充满挑战和富有不确定性。2021年初，联合国发布的最新一期旗舰报告

---

① 《国家统计局：2020年GDP为1015986亿元 同比增长2.3%》，中国经济网，2021年1月18日，https://baijiahao.baidu.com/s?id=1689189667417029511&wfr=spider&for=pc。

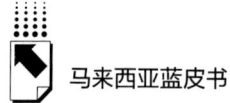

《世界经济形势与展望》预测，全球经济复苏仍不稳定，年内全球经济或将反弹4.7%，但这一增长仅能勉强抵消2020年的损失。中国将成为未来一年中世界上经济增速最快的主要经济体，有很大希望重回疫情之前的增长轨道，预计将实现6%以上的增速，甚至达到7.9%。① 国际货币基金组织估计2021全球经济增长约为5.5%，较2020年10月公布的预测（5.2%）更为乐观。但各国的经济无疑将受到疫苗接种推进程度、财政政策的支持力度、经济结构和市场信心等多方面因素的影响，最终得以实现的复苏会存在很大差异。② 与此同时，已经出现的大面积的失业和企业倒闭给经济带来的创伤并不容易逆转，也会削弱长期增长的潜力，很多经济体很可能要更长时间才能恢复到疫情之前的增长水平。

马来西亚央行2021年初预测，受到全球需求复苏和国内经济活动逐步改善的驱动，马来西亚经济增长将在2021年反弹至6.0%~7.5%，后下调到3%~4%。③ 类似全球经济增长轨迹，马来西亚经济的表现将主要受到疫情的影响，这意味着增长前景具有下行和上行的双重风险。具体而言，下行风险突出体现在如果疫情卷土重来，限制社交活动和人员流动的政策再次被启用，其范围和持续时间以及疫苗的接种情况都会对经济复苏产生深重影响。全球和国内经济的不确定性加剧可能导致金融市场波动加剧，引发国内金融状况收紧。增长前景的上行风险可能源于全球增长高于预期、疫苗推出速度快于预期、政策支持的影响强于预期以及在疫情过后被压抑的需求实现。

就2020年初的情况而言，马来西亚经济活动出现广泛回暖，劳动力市场状况已逐步改善。从2021年第二季度开始，全球需求复苏，公共和私人

---

① 《联合国报告：全球经济今年将出现温和复苏 增幅将达4.7%》，联合国，2021年1月25日，https：//www.un.org/zh/desa/wesp-2021。
② 《国际货币基金组织：预计2021年全球经济增长5.5%》，光明网，2021年1月27日，https：//m.gmw.cn/baijia/2021-01/27/1302072920.html。
③ BNM Revised down Malaysia GDP Forecast Range to between 3% and 4% for 2021, The Edge Markets, August 13, 2020, https：//www.theedgemarkets.com/article/bnm-revises-down-malaysia-gdp-forecast-range-between-3-and-4-2021。

部门支出在政策措施的持续支持下出现好转，制造业和采矿业的提振同时推动经济整体改善。从政策角度看，政府持续采取一系列举措促进经济复苏。一方面，政府通过延长 2020 年已推出的包括关注民生的经济刺激方案 Bantuan Prihatin Nasional 和 Bantuan Prihatin Rakyat 以及 Bantuan Kehilangan Pendapatan 现金转移支付、雇员公积金（i-Sinar）、现金提取（i-Lestari）计划和定向贷款还款援助等措施来缓解个人所面临的财务困境；另一方面，政府对企业给予了特别赠款、工资补贴和定向救济等扶助，并特别向受到疫情冲击最惨重的服务业企业提供恢复基金。对企业而言，随着疫情危机的不利影响逐渐消退，持续宽松的货币政策和有利的融资条件将进一步为内需复苏保持有利环境。除此之外，在外部需求改善的同时，2021 年马来西亚的宏观金融政策将保持连续性、稳定性和可持续性，其年度预算以及 PERMAI 和 PEMERKASA 一揽子援助计划也预期会在支撑经济增长、促进消费复苏和协助弱势群体方面发挥关键性的作用，助力马来西亚经济更有韧性和可持续性地发展。

参考文献

Ministry of Finance Malaysia, "Budget 2021 Touchpoints," 2021, http：//belanjawan2021. treasury. gov. my/pdf/speech/2021/rub – 2021 – en. pdf.

Ministry of Finance Malaysia, "Economic Outlook 2021," 2021, http：//belanjawan2021. treasury. gov. my/pdf/economy/2021/economic – outlook – 2021. pdf.

Bank Negara Malaysia, "Economic and Monetary Review 2020," 2021, https：//www. bnm. gov. my/documents/20124/3026377/emr2020_ en_ book. pdf.

Ministry of Finance Malaysia, "Sukuk Prihatin Knowledge Pack（ADDENDUM），" 2020, https：//www. researchgate. net/figure/Sukuk – Prihatin – Knowledge – Pack_ tbl1_ 344944232.

Ministry of Finance Malaysia, "Building the Economy Together：Short – term Economic Recovery Plan June – December 2020," 2020, http：//cccovid19. mot. gov. my/assets/images/preview/PENJANA_ booklet_ FINAL_ （Eng）. pdf.

B.4
2020年马来西亚外交形势：
三重危机下的外交

饶兆斌*

摘　要： 2020年，受到政权更替和疫情影响，马来西亚外交活动大幅减少和受限。新上任的总理穆希丁以对内施政为主，外事活动主要由新任外交部部长希沙慕丁负责。中马关系在疫情发生后有所进展，两国相互帮助，合作抗疫。但2020年马来西亚也分别和中国、菲律宾在一些问题上出现过风波。年末马来西亚成功举办了亚太经济合作组织（APEC）领导人非正式会议、签署了《区域全面经济伙伴关系协定》（RCEP），为区域经济合作做出了贡献。

关键词： 国民联盟　马来西亚外交　抗疫合作　中马关系

　　2020年，马来西亚经历了一场不寻常的政权更替，打乱了希望联盟（希盟）政府雄心勃勃的外交部署。新上任的国民联盟（国盟）政府并不稳定，总理穆希丁对内政的关注高于外交。突袭而至的新冠肺炎疫情，给马来西亚人民的生命健康带来严重威胁，也重创了国家经济。各种因素之下，马来西亚外交在2020年并不突出，以辅助国家度过疫情危机为主。

　　穆希丁政府委任巫统资深政治人物希沙慕丁担任外长，这对中马关系有

---

* 饶兆斌，博士，马来亚大学中国研究所所长、研究员，研究方向为中国-东南亚关系、中国政治发展。

一定的正面影响。因为出现疫情,马来西亚和各个大国的互动都不多,但和中国的交流仍比较活跃。中马两国共同面对疫情,有很好的合作共识,但是南海争端仍然不时为两国关系带来一定的挑战和干扰。年末马来西亚成功举办线上亚太经济合作组织（APEC）领导人非正式会议,为促进区域经济合作做出了贡献。同时,《区域全面经济伙伴关系协定》（Regional Comprehensive Economic Partnership,RCEP）的成功签署,也使马来西亚深受鼓舞。马来西亚十分重视 RCEP,期望它能为经济复苏发挥重大作用。

一 国盟政府上台、对外团队重组

2020 年初,希盟政府倒台前的最后一项主要外交活动是接待来访的巴基斯坦总理伊姆兰·汗。2 月末,希盟政府倒台,3 月 1 日,希盟政府的内政部部长穆希丁出乎意料地出任总理,成立了国民联盟政府。国盟政府囊括了西马的所有以马来人为主的右翼政党（巫统、伊斯兰教党、土著团结党）,另外加上东马沙捞越的执政联盟,其"马来人大团结"的意味十分浓厚,和希盟政府时期强调族群多元和民主开放的执政理念大不一样。希盟政府制定的两大涉外事务的文件《新马来西亚的外交政策框架》和《国防白皮书》也随即被束之高阁,命运未卜。虽然如此,在大方向上,国盟政府大体上延续过去历任政府的不结盟和中立的外交路线。

穆希丁总理从政数十载,但除了在早期的政治生涯中短暂地担任过国际贸易与工业部部长外,从未担任过任何重要的涉外职务,也不曾就外交议题发表过独特的个人看法。在希盟政府时期他曾在 2019 年以内政部部长的身份出访美国,和美国商讨反恐合作,也阐述了一些有关马来西亚的战略地位的观点,并对中美关系表达过一些看法。他把马来西亚的地缘政治地位形容为印太地区的"关键桥梁"（bridging linchpin）,也反对中美两强之间的贸易争端。

不过这类论述大多出自其幕僚的手稿,也符合当时希盟政府的定位,很难说反映了他个人的想法。纵观其政治生涯,穆希丁是一名对外交议题兴趣不大的政治人物。他阴差阳错地出任总理后,马上就面临新冠肺炎疫情蔓延的挑战,

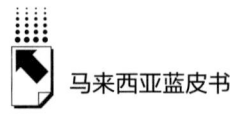

同时在所谓的具有"马来人大团结"特点的国盟政府中内斗（特别是巫统和土著团结党之间的斗争）也十分激烈，这让穆希丁不得不忙于应付。在各种因素的影响之下，穆希丁很有可能是马来西亚历史上最为"内向"的总理。

穆希丁的"内向"意味着马来西亚外长有比较大的发挥空间。过去马来西亚历任总理在对外事务上都是比较强势和主导的，而历任外长都相对低调或者只发挥辅助作用。穆希丁委任在纳吉布时期曾出任国防部部长的资深巫统领袖希沙慕丁出任外交部部长。希沙慕丁在担任国防部部长时，曾广泛接触过许多和外交息息相关的地缘政治和战略的问题，也累积了一定的国际人脉，这和穆希丁的"内向"刚好形成对比和互补。同时，出任另外两个重要涉外部门（国防部和国际贸易与工业部）的部长分别是伊斯梅尔·萨布里、阿兹敏·阿里，从他们的从政经历看也无太多的对外经验。因此希沙慕丁丰富的涉外经验在整个国盟内阁里显得相当突出。这些迹象显示穆希丁在外交事务上，会比过去历任总理更器重外长。当然，作为具有实权的总理，穆希丁仍然是最高决策者。

值得一提的是，希沙慕丁有极为丰富的涉华经验。他担任国防部部长期间（2013~2018），是中马军事关系突飞猛进的5年。这期间的两国国防官员和军队高层互访、军事演习、军舰到访、军购、军校交流等，都达到了历史的高峰。希沙慕丁也曾在MH370飞机失联事件发生时，短暂出任了当时的代理交通部部长，全权处理该棘手事件，和中国保持着协调和沟通。希沙慕丁出任外交部部长，对中马关系有一定的正面作用。他在出任外长3个月后的一个记者会上，表示他的重要任务就是修补被前任希盟政府破坏了的一些双边关系，包括和中国、印度、沙特阿拉伯等国的关系。希沙慕丁的说辞不乏因党派之争而对前任政府刻意贬低的意图，但客观而言，在希盟政府时期马来西亚和上述各国的关系确实都分别出现了一些风波。

二 新冠肺炎疫情来袭、外交辅助抗疫

新冠肺炎疫情发生伊始，马哈蒂尔领导的希盟政府采取了必要的防范措

施,部分限制了来自中国的人员流动,同时也和中国保持了沟通合作,肯定和支持中国的抗疫措施。马哈蒂尔总理和习近平主席在2月中旬通电话时,表达了马来西亚对中国抗疫的信心。同时,马来西亚社会各界也积极协助中国抗疫。知名手套生产商"顶级手套"紧急捐助了超过千万套医用手套给中国。马来西亚许多非政府组织也积极调配捐送给中国的医药物资和资金。马来西亚各族艺人联合制作和演绎抗疫公益歌曲——《你从不是一个人》,各类"武汉加油"或"中国加油"的公益活动由民间组织起来。时任中国驻马来西亚大使白天在马来西亚主流报纸撰写文章,感谢马来西亚对中国的支持,高度肯定中马之间的友谊及合作。

在希盟政府倒台的同时,马来西亚的疫情迅速恶化起来。进入3月中旬,刚刚上任不久的国盟政府被迫采取"行动管制令"。而这时中国却因采取了有力的防治措施,疫情得到缓解。希沙慕丁上任外交部部长后,就积极和中国互动,加强两国在抗疫方面的合作。中马两国医药专家于3月26日进行了线上交流。3月28日,中国政府捐助给马来西亚的第一批抗疫物资,包括测试剂、防护服、医用口罩、呼吸器等抵达吉隆坡。4月中旬,来自广东的中国专家组抵达马来西亚,进行了近2周的考察,拜访了13所医药中心,和马来西亚专家进行了多达15场次的交流。5月中旬,中国政府捐赠的第二批抗疫物资也抵达马来西亚。除了中国政府,中国企业和其他团体也通过各种渠道提供抗疫物资,为马来西亚的抗疫做出了贡献。

严峻的疫情使得马来西亚的外交活动专注在如何辅助抗疫和保护在外的侨民国民方面,各类互访活动大大减少。穆希丁4月中旬第一次以总理身份参与线上针对抗疫的东盟特别会议和东盟"10+3"特别会议。5月初,时任美国总统特朗普和穆希丁总理进行了近30分钟的电话沟通,讨论了抗疫合作和国际安全形势等问题。随着疫情逐渐"常态化",马来西亚也采取抗疫和重振经济两手并重的措施。7月中旬,马来西亚和新加坡发表联合声明,决定成立"绿色通道",为需要经常往返于两国之间的人民带来方便。7月末,外长希沙慕丁和新加坡外长维文在连接两国的新柔长堤中间会面,这是疫情发生以来第一次涉外实体会面活动。双方外长就"绿色通道"的设立和其他双边事务达成共识。

中国抗疫的成功和实现的经济复苏，使得中国成为疫情下马来西亚外交活动的重点对象。中国国务委员兼国防部部长魏凤和于9月初访问马来西亚，与马来西亚总理穆希丁及国防部部长伊斯梅尔·萨布里会晤。之前在5月中旬时，中马两国的国防部部长已经有了一次电话交流，中国军方也特别安排了对马来西亚军方抗疫物资的捐赠。紧接着中国国务委员兼外交部部长王毅于10月中旬访问马来西亚。王毅分别和穆希丁及希沙慕丁进行会谈，中马双方随后发表了《联合新闻声明》。声明提出两国决定将成立一个"后疫情时代合作高级别委员会"，马来西亚也对中国承诺其研发的疫苗作为"国际公共产品"表示欢迎。同时，《联合新闻声明》也肯定并重申了中马两国在"一带一路""两国双园"等经贸项目上的合作，承诺将加强在数字经贸、旅游业、棕榈油、东盟东部经济增长区等方面的合作。

中马两国发表《联合新闻声明》，是疫情之下马来西亚外交的一项亮点，为其在抗疫和经济复苏等方面获得中国的支持和承诺。11月，马来西亚外交部联同科技创新部，共同宣告和中国在疫苗合作方面达成协议。协议称马来西亚将优先获得中国疫苗，中国也承诺会与马来西亚分享有关中国疫苗的知识和经验。12月，穆希丁为"世界华人经济论坛"致开幕词时表示，中国是在世界被疫情暗影笼罩之下的一股"理性和中庸的声音"。

除中国之外，马来西亚也积极寻求与其他国家的合作。疫情发生之初，美国、日本、韩国等国也积极捐赠抗疫物资给马来西亚。不过，随着疫情在世界各地进一步恶化，世界各主要大国和马来西亚在2020年的外交活动大幅减少。各大国都因国内严重的疫情而自顾不暇。美国总统特朗普进入任期最后一年，逐渐将关注点放在选战上。日本也因为首相更替（安倍晋三因健康问题在9月选择退位，菅义伟担任新首相），注意力未放在马来西亚或东南亚其他国家上。

不过，较为值得注意的是，澳大利亚外长佩恩和希沙慕丁在12月初举行了线上会议，会后共同发表了《联合声明》。声明强调澳马两国在抗疫、安全和区域联系三个方面的合作。在抗疫方面，两国都承认世界卫生大会对新冠肺炎的起源进行独立调查的重要性，马来西亚也欢迎澳大利亚提出的针对东南亚和南太平洋国家的一项卫生安全倡议。在安全方面，澳马两国对海洋（南海）安全、网络安全和缅甸若开邦的形势共同表示关切并愿意加强合作。在区域联系方面，双方强调东盟—澳大利亚关系的重要性。2021年初，马澳关系升级为"全面战略伙伴"，澳大利亚总理莫里森和穆希丁共同发布了一份内容更为丰富的《联合声明》。虽然马澳关系的受关注度不及中马、马美、马日等双边关系，但马澳关系是马来西亚对外关系中的重要一环，值得多加重视。

三 中马力求管控南海争端

中马两国在疫情下紧密合作、共同抗疫，本可进一步加深加强双边互信，但两国在南海存在争端，偶有事件发生，难免干扰了两国良好关系的发展。2019年末，希盟政府批准了国家石油公司（国油）聘用的石油勘探船"西卡佩拉"号（West Capella）的一项勘察作业，该作业的范围在中国、马来西亚、越南三方都主张拥有权利的海域。

马来西亚国内政权更替并未影响"西卡佩拉"号所要进行的勘探石油作业。2020年4月，中国的海洋科考船"海洋地质八号"也到该海域进行科考活动，西方媒体顿时大量报道并炒作此事。虽然越南船舰也对"西卡佩拉"号进行监视，但西方智库和媒体将此事描绘成中国船舰和马来西亚船舰之间的"对峙"，企图塑造中马对抗的舆论氛围。4月20日，美国海军突然派出2艘军舰到该海域（澳大利亚也派了1艘军舰）。美国军舰的加入，突然使整个形势紧张起来，马来西亚对美国海军的"不请自来"采取极为谨慎的态度。其外交部先是在4月22日否认有中马船舰"对峙"的情况，接着隔天外长希沙慕丁发表了一项声明称："马来西亚必须避免在这些水域发生意外事件。虽然国际法保障航行自由，但军舰和舰艇在南海的存在可能会加剧紧张局势，进而导致误判，影响该地区的和平、安全与稳定。"声明还重申了马来西亚的立场，即"任何争议都应通过和平手段、外交和

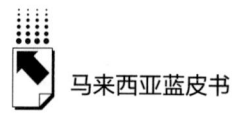

有关各方的互信友好解决。马来西亚强调与包括中国和美国在内的有关各方保持开放和持续的沟通"。

马来西亚的声明值得关注，它表明马来西亚不希望事态进一步升级，高度警惕自身被卷入战争的风险。该声明也表明马来西亚没有和美国进一步开展军事合作的意图。实际上马来西亚在南海问题上向来采取克制、低调、务实的态度，不愿采取强硬的斗争方式。马来西亚的"西卡佩拉"号在5月上旬完成作业撤离该海域，中国的"海洋地质八号"也随即完成科考任务撤离，该事件告一段落。虽然有美、澳军舰的涉入，但中马双方都保持了高度的定力，避免事态升级，进行了恰当的管控。

2020年9月和10月，中国国防部部长和外交部部长分别访问马来西亚，南海问题是中马高层之间关注和讨论的议题。在10月发表的中马《联合声明》中，双方就南海议题表示："两国强调维护南海和平、安全与稳定以及航行自由的重要性。"双方强调各直接有关主权国家都应遵循包括1982年《联合国海洋法公约》在内的国际法原则，通过友好磋商和谈判，以和平方式解决争议。双方强调各方应保持自我克制，不在南海采取使争议复杂化、扩大化的行动。双方同意加强有关海上事务的对话，推进海上务实合作。双方将同其他东盟国家一道，全面有效落实《南海各方行为宣言》（DOC），推进海上合作，争取早日达成实质、有效的"南海行为准则"（COC）。

此外，马来西亚和菲律宾也长期存在对沙巴州的主权争议。2020年马菲之间也因为该争议出现了小风波。8月初，菲律宾外长在社交媒体上称沙巴不是马来西亚的一部分，引起马来西亚的强烈不满和抗议。两国针对沙巴的主权归属问题"隔空"交手，发布了数份外交照会，但双边关系没有进一步恶化。

四 经济外交助力区域合作

2020年马来西亚担任APEC主席国。这是马来西亚是自1998年后第二次担任APEC主席国。希盟政府时期，政府就对这个定在11月举办的领导人非正式会议进行积极准备，以确保马来西亚能充分展示其主场外交的能力，也提出了"激发人民潜能，共享强韧、繁荣未来"的峰会主题。国盟政府上台后，举办好这次峰会恰好可以为这个合法性受质疑的政府加分，因而其也十分重视，穆希丁总理上任不到一个星期即召见了负责APEC峰会的国际贸易与工业部的高级官员。

疫情的来袭迫使峰会第一次采取线上形式举行。在诸多不便和限制之下，马来西亚成功在11月20日举办了这次APEC峰会，包括习近平和特朗普在内的21个经济体的领导或代表出席了线上峰会。峰会发表了两项成果：《2040年亚太经合组织布特拉加亚愿景》和《2020吉隆坡宣言》。前者替代了1994年APEC峰会提出的"茂物目标"（Bogor Goals），为接下来20年亚太地区经济整合的发展制定了前瞻性的方向和目标。后者是APEC继2018和2019年未发表宣言后发表的宣言，代表了所有成员的共识。除了持续提出降低贸易关税和改善投资环境外，两份文件都强调对抗疫情下的经济下滑、确保可持续和具有包容性的经济发展、产业链的安全性、创新和科技、数字经济等方面的内容。马来西亚成功在疫情蔓延的情况下主办了这场大型的国际线上峰会，同时也是制定这两份文件的主要贡献者，展现了一次漂亮的主场外交。

在APEC峰会前的一个星期，马来西亚也参与了一系列在线上举行的东盟会议，当中最重要的是达成了《区域全面经济伙伴关系协定》（RCEP）。多年来关于RECP的谈判因印度对该协定的担忧和抗拒而难以达成共识，而2020年印度决定不加入，这使得该协定终于得以谈判成功。马来西亚十分重视《区域全面经济伙伴关系协定》，总理穆希丁在该协定签署后，称它为"改变游戏规则者"（a game changer），会对经济复苏带来巨大的推动力。国际贸易与工业部部长阿兹敏称《区域全面经济伙伴关系协定》会为马来西亚带来巨大的出口机会，帮助其打造成一个区域经贸枢纽。不过马来西亚对印度没有加入《区域全面经济伙伴关系协定》感到遗憾，表示希望印度能够重新考虑自身决定，在未来加入这个广大的自由贸易区，扩大市场范围。

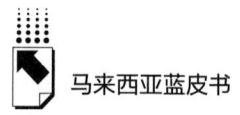

相对对《区域全面经济伙伴关系协定》的热忱和期待，马来西亚对已经签署加入了的《全面与进步跨太平洋伙伴关系协定》（Comprehensive and Progressive Agreement for Trans-Pacific Partnership，CPTPP）却存在较大疑虑，至今仍未进入审核和批准的程序。无论是希盟政府还是国盟政府，对CPTPP的部分所谓"高标准"条款，尤其是有关投资者—国家争端解决机制（Investor-State Dispute Settlement）、知识产权保护、政府采购、官联公司等的款项仍然有所保留。2020年9月，阿兹敏就曾表示，政府仍未打算启动批准《全面与进步跨太平洋伙伴关系协定》的程序，显然对这个协定仍有所担忧。

结　语

2020年马来西亚面临疫情、经济、政治三重危机的挑战。新冠肺炎疫情给人民的生命安全带来巨大威胁，也使得马来西亚公共卫生体系面临不堪负荷的重担。疫情危机重创了经济民生，整个2020年马来西亚的国内生产总值（GDP）下滑5.6%，是1998年亚洲金融风暴以来最严峻的经济下滑。政治上，国盟政府上台并未使政局更加稳定。土著团结党和巫统之间钩心斗角，希盟试图重夺政权，马来西亚的党派之争并未因疫情的来临而有所缓和。在这种情况之下，马来西亚2020年并无太多特别的外交活动，整个外交体系必须配合及辅助抗疫。新任外交部部长希沙慕丁从政经验丰富，也有多年和中国打交道的经验。疫情发生后，中马两国守望相助，合作抗疫。但中马关系在4月间受到南海争议（"西卡佩拉"号事件）的干扰，所幸事态得到管控。10月中国国务委员兼外长王毅访问马来西亚，两国共同发布《联合声明》，进一步巩固双边关系。最后，马来西亚在2020年末成功签署《区域全面经济伙伴关系协定》和举办APEC峰会，为促进区域经济合作做出了贡献，也期待着这些区域经济合作协议能够帮助马来西亚走向经济复苏之路。

参考文献

Ngeow Chow Bing, "Malaysia-China Defence Relations: Disruptions Amid Political Changes and Geopolitical Tensions," *ISEAS Perspective*, No. 57, 2021, pp. 1 – 13.

Chee Leong Lee and Md Nasrudin Md Akhir, "Malaysia-China Relations During the Movement Control Order Period and Beyond: Assessment from the Mutual Trust Variable," in Nian Peng, ed., *The Reshaping of China-Southeast Asia Relations in Light of the COVID – 19 Pandemic*, Singapore: Springer, 2021, pp. 69 – 93.

专题报告
Special Reports

B.5
2020年马来西亚国盟政府主要政党关系发展演变

钟大荣*

摘 要： 马来西亚"一党独大"的政党体系在2018年第14届大选后，已不复存在。从希望联盟政府到国盟政府，马来西亚主要政党间的关系一直处于调整和碰撞之中。国盟政府主要政党的合作，体现在成立国盟政府和维护政权稳定上，它们的主要矛盾，表现在选举布局与资源分配上，而执政党与在野党的多元角力与合作则表现出合纵连横的特征。

关键词： 马来西亚 国盟政府 政党关系

---

* 钟大荣，博士，华侨大学马来西亚研究中心主任，副教授，硕士生导师，主要研究方向为马来西亚、海外华人宗教、侨务政策与理论。

一 背景：执政联盟分化组合变动频繁

在有关马来西亚政党政治、政党关系变迁过程的研究上，大多数学者会以1957年独立前后和1969年发生种族骚乱事件前后，作为马来西亚的政党政治的分水岭。如萩原宜之以四任总理①的经历为基础，对马来西亚巫统的"一党独大"制进行验证；而金子芳树则以马来西亚华人的政治意识和政治运动的变迁为依据，将马来西亚政党政治的发展过程划分为三个时期；何启良主张把1955～1969年东姑政权定为准多元共存民主制，称1969年以后的马来西亚为土著至上国家；祝家华引用Lijphart的多元共存民主制概念，将马来西亚的民主制度划分为四个时期。②

众所周知，自1957年独立以来，马来西亚族群、历史、宗教的关系错综复杂，巫统通过"一党独大"率领多党联盟执政61年，实现了马来西亚政局的相对稳定和经济持续高速增长，使马来西亚较早迈入中等收入国家行列，马来西亚因此被国际社会誉为伊斯兰世界中的现代化成功典范。③ 然而，2018年5月9日第14届全国大选出现的第一次政党轮替，使"一党独大"的局面中止。但追溯前几届大选，马来西亚这种"一党独大"的政党体系已出现解冻迹象。2008年全国大选，巫统领导的国阵首次失去国会议席2/3的优势，并失去四个州的政权（槟城州、吉打、霹雳、雪兰莪）。这届大选被形容为"政治海啸"，对巫统"一党独大"体系造成严重冲击。2013年第

---

① 马来西亚华人及华文媒体均称马来西亚政府首脑为"首相"，但按中国政府和新闻媒体的约定俗成称"总理"。
② 萩原宜之划分为：（1）1955～1970年的东姑政权为民族融合的时代；（2）1970～1976年的敦拉萨政权为土著优先政策的时代；（3）1976～1981年的敦胡申翁政权为软硬兼施运用土著政策的时代；（4）1981年以后的马哈蒂尔政权为土著政策强化的时代。金子芳树的划分为：（1）1957年之前为殖民地统治时期；（2）从1957独立到1969年为种族暴动时期；（3）20世纪70年代以后的时期。祝家华引用Lijphart的多元共存民主制概念划分的四个时期：（1）1955～1959年为多元共存民主制；（2）1959～1964年为准多元共存民主制；（3）1964～1969年为权威式多元共存民主制；（4）1971年以后为种族式权威民主义制。参见〔马来西亚〕黄明来《一党独大：日本和马来西亚政党政治比较研究》，大将出版社，2003，第88～89页。
③ 许利平：《马来西亚政治转型困境的动因及其前景》，《当代世界》2021年第5期。

13届全国大选,马来西亚在野党组成更具凝聚力的民联,令政治效应高度发酵,民联一举夺得国会选举51%的得票率,超越国阵的得票,但因选区划分的偏差,国阵反而在222个国会议席中赢得133席,得以继续执政。不过,2008年、2013年连续两届大选,国阵的优势地位尤其是巫统在政治上的支配性霸权,受到了重大的震荡与摇撼,既有的政党体系开始松懈。①

在2018年希望联盟政府成立前的60多年的国阵政府时期,马来西亚中央政府的主要政党关系既单一又稳固:"单一"指以巫统为核心;围绕着它,以相应族群为代言人的马华公会、国大党及其他政党与巫统的"依附"关系异常稳固。所以,有学者认为,国阵这个"联合政府"像一个"超级政治花瓶展卖会",虽然有多达十数个成员党,但除了领头的四五个政党之外,其他政党都没有具体的党纲和路线,如果它们不是党争的产品,就是为了增加国阵在某些州的代表性……这些政党们的终极目标乃是留在国阵体制内,毕竟要脱离政府以重新寻求选民的支持,对它们而言是天方夜谭。②

这种以巫统为核心的单一又稳固的"一党独大"政党关系,到了2018年希望联盟政府、2020年国盟政府建立时,完全被打破了。希望联盟政府和国盟政府的主要执政党之间不再有"一党独大"的制衡关系,无论是希望联盟时期的土著团结党(土团党)③与人民公正党、民主行动党,还是国盟政府期间的土团党与巫统、伊斯兰教党,主要执政党都未取得国会议席数

---

① 〔马来西亚〕潘永强:《马来西亚的政党与政治》,载〔马来西亚〕潘永强本卷主编《当代马来西亚:政府与政治》,华社研究中心,2017,第180~181页。
② 〔马来西亚〕唐南发:《马来西亚的"联合政府"和亲善内阁》,载〔马来西亚〕潘永强编《旧政权新政府——马来西亚2004年大选与政治走向》,大将出版社,2004,第181页。
③ 土团党在希望联盟政府时期与国盟政府时期的领导人大相径庭。马来西亚土著团结党(马来语为Parti Pribumi Bersatu Malaysia),简称土团党(PPBM),2016年9月9日成立,原由马来西亚第七任总理马哈蒂尔与原内政部长穆希丁所领导。该党成员主要来自巫统党内不满党主席兼总理纳吉布及"一个马来西亚发展有限公司"(1MDB)丑闻的发生而退党的前党员。该党开放给所有马来西亚土著,非土著虽然也能加入该党,但在大会上没有投票权,也不能担任高职。2017年3月20日,希望联盟三党(人民公正党、民主行动党、国家诚信党)一致同意土团党加入该联盟。2020年2月24日,马哈蒂尔宣布辞去总理一职,同时土团党宣布退出希望联盟,引发马来西亚政治危机。2020年6月5日,土团党在革除马哈蒂尔等5名创党人和最高理事会成员后,宣布正式退出希盟,加入土团党穆希丁领导的国民联盟。

的明显优势，同时考虑到联盟政府的政权稳定需要友党的配合，彼此间深谙"一损俱损，一荣俱荣"的道理，所以主要政党关系不再像此前国阵政府时期，围绕着巫统有明显的"主从"关系和"依附"现象。和希望联盟时期各主要政党关系一样，自国盟政府成立以来，执政联盟的几个政党围绕着执政合法性、执政权益等展开了各种博弈，同时，由于巫统成立时间长，从中央到地方不仅组织机构完善，而且在马来半岛各地均有基层，巫统内部各派系的矛盾，也会影响它与土团党的关系。

二 合作：成立国盟政府和维护政权稳定

政党最为重要的任务是争取获得政权，通过执政来实现它的政治目标。在希望联盟政府不到 2 年的执政期间，土团党和巫统、伊斯兰教党作为朝野阵营对立的政党，从总体看似乎竞争更多，但也不乏各种重要的合作。① 按常理，当时土团党作为希望联盟的执政党之一，与在野的巫统、伊斯兰教党应保持适当的距离，过于紧密的合作会给其他三个执政党带来基层压力，而四党中央高层的关系也将陷入困境。不过，它们之间那些重要的合作无论是对土团党还是对巫统、伊斯兰教党而言，都有不容置疑的理由与深厚的国家历史背景，即维护马来人利益，按伊斯兰教的要求治理国家。

2020 年 2 月下旬，马来西亚希望联盟政府陷入危机。2 月 24 日，马哈蒂尔宣布辞去总理一职，同时，土团党宣布退出希望联盟，马来西亚政坛陷入混乱状态，尽管马哈蒂尔已宣布辞职，但包括人民公正党、民主行动党以

---

① 以"马来人尊严大会"为例。该会于 2019 年 10 月 6 日举行，时任总理兼土团党主席马哈蒂尔参加，同时，巫统、伊斯兰教党等在野党众领袖纷纷出席。希望联盟的人民公正党主席安瓦尔未参加。"马来人尊严大会"种族色彩浓厚，给执政的希望联盟的四党关系造成困扰。后来成为土团党总秘书、加入国盟政府并担任内政部部长的韩沙表示，马哈蒂尔当初邀请他从巫统跳槽到土团党，不仅要求他协助加强土团党，也要求他协助削弱民主行动党在人民当中的影响力，他进一步说，是马哈蒂尔同意办"马来人尊严大会"的，其要求团结马来人政治领袖，一手策划与巫统、伊斯兰教党的结合。《韩沙：指示办马来人尊严大会 "敦马要我助削弱火箭"》，〔马来西亚〕星洲日报网，2020 年 5 月 29 日，https：//www. sinchew. com. my/pad/con/content_ 2280349. html（访问时间：2021 年 6 月 25 日）。

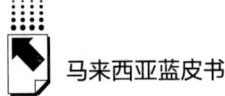

及在野的巫统、伊斯兰教党曾宣布支持他继续担任总理然后又撤回,随着混乱政局的不断发酵,人民公正党主席安瓦尔与署理主席阿兹敏最后公开决裂(后者带领数位人民公正党国会议员转向支持穆希丁)。2月29日,各方势力经过近一周的博弈,在穆希丁作为土团党实权人物得到巫统及国阵、伊斯兰教党、沙捞越政党联盟、沙巴团结联盟的支持后,马来西亚国家元首在经过多轮接见各政党领袖、国会下议院议员后,当晚"出人意料"地宣布穆希丁为第八任总理。① 3月1日,国盟政府宣布成立。

2月29日晚,马来西亚国家元首的宣布发出后,穆希丁表示"这肯定是历史性的一刻,我认为这离不开所有支持我的国会议员,特别是来自国民联盟的包括土团党、巫统及国阵、伊斯兰教党、沙捞越政党联盟及数名独立人士的国会议员"②。虽然看守总理和希望联盟想通过签名扳回大局,但巫统总秘书安努亚慕沙表示,在国家元首已任命土团党主席穆希丁出任总理后,即便希望联盟宣布获得再多的国会议员签署法定声明支持,也已经无关大局。他还特意强调,"新联盟执政后,我们仍是一家人"③。巫统署理主席莫哈末哈山说,穆希丁受委为马来西亚总理可以给国家和人民带来曙光,同时他话锋一转,称这也意味着即将要展开沉重的工作及任务。而伊斯兰教党总秘书达基尤丁表示,穆希丁获得了114名国会议员支持,这表明国民联盟获得超过112个简单多数票,并不是少数政府,穆希丁担任总理符合民主议程,任何人都不应该质疑,伊斯兰教党将会听取民意,完成人民希望的事项。不过,他提醒说,伊斯兰教党与巫统组成的"全面共识阵营",将成为新联盟政府的最大党。④ 从人民公正党阵营分裂出来的、跟随阿兹敏的国会议员祖莱达表

---

① 2020年2月29日,马来西亚国家皇宫文告中提及,"国家皇宫接获各个拥有国会议员、政党党魁提名的未来总理人选,包括独立国会议员,可能获得的国会议员是巴我区国会议员穆希丁"。也就在当天,看守总理马哈蒂尔宣布,已有114名国会议员支持他出任第八任总理,他希望国家元首接纳支持他的114名国会议员所签署的法定声明及党魁正式函件。参见〔马来西亚〕《星洲日报》电子报2020年3月1日。
② 参见〔马来西亚〕《星洲日报》电子报2020年3月1日。
③ 〔马来西亚〕《星洲日报》电子报2020年3月1日。
④ 〔马来西亚〕《星洲日报》电子报2020年3月1日。

示,感谢总理人选问题得以解决,但这一问题理应更早解决,却拖延了一个星期。马来半岛(西马)和东马地区的政治"向来不同框",西马政治势力一般不会轻易介入东马。沙捞越政党联盟虽然支持穆希丁政府,但仍可以保持"一定距离",沙捞越首长署认为,沙捞越政党联盟不是国民联盟的成员,而是一个给予新任总理支持的沙捞越联盟、是一个亲国民联盟的政党,以便不在牺牲沙捞越权益情况下,为了国家利益,把马来西亚从政治动荡中拯救出来。①

综上,经过2020年2月底近一周的艰苦博弈,土团党、巫统、伊斯兰教党等通力合作,赢得中央政权,这使国盟政府主要政党的亲密合作关系达到高潮。自2018年5月大选遭遇创党史上最惨痛失利、失去掌握61年的中央政权后,巫统及国阵的组织凝聚力、经费来源、社会影响力都受到重挫,开始进入重大调整,誓言要再回到为全民服务、维护马来人尊严与其他种族共享繁荣的状态,而不是一个种族主义的政党(联盟)。对巫统及国阵而言,夺回中央政权、入主布城(国家新行政区)仅是一个目标,但更为关键的是,它们作为开国政党及执政联盟,这份厚重的历史荣誉给它们带来回归中央的迫切。而伊斯兰教党作为长期执政半岛东海岸若干州的宗教性政党②,觊觎中央政权已久,只要有利于实现此目标的任何机会,它都愿意积极尝试,这次与土团党、巫统及国阵和其他政党合作,再次成功共享中央政权,是其重要的突破,而且随着国盟执政后土团党与巫统潜在的矛盾不断升级,伊斯兰教党成了土、巫两党竞相拉拢的对象。

三 矛盾:选举布局与资源分配

马来西亚作为君主立宪制国家,各级议会选举在国家政治中有举足轻重

---

① 〔马来西亚〕《星洲日报》电子报2020年3月1日。
② 伊斯兰教党曾在吉打州、玻璃市州、吉兰丹州、登嘉楼州等执政,并在20世纪70年代初短暂加入过国阵中央政府。

的作用，它不仅涉及国、州政权的构成，更对参与其中的政党有重要意义，任何一个政党都希望自己的候选人能上阵，无论是在国会还是在州议会，每一个政党都希望自己的党员占据多数席位，以争取话语权和实现本党的政治利益。从希望联盟政府过渡到国盟政府，土团党、巫统、伊斯兰教党在实现共同执政布城后，发现国、州议会选举候选人推荐的矛盾从三党中央展延到各自基层。从巫伊两党的角度而言，两党之间在第 14 届大选重叠的选区议席达 59 席，导致部分选区让希盟从中获利，随后，巫伊两党组成国民和谐阵线，举着"马来人大团结"的旗子在多个国、州补选中成功胜出；然而，随着国盟政府的成立、土团党的加入，巫伊两党掌握的议席也将分配给土团党，这分化了巫伊两党的势力，2018 年第 14 届大选，土团党在 52 个国会议席中，就有 46 席与巫伊两党重叠。但是，由于穆希丁是国盟政府总理，为了稳定政权，巫伊两党被迫与土团党合作，不过，为了避免让土团党的势力崛起过快过强，一些巫统领袖也要求土团党的穆希丁重新回归巫统，以壮大巫统的势力。①

选举布局矛盾充分反映在国盟主要政党关系中，最重要的事件是沙巴州议会重选。同为执政阵营，穆希丁率领的派系与以巫统为首的国阵派系，都支持各自推荐的候选人为首长，从而陷入竞争。但从最终结果来看，国盟支持的沙巴人民阵线，力压希望联盟支持的"民兴党+"阵营，国盟内部这种新的合作方式引起了观察者的注意。2020 年 7 月 29 日，前任沙巴首长慕沙·阿曼宣称已获得沙巴州议会简单多数议员支持，与执政沙巴的首长沙菲益（民兴党主席）政权产生冲突。这迫使沙菲益在当晚和隔日两度拜会州元首敦朱哈·马希鲁丁，请求批准解散沙巴州议会，还政于民。7 月 30 日，沙巴州元首敦朱哈宣布批准沙菲益解散沙巴州议会的建议，并于 60 天内举行州选举。这次沙巴州选举，是希望联盟自下台以来，首次在州选举中与国民联盟一较高下。国盟政府与国阵和沙巴团结

---

① 〔马来西亚〕李达正：《希盟国盟的棘手难题》，〔马来西亚〕当今大马网，2020 年 7 月 28 日，https://www.malaysiakini.com/letters/536440（访问时间：2021 年 6 月 25 日）。

联盟组成沙巴人民阵线对垒希盟与民兴党组成的"民兴党＋"阵营，以及其他沙巴本土政党。而一手发动政变的慕沙·阿曼最终未能获得国阵巫统承认，宣布放弃竞选。国盟主要成员之一的伊斯兰教党也以维护盟党和谐为由，宣布放弃竞选。与"民兴党＋"阵营在州选中拥立沙菲益蝉联沙巴首长不同，沙巴人民阵线在州选中分别拥立哈芝芝和邦莫达两人。前者由总理穆希丁拥护，后者由巫统兼国阵主席扎希德拥护。巫统主席扎希德坚持一旦沙巴州选举胜选后，要由国阵候选人邦莫达担任沙巴首长职位。为了维持与东马政党的稳定，同时又支持自己中意的人选，总理穆希丁采取了折中方案，不拒绝巫统主席扎希德的声明，又全力支持哈芝芝的竞选。最终由总理穆希丁领导的沙巴人民阵线在沙巴州选举中赢得38个州席，超过37席的执政门槛，赢得沙巴州执政权。独立人士则拿下3席。两天后，3名独立人士宣布支持国盟政府。9月26日沙巴州选举结束后，胜选的沙巴人民阵线一度就沙巴首长人选无法达致共识。沙巴人民阵线四党领袖于27日向州元首敦朱哈推荐一人为该阵营的首长人选。国阵主席扎希德坚持"不能再让出首长职位"，并极力推荐邦莫达出任沙巴州首长。9月28日，沙巴人民阵线就新任首长人选进行讨论后，一致同意由拿督斯里哈芝芝出任沙巴首长。这引起国阵领袖和基层人员的耿耿于怀。9月29日，国盟沙巴州主席拿督斯里哈芝芝宣读就职誓言后，就任沙巴州首长。国阵沙巴州主席拿督斯里邦莫达接着宣誓成为第一副首长，同时也兼任沙巴房屋及地方政府部长。沙巴州变天将国盟政府主要政党的矛盾公开化，但穆希丁凭借丰厚的总理资源优势，在这次竞争中取得了最后胜利。

在未来第15届大选的选区重叠问题上，土团党、巫统、伊斯兰教党等国盟主要政党内也面临潜在的矛盾。穆希丁领导的土团党分裂自巫统，两党在多个选区有交叉，如何解决这个棘手问题？有巫统领袖提议，穆希丁"回归"巫统，一切就好办了。巫统最高理事达祖丁发表声明，可接受穆希丁重返巫统，但不一定成为党主席，因为这是党员的选择；而巫统署理主席莫哈末哈山早前指出，如果穆希丁有意重回巫统，巫统会考虑再次接纳他，对方的决

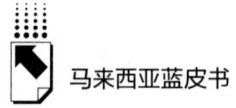

定将对两个政党产生多个层面的正面影响,特别是在议席分配上。①

另一位巫统最高理事诺·加兹兰曾呼吁,巫统与土团党在针对第15届大选议席分配课题谈判时,一定要采取强硬的立场,给土团党15席就好。他强调,土团党缺乏基层支持,若无巫统的支持,将难以组成政府,巫统的支持是穆希丁派系的土团党可以在2020年2月推翻希望联盟政府的原因,所以,巫统不应让土团党竞争50个国会议席。②而巫统元老东姑·拉萨里表明,如果出现"闪电大选"(第10届),他们不会支持总理穆希丁,他说:"我想不会(支持穆希丁)。国盟的安排主要是为了维持稳定,当我们面对全国大选时就另当别论,巫统必须做出反应。"东姑·拉萨里强调,在巫统和伊斯兰教党加入的情况下,土团党不应成为联盟一分子,否则将把分配议席复杂化,"土团党不该加入,他们感觉到应成为'全民和谐'一分子就足够了,也许只有伊党和巫统,与传统国阵伙伴如马华和国大党合作般","届时你在分配议席时不会有太多问题,可是你引进土团党,我们在选举时会陷入'不上不下'的窘境,因为没有人占主导地位或明显有多数议席,这将令我们陷入非常不稳定的情况"。关于未来总理人选,东姑·拉萨里说,巫统有好的机会,只欠缺人选担任下届总理,"我们占主导位置,这是个很大的问题,国阵或巫统得决定提拔一位具备诚信的领袖,以往的领袖必须准备自我牺牲让路给其他人"。③

在国盟政府中,按国会下议院议席数,巫统为第一大党④,所以巫统领

---

① 《可接受穆希丁重返巫统 达祖丁:不一定成为党主席》,〔马来西亚〕当今大马网,2020年7月26日,https://www.themalaysianinsight.com/index.php/chinese/s/263050(访问时间:2021年6月25日)。

② 《若没巫统难组政府 诺加兹兰:给土团15席就够了》,〔马来西亚〕星州日报网,2020年7月1日,https://www.sinchew.com.my/content/content_2299364.html(访问时间:2021年6月25日)。

③ 《土团党扰乱议席分配 姑里:闪电大选巫统不支持穆希丁》,〔马来西亚〕当今大马网,2020年7月3日,https://www.themalaysianinsight.com/chinese/s/258437(访问时间:2021年6月25日)。

④ 截至2021年6月25日,在国会下议院,巫统有36席、土团党31席、伊斯兰教党18席、沙捞越政党联盟18席、马华公会2席、国大党1席。

袖认为，在政府部长任命和其他资源分配中，巫统应该要获得更大的比例。如东姑·拉萨里就表明，作为在国会拥有最多议席的政党，理应获分配更重要的部门；尽管巫统在第14届全国大选败北，但是如果需要筹组政府，或者由另一方领导，巫统都应该在政府中担任重要职务。他认为，"我们必须扩大影响力以及确保影响力，我们应该获得重要的部门，因为我们具有影响力"。他作为巫统元老，为此质问巫统现任的主要党领袖，"为何我们没有主导政府，他们也没有答案，但我们还是支持这个政府，以免发生危机"。他甚至说，一些巫统领袖要求重组政府，包括给予巫统更有意义的部门，例如财政部及内政部。①

四　合纵连横：执政党与在野党的多元角力与合作

国盟政府各主要政党在国会议席掌控上，均未占据绝对优势，国阵政府时期"一党独大"现象不再；与此同时，在野的人民公正党、民主行动党，作为单个政党的议席甚至超过土团党、巫统。因此，马来西亚现在与未来的政局，事实上已没有任何一个政党可以单独说了算，所有政党皆有相同的话语权。② 相比较而言，掌握行政资源的国盟政府各主要政党，在国家、社会、经济、外交各领域的优势明显，不过，土团党、巫统、伊斯兰教党的关系错综复杂，在一些议题上，它们时而掣肘其中的一方或两方，拉拢一方或两方，有时还与在野党合作。而人民公正党、民主行动党、国家诚信党、祖国斗士党等，不满两年便失去"希望联盟"政权，它们矢志要重回布城，面对国盟主要政党间"内斗"的外溢，积极对接，分化国盟政党关系，尤其在新冠肺炎疫情发生后，马来西亚经济运行压力增大，国盟政府抗疫成效

---

① 《巫统拥有最多议席　姑里：应主导政府掌管重要部门》，〔马来西亚〕透视大马网，转引自马来西亚"广升传媒"网，https：//www.gtcgroup.my/cn/latestnews/nid/91199/（访问时间：2021年6月25日）。

② 《刘镇东：马来西亚已脱离一党独大统治》，〔马来西亚〕光华网，https：//www.kwongwah.com.my/20201207/（访问时间：2021年6月25日）。

有限,这增加了在野党施压国盟政府的机会,也拓展了执政党与在野党合纵连横的空间。

穆希丁派系的土团党分裂自巫统,所以不少巫统领袖有一种优越感,而巫统的国会议席比土团党多,这增加了巫统全党上下的底气。国盟政府内阁名单出炉后,巫统的部长和重要职位不多,该党署理主席莫哈末哈山便批评,首相穆希丁组织的内阁不公平地排挤巫统,未反映该党作为最大党的地位。他说,虽然委任内阁成员是首相的权力,但从两方面来看,巫统作为拥有最多国会议员的执政党,很明显地遭到了不公平的排挤。第一,巫统只掌管不重要的部门职务。这种情况跟巫统贡献的国会议员人数和具备的经验,完全不成正比。第二,内阁成员任命明显最惠及土团党和前人民公正党署理主席阿兹敏。因此,莫哈末哈山强调,内阁是在危难时期引导和巩固民族的机构,强大和具兼容性的内阁对国民同盟的成功极为关键,"假如(内阁)可以不顾及政治经验,这将造成脆弱的状况,而足以导致失败","在没有一个强大的内阁下,马来西亚将继续上演永无止境的政治斗争,我们也将不可能专注在发展和民族的竞争力"。① 此外,国盟政府内阁成立后,在许多议题上,主要政党相互制衡。面对第 15 届大选,国盟各党要以何种旗帜上阵,巫统和伊斯兰教党似乎达成了默契。当巫统议决在第 15 届的全国大选使用国阵党徽上阵后,伊斯兰教党副主席莫哈末阿玛指出,即便两党在"国民和谐"是合作伙伴,但对伊斯兰教党而言这不是问题。他强调,最重要的是两党在竞选议席时不会有冲突和互相支持,他希望巫统可以加入国盟,"如果巫统能加入(与国盟)会更好和完整,然而巫统说了在国阵和国盟之间不会发生冲突,这已经是很好了"。②

2020 年朝野合纵连横的重要事件是人民公正党安瓦尔的"923 行动"。2020 年 9 月 23 日,在野党联盟——希望联盟主要领袖安瓦尔召开记者会,

---

① 《内阁未反映议席比例,哈山抗议巫统受不公平排挤》,〔马来西亚〕当今大马网,2020 年 3 月 13 日,https://www.malaysiakini.com/news/514623(访问时间:2021 年 6 月 26 日)。
② 《巫统以国阵党徽征战大选 伊党:我们没异议》,〔马来西亚〕透视大马网,2020 年 12 月 1 日,https://www.themalaysianinsight.com/chinese/s/287912(访问时间:2021 年 6 月 26 日)。

宣称已经获得多数议员支持，将会觐见国家元首苏丹阿卜杜拉，他强调穆希丁领导的国盟政府已经垮台，这引发朝野震动。不过吊诡的是，安瓦尔这项宣布，最初也引起希盟内部成员震惊，认为他已取得沙捞越政党联盟的支持。但沙捞越政党联盟对此否认，强调将继续支持穆希丁领导的国民联盟。与此同时，巫统兼国阵主席扎希德也于安瓦尔召开记者会当日表示，他被告知巫统和国阵的一些国会议员已表态支持安瓦尔，并尊重他们的立场，这提高了安瓦尔支持名单的可信性。不过，伊斯兰教党随即表态强调支持总理穆希丁，国阵多名国会议员也相继澄清没有支持安瓦尔，并指出安瓦尔口中的多数国会议员支持名单，还没提呈给国家元首，也没被任何人证实，因此质疑安瓦尔口中的议员名单造假。不过，当时国家元首因食物中毒和运动损伤而在9月21日进入国家心脏中心接受治疗，安瓦尔觐见元首的计划暂时搁置。而后，国家元首继续留院观察，直到10月2日出院返回皇宫疗养。安瓦尔随后在10月8日发表文告，宣布其于10月13日觐见国家元首。随后，被指支持安瓦尔的国盟国会议员和党魁相继澄清没有国盟议员支持他，要求警方彻查安瓦尔发布假名单一事。安瓦尔发动的"923行动"以及沙巴州选举后，国阵巫统内部也出现两股声音，一派主张撤出对国盟的支持，另一派则要支持国盟政府。比如，巫统元老东姑·拉萨里在安瓦尔觐见国家元首后，于10月13日也入宫觐见。随后他在离开国家皇宫后宣称，在9月25日已致函给国会下议院议长阿兹哈，要求下议院必须提呈对首相的不信任动议。而他也在信函中揭露，总理穆希丁曾希望他担任国油公司顾问，以换取他的支持。东姑·拉萨里以宪法明文规定一旦国会议员担任固定收入职位将失去议员资格为由，拒绝了这项建议。东姑·拉萨里的行动显露出国民联盟中巫伊两党的分歧和对土团党的不满。巫统在沙巴州选举为国民联盟带来胜利后，对没有获得最重要的首长职位一事耿耿于怀。同时巫统也不满意国盟在内阁职务上不利于巫统的分配。该党领袖以本身是穆希丁政府内的最大政党，理应占有最多官职为由，要求担任副总理或重要的部长职位。

10月13日，巫统宣布考虑退出支持国民联盟，并为继续与国盟政府的政治合作设下新条件，迫使总理穆希丁与巫统展开谈判，以换取巫统对国盟

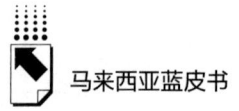

政府的支持。伊斯兰教党则对巫统突然宣布终止与国盟的合作关系一事感到惊讶，并促请巫统交代清楚，但也表示愿意为土团党与巫统的会商做调解人。

结　语

马来西亚"一党独大"的政党体系在2018年第14届大选后，已不复存在。从希望联盟政府到国盟政府，马来西亚主要政党间的关系一直处于调整和碰撞之中。而越来越清晰的是，"两线制"进一步被证明既不符合马来西亚现实，也无法真正实现。以往马来西亚"两线制"的政治实践，表面上是民主监督、政党参与以及媒体自由、市民社会，但希望联盟政府从成立到草草结束再到国盟政府执政，马来西亚的政党关系、政府治理归根结底是围绕"族群关系、宗教独尊"而展开的，无论何种形式的政党关系与执政联盟，莫不与"族群关系、宗教独尊"有关。当前，国盟政府作为马来人为主导的完全政权，全面掌控了国家的政治生活，按理说有利于马来人获得国家政权族群归属的安全感。但随着世界现代化、世俗化的不断发展，在以马来西亚君主立宪制及族群照顾为特征的马来西亚各届政府中，其主要政党间的关系又体现了民主制度的要素，这是极为值得研究的方面。本报告成稿时，2021年7月7日，巫统主席扎希德宣布巫统不再支持穆希丁，但同时也未要求巫统国会议员尤其是巫统部长辞职，所以，国盟政府仍保持正常运转。毋庸置疑的是，穆希丁的国盟政府已成为少数政府或弱势政府，未来国盟政府主要政党关系走向如何，又将如何影响国盟政府的稳定性，值得密切关注。

B.6
2021年马来西亚颁布紧急状态法令的政治背景

周美芬*

摘　要： 2021年1月12日，马来西亚最高元首同意国盟政府提呈的建议，宣布至2021年8月1日国家进入"紧急状态"。即便宣布的理据和控制疫情有关，在朝野政党联盟势力拉锯、国盟政府地位岌岌可危的政治背景下，这被认为是国盟政府为拉拢支持、稳定政局而制造时间与空间的手段。虽然紧急状态期间国会与州议会停摆，反对党无法通过国会挑战穆希丁总理，进而暂时稳住了政府的地位，但朝野支持率持续胶着，党内外关系在时间拉长后更趋复杂。除非下届大选出现某个单一政党赢得具有决定性的多数国会议席，取得足够、稳定且难以撼动的组阁国会议席数额，否则希望通过举行大选，以还政于民的方式解决政治困局，恐成泡影，政局动荡仍将持续。

关键词： 马来西亚　紧急状态　联邦宪法

一　此次颁布紧急法令的背景

2018年5月9日马来西亚第14届大选后，国内政坛进入了告别巫统一

---

* 周美芬，北京大学博士研究生，马来西亚马华公会前总秘书，研究方向为马来西亚族群政治。

党独大、打破国阵屹立不倒神话的政治新格局。在非马来人政治势力崛起、马来人政治势力分散的大环境下促成的执政党轮替,让分别长期在朝和在野的政党经历了首败的苦涩和首赢的狂喜,然而继之而来的反扑与利益权争,却让马来西亚政治出现变动。

(一)"喜来登政变"引发政局变动,博弈加剧

2020年2月23日,希盟执政22个月后发生的"喜来登政变"促成政府重组。马哈蒂尔(Mahathir bin Mohamad)由于与土著团结党(简称"土团党")最高理事会看法分歧,突然私自宣布辞职,造成希望联盟(简称"希盟")倒台后,穆希丁(Muhyiddin bin Haji Muhammad Yassin)得到国民阵线(简称"国阵")、伊斯兰教党、沙捞越政党联盟及沙巴州数个在野党的支持,获得超过议会半数的114席①,组成国民联盟(简称"国盟")政府。然而,这一事件却未把马来西亚政治局势导向稳定,反而引发一系列朝野政党或党内议员退出或党外议员跳槽加盟的分裂与重组,继续加剧朝野博弈。

此外,"喜来登政变"除了在中央促成了国盟政府取代希盟,也在土团党、国阵与伊斯兰教党的合作下,直接导致了吉打、霹雳、马六甲和柔佛四个州政府和州务大臣的更替。吉打于2020年5月17日由伊斯兰教党的莫哈末·沙努西(Muhammad Sanusi Md Nor)取代马哈蒂尔派系的原土团党慕克里兹·马哈蒂尔(Mukhriz Mahathir)出任州务大臣;② 霹雳于3月10日由土团党的原州务大臣阿末法依扎·阿祖穆(Ahmad Faizal Azumu)重组州行

---

① 2018年大选,希望联盟赢得113席,加上沙巴人民复兴党(Parti Warisan Sabah,简称"民兴党")的8席,以121席多数议席执政。22个月后因土著团结党(Parti Pribumi Bersatu Malaysia)和人民公正党(Parti Keadilan Rakyat)领袖的总理职争和两党内部分裂而倒台,由穆希丁(Muhyiddin bin Haji Muhammad Yassin)在获得114席的支持下出任总理,组织内阁。

② 《沙努西抵州政府大厦宣誓任吉大臣》,〔马来西亚〕东方online,2020年5月17日,https://www.orientaldaily.com.my/news/nation/2020/05/17/341190(访问时间:2021年3月2日)。

2021年马来西亚颁布紧急状态法令的政治背景

政议会,过后州国盟政府发生窝里反,巫统在获得民主行动党的支持下,由该党霹雳州主席沙拉尼·莫哈末(Saarani Mohamad)于12月10日出任州务大臣;① 马六甲于3月9日由巫统的苏莱曼·莫哈末阿里(Sulaiman bin Md Ali)取代希盟国家诚信党的阿德里·扎哈里(Adly Zahari)出任州首席部长;② 柔佛则于2月28日由巫统的哈斯尼·莫哈末(Hasni Mohammad)取代土团党的萨鲁丁·伽马(Sahruddin bin Jamal)出任州务大臣。③

东马方面,沙巴州2018年大选后,国阵和沙巴人民复兴党(Parti Warisan Sabah,简称"民兴党")各赢得29席,在互相拉拢议员支持的情况下,先后取得过半议席的支持,因而发生首席部长"闹双胞"的宪政危机。沙巴国阵主席慕沙·阿曼(Musa Bin Haji Aman)在取得沙巴立新党(Homeland Solidarity Party,简称"STAR"或"立新党")的2个议席支持后,于5月10日晚上宣誓就职首席部长,而民兴党主席沙菲益(Shafie bin Apdal)则在过后获得原国阵成员党沙巴神山前进统一机构(United Progressive Kinabalu Organisation,简称"UPKO"或"民统党")和沙巴人民团结党(Parti Bersatu Rakyat Sabah,简称"PBRS")共6名州议员的支持,取得了35席的大多数支持而于5月12日晚在州元首府宣誓就职。同日,州元首朱哈·马希鲁丁(Juhar Mahiruddin)发函通知慕沙·阿曼不再是州首席部长。虽然5月13日来自巫统和国阵盟党的另外4位议员转投民兴党,进一步增加了支持沙菲益的议员人数,但慕沙·阿曼仍旧于5月17日入禀法院,要求法院判其为合法的沙巴首席部长,并将州元首朱哈和首席部长沙菲益分别列为第一和第二答辩人,引发了沙巴州宪政危机。

---

① 《沙拉尼正式宣誓为第14任霹雳州务大臣》,〔马来西亚〕东方online,2020年12月10日,https://www.orientaldaily.com.my/news/nation/2020/12/10/380207(访问时间:2021年3月2日)。
② 《巫统林鲁州议员宣誓,出任马六甲首长》,〔马来西亚〕当今大马网,2020年3月9日,https://www.malaysiakini.com/news/513894(访问时间:2021年3月2日)。
③ 《苏丹见证下 哈斯尼宣誓任柔大臣》,〔马来西亚〕星洲日报网,2020年2月28日,https://www.sinchew.com.my/content/content_2225103.html(访问时间:2021年3月2日)。

过后,虽然沙菲益顺利出任州首席部长,但7月29日10名前巫统州议员,1名人民公正党民选议员和人民公正党、民主行动党各1名官委州议员倒戈,沙菲益失去多数支持濒临倒台,旋即取得州元首的同意于2020年7月30日宣布解散州议会,在州议会届满前3年提早举行沙巴州选举,还政于民。① 这场州选举最终由在野的土团党、国阵、国盟及友好政党成立的"沙巴人民阵线"(Gabungan Rakyat Sabah)以38席通过选举"推翻"只得到32席的"民兴党+"看守政府②,组成新一届沙巴州政府。

值得关注的是,沙巴人民阵线在组成政府前,州务大臣一职是在经历了赢得最多议席的巫统和获得最多盟党支持的土团党的一轮角力后,才由土团党沙巴州主席哈芝芝·诺(Hajiji Noor)出任,还在宣誓就职当天发生巫统沙巴州主席邦莫达(Bung Moktar Radin)因哈芝芝没有遵守早前的承诺,以致部长职位安排在宣誓时有所不同,而向哈芝芝"发飙",结果在内阁宣誓不到3小时后,就发生了内阁"重组"的风波。③

沙巴州选举期间,虽然民间已出现担心举行州选举将导致疫情扩散的看法,但一方面因当时疫情仍在可控范围内,另一方面由于主流舆论倾向于警告政府勿以疫情为由限制选举与投票活动,国盟政府允许马来西亚半岛政党人士跨境助选和选民回乡投票,结果选举后出现明显的疫情反弹和扩散。进入各党竞选机制逐步启动后的9月,每日新增新冠肺炎确诊病例从个位数上升到两位数。9月25日,确诊病例突破了三位数。进入2020年11月后,疫情发展呈现持续上升趋势,沙巴州选举后疫情反弹的迹象明显,将疫情加剧归咎于该选举的说法得到普遍认同。11月24日全国单日新增确诊病例冲破2000例,2021年1月下旬达5700多例,病例数的增长一直到2月初才趋

---

① 《沙菲益:沙元首御准解散沙州议会》,〔马来西亚〕东方online,2020年7月30日,https://www.orientaldaily.com.my/news/nation/2020/07/30/354884(访问时间:2021年3月2日)。
② "民兴党+"是民兴党和民主行动党、人民公正党、国家诚信党和民统党等合作政党的统称。
③ 《调换部长职位 邦莫达:纯粹沟通不良》,〔马来西亚〕东方online,2020年9月29日,https://www.orientaldaily.com.my/news/nation/2020/09/29/366422(访问时间:2021年3月2日)。

缓,进入3月下降到1000多例。在这样的情况下,民情普遍抗拒在疫情肆虐期间举行大选,但质疑国盟政府执政的合理性,认为其应通过选举还政于民的看法强烈。

综合上述情况和随后的发展,马来西亚政治在"509大选"后,朝野各党内外均暗流汹涌,几乎每一个政党都出现或因党内斗争或宣称以服务选区、照顾人民利益考量而跳槽到其他政党的情况,政局动荡不安,充满变数。

(二)穆希丁政府不断受到挑战,执政地位岌岌可危

穆希丁执政以后,不断受到来自希盟兼人民公正党主席安瓦尔(Anwar bin Ibrahim)、希盟各党和以扎希德领导的巫统主流派的挑战,长期陷于国会议员支持人数是否过半的窘境。2020年9月23日,安瓦尔在沙巴州选举期间,高调宣布自己获得了来自不同党派议员的支持,已拥有令人信服的国会议员人数支持,将觐见最高元首①。同日巫统主席扎希德也向媒体发出文告,说明已经知道有巫统和国阵议员对安瓦尔表示支持,自己则尊重他们的决定②。10月13日,安瓦尔在觐见最高元首时,只展示了法定声明及政党领袖签署的文件,以证明自己掌握了超过120席的国会多数议席,但因未提呈相关国会议员的名单,无法取信于最高元首而宣告失败。③ 然而,同日当晚,巫统召开政治局会议后却宣布该党考虑撤回对国盟的支持,并将提出与

---

① 2020年9月23日,安瓦尔在美丽殿酒店举办新闻发布会,宣称来自不同党派的一些议员和他接触,向他表达了他们对现任领导层的深切不满,表示支持他接管政府。安瓦尔宣称自己已得到令人信服的国会议员人数的支持,这让他可以向最高元首提呈,同时声明大多数支持他的议员都是马来人和穆斯林。内容详见安瓦尔以 OFFICE OF ANWAR IBRAHIM 信笺于2020年9月23日发出的文告。安瓦尔的这个宣布被称为"美丽殿行动"(Le Meridien Move)。
② 扎希德在未获得国阵成员党同意的情况下,于2020年9月23日以巫统和国阵主席名义发出媒体文告,明确说明国阵不是国盟的成员党,对国盟政府的支持是以国会议员的名义进行,因此巫统和国阵不能阻止国会议员支持安瓦尔。
③ 《安瓦尔觐见国家元首呈超过120议员支持文件》,〔马来西亚〕东方online,2020年10月13日,https://www.orientaldaily.com.my/news/nation/2020/10/13/368908(访问时间:2021年3月2日)。

其合作的新条件。① 12月15日，国会下议院仅以111票赞成、108票反对的3票之差通过国盟政府提呈的2021年财政预算案，这使穆希丁惊险避过了被投"不信任票"的危机，也掀开了安瓦尔无法通过国会票数证明自己获得令人信服的多数议员支持的底牌。②

2021年1月1~3日，巫统通过陆续举行的各区部代表大会收集意见，结果全国191个区部中竟然有143个通过了拒绝与土团党合作的议案。③ 1月6日，巫统最高理事会决定，将有关和土团党断交及巩固和伊斯兰教党关系的提案呈上1月31日举办的全国党代表大会。④ 1月9日，巫统马樟（Machang）国会议员兼吉兰丹州联委会主席拿督阿末嘉兹兰（Ahmad Jazlan bin Yaakub），以不赞同土团党领导的政府压迫巫统、捍卫巫统的原则和国阵的尊严为由，撤回对国盟政府的支持，并宣布除了早前被撤去巫统及国阵总秘书的联邦直辖区部长安努亚慕沙（Annuar Musa）领导的格底里区部，吉兰丹其余12个巫统区部皆撤回对国盟政府的支持，这使国盟不仅面对巫统各区部相继撤回支持的骨牌效应，在国会的支持议席也减少至110席⑤，即除了2名去世后未填补的国会议员，剩下的国会议员总数是220名，110名国会议员的支持并未过半，只要多1名国会议员倒戈

---

① 《考虑撤回支持国盟 巫统拟新合作条件》，〔马来西亚〕中国报网，2020年10月13日，https：//www.chinapress.com.my/20201013/考虑撤回支持国盟巫统拟新合作条件（访问时间：2021年3月2日）。
② 《111票对108票 国会三读通过财案》，〔马来西亚〕星洲日报网，2020年12月15日，https：//www.sinchew.com.my/content/content_2394002.html（访问时间：2021年3月2日）。
③ 《143拒与土团合作 扎希：交最高理事会讨论》，〔马来西亚〕星洲日报网，2021年1月3日，https：//www.sinchew.com.my/content/content_2404157.html（访问时间：2021年3月2日）。
④ 《与土团党断交提案 巫统带上全国大会》〔马来西亚〕光华日报网，2021年1月7日，https：//www.kwongwah.com.my/20210107/与土团党断交提案巫统带上全国大会（访问时间：2021年3月2日）。
⑤ 吉兰丹巫统属下共有14个区部，扣除12个撤回支持的区部和不赞成撤回支持的格底里区部，剩下的一个是已被冻结的丹那美拉区部。《巫统马樟国会议员撤回对国盟支持》〔马来西亚〕东方online，2021年1月9日，https：//www.orientaldaily.com.my/index.php/news/nation/2021/01/09/385784（访问时间：2021年3月2日）；《阿莫嘉兹兰宣布辞大马棕油局主席》〔马来西亚〕中国报网，2021年1月4日，https：//www.chinapress.com.my/20210104/阿莫嘉兹兰宣布辞大马棕油局主席（访问时间：2021年3月2日）。

支持安瓦尔，按一般情况，穆希丁就得选择辞职或建议最高元首解散国会，重新进行大选。

（三）政府向最高元首提议实施紧急状态获准

按当时的事态发展，不用等到 2021 年 1 月 31 日巫统大会通过与土团党断交的议案，国盟政府就可能已因失去大多数议员的支持而垮台。2020 年 10 月 23 日，国盟政府尝试以控制疫情为由，向最高元首提议宣布全国进入紧急状态，以取消和展延按宪法规定必须在原任国会议员逝世，议席悬空后 60 天内举行的三脚石（Batu Sapi）国会选区补选①，这引起了社会巨大的反弹，反对者认为只需制定严格的补选标准作业程序，或可以采取其他比颁布紧急状态法令更有效的控制疫情方式让补选进行，因为颁布紧急状态法令等同让国盟政府掌握无上的行政与立法权。最高元首在召集各州统治者会议后否决了政府的建议。稍后最高元首分别于 2020 年 11 月 18 日和 12 月 16 日允准三脚石国会选区②和沙巴布加雅（Bugaya）州选区和霹雳州宜力（Gerik）国会选区进入紧急状态③，取消并推迟了分别原定于 2020 年 12 月 5 日和 2021 年 1 月 16 日举行的补选，解决了阻止疫情扩散的疑虑。

为了确保执政地位，控制新冠肺炎疫情，2021 年 1 月 11 日上午，穆希丁召开内阁会议，并在当天傍晚 5 时 30 分，在政府首席秘书祖基阿里（Mohd Zuki Ali）、总检察长依德鲁斯（Idrus Harun）、马来西亚武装部队总司令阿芬迪上将（Affendi Bin Hj. Buang）、全国总警长阿都哈密（Abdul Hamid Bador）、卫生总监诺希山（Noor Hisham Abdullah）和选举委员会主

---

① 马来西亚联邦宪法第 54（1）条阐明，若国会下议院出现议席空缺，选举委员会必须在收到下议院议长的正式通知后的 60 天内举行补选。
② 《元首颁布当地进入紧急状态　三脚石延后补选》，〔马来西亚〕星洲日报网，2020 年 11 月 18 日，https://www.sinchew.com.my/content/content_2378999.html（访问时间：2021 年 3 月 3 日）。
③ 《国家元首颁布宜力国会和布加雅州选区紧急状态》，〔马来西亚〕东方 online，2020 年 12 月 16 日，https://www.orientaldaily.com.my/news/nation/2020/12/16/381318（访问时间：2021 年 3 月 3 日）。

席阿都甘尼（Abdul Ghani Bin Salleh）的陪同下觐见最高元首 45 分钟，以控制新冠肺炎疫情蔓延为由，向最高元首提呈内阁要求颁布紧急状态法令的建议，获得元首同意。最高元首也同意政府成立紧急状态独立委员会的提议，以便政府在紧急状态可以提早结束的情况下向元首建议提早终止的日期。委员会由前大法官阿里芬（Tun Arifin Zakaria）领导，由 4 名执政党国会议员及 3 名在野党国会议员、前行政官员、专业人士和商会代表共 19 人组成①。1 月 12 日，国家皇宫总管阿末法迪尔（Ahmad Fadil Shamsuddin）发布有关最高元首御准颁布国家紧急状态法令的文告，穆希丁于 12 日上午 11 时发表紧急状态特别宣布，紧急状态将实施至 8 月 1 日，或直到疫情提前得到有效控制为止。

二 马来西亚宪法下的"紧急状态"

2021 年 1 月 12 日颁布的是马来西亚独立建国以来的第 9 次紧急状态法令，除了 1948~1960 年的紧急状态法令是由英殖民政府所颁布之外，其余 8 次都是最高元首根据联邦宪法第 40 条和第 150 条（1）节的规定，在政府的建议下颁布的。

（一）颁布紧急状态法令的条件和作用

马来西亚联邦宪法第 150 条"紧急状态之颁布"下的第 150（1）和（2）阐明，如果最高元首确认在国家或部分地区有严重之紧急状态正在发

---

① 19 名委员包括主席敦阿里芬、前政府首席秘书丹斯里三苏丁奥斯曼、前全国警察总长丹斯里诺连迈、前武装部队总司令丹斯里祖基菲里阿比丁、前卫生总监丹斯里莫哈末阿里夫、心脏外科专家丹斯里雅亚阿旺、大马中华总商会总会长丹斯里戴良业、赛城大学校长丹斯里巴兰、前总检察署副检察司沙烈胡丁、玻璃市宗教司阿斯里、公共卫生专家安德鲁达威、前沙巴政府秘书丹斯里苏卡迪、巫统лит绒加弄国会议员丹斯里诺奥马、土保党峇丹鲁巴国会议员拿督斯里罗哈妮、土团党保佛国会议员拿督阿兹莎顿、伊斯兰教党巴西富地国会议员聂查华威、人民公正党居林万拉峇鲁国会议员赛夫丁纳苏申、民主行动党芙蓉国会议员陆兆福，以及国家诚信党瓜拉雪兰莪国会议员拿督斯里祖基菲里。

生或即将发生,导致联邦或其任何部分地区之安全或经济生活或公共秩序受到威胁,他可颁布一项紧急状态法令并作该项宣布;宪法第40条"最高元首依据劝告行使职务"下的第40条(1)规定,最高元首在行使马来西亚宪法或联邦法律所赋予的职务时,须依据内阁或内阁授权的部长的劝告行事;唯最高元首必须有权,在其要求下,获得内阁所知有关联邦政府的任何资料。

紧急状态期间,尽管宪法有规定,但联邦政府的行政权力应扩大到州政府管辖范围内的任何事务,并向州政府或其官员或机关发出指示;除第150条第(6)款和第(6A)款所述的伊斯兰法律或马来人习俗、沙巴州和沙捞越州的当地法律或习俗、公民身份、宗教或语言外,紧急状态期间订立的任何紧急条例具有与国会法案相同的效力,也可取代联邦宪法,不受任何司法挑战,并且在元首取消或根据第150条第(2C)款和第150条第(3)款被议会撤销之前一直有效。换句话说,进入紧急状态后的中央政府拥有了不受立法与司法制衡的权力,同时可以把权力之手伸入全国各州政府的管辖与行政工作,即使有关州政府和中央政府不属于同一个政党或政治联盟。紧急状态法令的颁布对民主体制造成严重的打击,如果掌权者滥权,国家将陷入极权统治,因此即使具备了颁布紧急状态法令的充分理由,颁布后引起激烈争议也是不言而喻的。

(二)马来(西)亚实行的前8次紧急状态

1. 马来亚紧急状态(1948~1960)

当时英国殖民政府为了应对马来亚共产党(CPM)的活动,于1948年宣布马来亚进入紧急状态,延续长达12年,直至1960年马来亚独立后结束。

2. 马来西亚—印度尼西亚对抗(1964)

1963年1月20日,印度尼西亚反对将马来亚、新加坡、沙捞越、沙巴、文莱合并在一起成立"马来西亚"的计划,宣布实行对抗马来西亚(Konfrontasi)政策。1964年9月3日,当印度尼西亚军队入侵后,马来西亚第一任总理东姑·阿卜杜勒·拉曼(Tungku Abdul Rahman)宣布国家进入紧

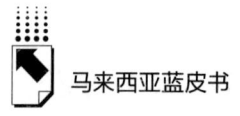

急状态。

3. 沙捞越宪政危机（1966）

1966年6月16日，在总数42名州议员中的21名议员对该州第一任首席部长斯蒂芬·卡隆·宁坎（Stephen Kalong Ningkan）① 提出不信任动议后，首席部长的去留引发了宪政危机，联邦政府于1966年9月14日宣布沙捞越进入紧急状态。

4. "5.13种族暴动"（1969）

1969年5月13日，马来西亚在大选后发生种族骚乱事件，政府宣布进入紧急状态，国会暂停，成立国家行动理事会（MAGERAN），其肩负恢复国家和平与稳定的任务。

5. 吉兰丹（1977）

1977年吉兰丹发生与时任州务大臣穆罕默德·纳西尔（Muhammad Nasir）相关的政治危机和街头暴力事件，时任最高元首兼吉兰丹苏丹雅耶·贝特拉（Almarhum Tengku Yahya Petra Ibni Almarhum Sultan Ibrahim）应联邦政府要求于1977年11月8日宣布该州进入紧急状态。

6. 阴霾危机（1997、2005、2013）

1997年在沙捞越、2005年在巴生和2013年在麻坡和礼让发生危险和不健康的空气污染，政府分别在上述州和地区颁布阴霾紧急状态法令。

7. 三脚石国会选区紧急状态（2020）

为遏制新冠肺炎疫情恶化与扩散，最高元首苏丹阿卜杜拉·阿亚都丁·穆斯塔法·比拉·沙阿（Sultan Abdullah Ri'ayatuddin Al-Mustafa Billah Shah）于2020年11月18日宣布三脚石国会选区进入紧急状态，取消并推迟了原定于12月5日在该选区进行的国会议席补选。

8. 宜力国会选区和布加雅州选区紧急状态（2020）

为防止疫情扩散，最高元首苏丹阿卜杜拉·阿亚都丁·穆斯塔法·比拉·沙阿于2020年12月16日宣布沙巴布加雅州选区和霹雳州宜力国

---

① 斯蒂芬·卡隆·宁坎（1920~1997）是沙捞越第一任首席部长（1963~1966在任）。

会选区进入紧急状态，取消并推迟了原定于2021年1月16日举行的补选。

综合2021年之前实行的8次紧急状态背景，在紧急状态的范围上可以划分为全国、州和区域三类；在危机的状态种类上则可以分为因政治意识形态或种族问题引发的动乱或不安、政治斗争下的宪政危机、环境污染引发的人民健康危机等。与之前实行的8次紧急状态情况相比，2021年穆希丁的国会议员支持人数并未过半，安瓦尔因无法获得其他在野党，包括斗士党、青年党的支持，也无法提出令人信服的议员支持人数，朝野政治四分五裂，朝野支持呈现悬峙，政局动荡，加上疫情肆虐下人民抗拒选举，因此，2021年紧急状态法令的颁布具备一定的合理性。

三 2021年紧急状态引发的争议

（一）颁布紧急状态法令引起巨大争议

此次颁布的紧急状态法令引发巨大争议，导致国盟的支持率降低。虽然颁布理据和控制疫情有关，但从前述穆希丁面对支持率持续降低的情况可知，颁布紧急状态法令主要是为了挽救濒临倒台的政府的看法不无道理，若非政府已颁布紧急状态法令，国盟政府倒台或解散国会举行全国大选似乎在所难免。紧急状态法令颁布的当天下午2时，巫统硝山国会议员纳兹里（Mohamed Nazri bin Abdul Aziz）宣布撤回对穆希丁的支持，这使其支持人数进一步减少至跌破半数。而在国盟政府内阁的32名部长中占了6名的巫统部长对颁布紧急状态法令的支持，凸显了巫统内部的分歧，领导层至少分裂成朝野两个派系的情况已非常明显。

无论如何，对于颁布紧急状态法令的看法并非一面倒。持反对立场者一般认为这是国盟政府为躲避国会考验，以管控疫情为由制造不容挑战、不受干扰的继续执政手段。一方面国会和州议会在长达6个月的紧急状态期间休会，这让政府有权力在无须经过国会质询与辩论下制定任何紧急条例，其可在无后顾之忧下迅速制定各项政策管控疫情，推动经济振兴计划，赢取民心。另一方面紧急状态期间暂停召开国会会议，等于阻止立法议员开会和对内阁的决定提出质疑，等同民主暂停，总理和国盟内阁因而不必担心被罢免。然而反对者认为公共卫生议题不是颁布紧急状态法令的理由，政府也没必要颁布紧急状态法令来控制疫情。

持正面立场者则一般倾向于否定紧急状态是出于政治动机的观点，认为执行1998年传染病控制及防范法令（342法令）需经过耗时的程序和冗长的讨论，已经不足以用来遏制日趋恶化的疫情，因此若紧急状态可以稳定政治局势，那么这是一个好的措施。何况新西兰、日本、澳大利亚、法国、芬兰和印尼也曾为管控疫情而颁布紧急状态法令，因此马来西亚在同样的情况下颁布紧急状态法令不应该成为问题。① 但他们没有提及的是，颁布紧急状态法令的大部分国家并没有停止国会会议的召开，而是以提升防控疫情能力的方式让国会继续运作。

此外，将马来西亚实施紧急状态时所实施的法令、对人民舆论反馈的回应，放在联合国人权高级专员办事处于2020年4月17日，针对2019冠状病毒病大流行下全球许多国家采取非常措施和使用紧急权力的行为所发表的《紧急措施与2019 冠状病毒病：指导方针》② 下检视，马来西亚的紧急状态基本满足了该指导方针下所提及的各项重点，包括所采取的步骤必须建立在法治基础，紧急权力应具有时限，在采取可能会限制某些人权的特殊措施以保护公共健康方面必须满足合法性、必要性和相称性要求，而且不得具有歧视性，不应超出国际人权法规定的范围等。

---

① 《宪法专家：非唯一国家颁布紧急状态不应成为课题》，〔马来西亚〕星洲日报网，2021年1月28日，https://www.sinchew.com.my/content/content_2418830.html（访问时间：2021年3月3日）。
② 《紧急措施与2019 冠状病毒病：指导方针》，联合国人权高级专员办事处，2020年4月17日，https://www.ohchr.org/Documents/Events/EmergencyMeasures_COVID19_CH.pdf（访问时间：2021年3月3日）。

（二）穆希丁政府积极向民众进行解释

为了安抚民情与消除疑虑，总理穆希丁紧随国家皇宫发表元首御准在马来西亚颁布紧急状态法令的声明后，立即通过电视和网络向全国人民发表了有关紧急状态法令的特别说明。首先，穆希丁说明元首是按照宪法颁布紧急状态法令，其次，他引述20世纪60年代枢密院对沙捞越第一任州首席部长斯蒂芬·卡隆·宁坎挑战马来西亚政府一案中的判决："属于该条［《联邦宪法》第150（1）条］范围内的紧急情况不仅必须是严重的，而且必须威胁到联邦或其任何部分的安全或经济生活，该词本身的自然含义能够涵盖非常广泛的情况和事件，包括下列各种各样的事件：饥荒、地震、洪水、流行病和政府垮台。"他以此证明政府为控制日益加剧且没有减弱迹象的疫情和赈济柔佛、彭亨及吉兰丹等几个州正经历的严重洪灾而颁布紧急状态法令的合法性。

他针对引起疑虑的各项重点做出了保证和说明，包括以下内容。

（1）该紧急状态并非军事政变，也不会执行宵禁。民选政府将继续操作。在政府行政管理方面，内阁和州执行委员会将继续根据联邦宪法以及不时由元首颁布的任何法令行使职能，联邦和州政府的行政机制和公共服务不会受到紧急状态声明的干扰。

（2）在整个紧急状态期间，司法审讯将继续，以维护法律和正义。国盟政府将继续维护司法独立，决不干预法院事务。换句话说，谣传政府将在紧急状态期间撤销对前首相纳吉布和巫统主席扎希德等人的司法诉讼情况不但不会发生，审讯还会继续进行。

（3）经济活动将继续根据已定的"标准作业程序"和"行动管制令"进行。政府将确保经济活动不会停止，让人民能够继续工作，商业、贸易和工业能够继续照常进行。

（4）元首可以颁布旨在打击破坏经济、垄断和疫情时期物价飞涨的条例，并可能采取更严格的执法行动和处以更重的罚款。

（5）政府需要拥有一定的权力以更有效地遏制疫情，保障为人民提供的医疗服务不至于陷入停滞状态；元首可根据情况颁布任何必要的法令，包

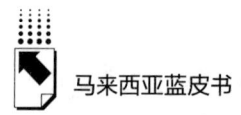

括使用私营医院资产,如土地、建筑物或相关动产,或使用私人医院资源治疗患者,以减轻政府机构,特别是公立医院的负担。

(6)为加强边境管制,将授权军人行使警察和移民局官员的权力,逮捕非法移民和闯入国家边界的任何人;修正1988年《预防和控制传染病法》,加重违反控制疫情法规者的处罚。

(7)为确保公正透明地执行紧急状态法令,将设立独立特别委员会,以针对疫情发展为元首提供维持、延长或提早结束紧急状态的建议。

(8)元首颁布的所有法令都将在宪报上公布并向人民公布。

(9)国会和州议会将不会召开会议,直到元首规定的时间为止。

(10)避免发生沙巴州选后疫情蔓延的情况,人们不希望举行选举,因此将不会举行大选,州选举和补选。

针对有些政党要求举行选举一事,穆希丁强调他无意阻止选举,并承诺在独立特别委员会建议疫情消退或完全恢复,可以安全举行大选时,立即举行大选。他还提醒所有政治人物在国家和人民面临巨大伤害的情况下,应放下分歧,和人民站在一起,以负责任的方式进行政治活动。他也强烈警告,政府将采取严厉行动对付任何试图破坏政府管理疫情和恢复经济努力者,以谋求人民福祉和国家安全。①

(三)市民社会及反对派阵营继续发出挑战

然而穆希丁虽然在其长达11页的紧急状态演讲中做出各种保障并软硬兼施,却无法阻止来自市民社会、反对阵营,包括希盟下属的人民公正党、民主行动党、国家诚信党,甚至国盟政府内巫统以官司缠身者为主的巫统领导扎希德和纳吉布、坚持捍卫巫统老大地位的元老东姑·拉萨里(Tengku Razaleigh bin Tengku Mohd Hamzah)、柔佛州署理主席诺·加兹兰(Nur Jazlan Mohamed)和最高理事弗亚·查卡希(Mohd Puad Zarkashi)等人的挑

---

① Speech Text of The Special Announcement of Emergency, YAB Tan Sri Dato'Haji Muhyiddin Bin Haji Mohd Yassin, Prime Minister of Malaysia, January 12, 2021, https://www.pmo.gov.my/2021/01/teks-ucapan-pengumuman-khas-darurat/(访问时间:2021年3月3日)。

2021年马来西亚颁布紧急状态法令的政治背景

战。他们坚持,紧急状态法令的颁布是穆希丁政府祭出的"政权救命符",新冠肺炎疫情不过是合理化紧急状态的借口。

在穆希丁发表演讲后的同日下午,巫统硝山国会议员纳兹里宣布撤回对穆希丁的支持①,这使穆希丁的国会议员支持人数下降到109名,跌到国会议员总人数的半数以下。如果纳兹里的这项宣布发生在紧急状态宣布之前,或许将引发马来西亚政局巨变,至于为什么他选择在马樟(Machang)国会议员拿督阿末嘉兹兰宣布撤回对国盟政府的支持后的第三天才做出这项宣布,是否只为了向穆希丁施压而不是要他倒台,则不得而知。演讲发表当天,净选盟(Bersih)、伊斯兰青年运动(ABIM)、伊斯兰友好协会(IKRAM)、隆雪华堂及行动方略联盟5个公民组织联合发表文告,批评国盟政府以对抗疫情为由宣布全国进入紧急状态导致议会民主瘫痪;除了冻结国、州议会的运作,也不能进行选举,不利于国家民主发展。他们质疑这是穆希丁政府在巫统威胁终止与国盟的合作关系,导致政权摇摇欲坠的情况下,借颁布紧急状态法令避免政府垮台。他们认为应该继续允许召开国、州议会。然而令人不解的是,他们一方面认为可在严守防疫标准作业程序下或通过电子投票进行全国或州选举或允许进行补选以填补有关空缺,另一方面却表示在当前疫情尚未受控下,各政党应避免为达到各自政治议程,而进行毫无必要的闪电大选,加剧疫情扩散。②

两天后,国会反对党领袖安瓦尔致函所有国会议员,呼吁议员们在该周周五前上书国家元首恳请撤回紧急状态的颁布令,并谕令国会会议在1月31日前召开。他指出支持穆希丁的国会议员人数减少后,穆希丁向陛下提出颁布紧急状态法令的建议不再合法。③ 1月23日,安瓦尔声称,反对国盟

---

① 《撤回对穆希丁支持!纳兹里:国盟政府不再获大部分支持》,〔马来西亚〕星洲日报网,2021年1月12日,https://www.sinchew.com.my/content/content_2409354.html(访问时间:2021年3月3日)。
② 《紧急状态瘫痪议会民主,五民间组织抨国盟滥权》,〔马来西亚〕当今大马网,2021年1月12日,https://www.malaysiakini.com/news/558689(访问时间:2021年3月3日)。
③ 《安华致函议员 促上书元首撤紧急状态》,〔马来西亚〕南洋商报网,2021年1月23日,https://www.enanyang.my/安华致函议员促上书元首撤紧急状态(访问时间:2021年3月3日)。

105

政府提出紧急状态的国会议员人数已达到 114 或 115 名，这数字足以要求国家元首苏丹阿卜杜拉陛下重新考虑并立即召开国会会议。① 1 月 25 日，安瓦尔入禀法庭，起诉总理穆希丁和国盟政府向国家元首提出在全国进入紧急状态下暂停国会运作的非法建议。他在宣誓书中指出总理穆希丁的建议是不曾发生且不符合联邦宪法的。② 1 月 27 日，国家诚信党新邦二南州议员沙拉胡丁·阿育（Salahuddin Ayub）、人民公正党峩仑州议员佐哈里·阿都（Johari bin Abdul），以及民主行动党德彬丁宜州议员阿都阿兹·巴里（Abdul Aziz Bari）3 名希盟议员也入禀法庭指控总理穆希丁在国家颁布紧急状态法令期间终止国会开会的举动是不合法和抵触联邦宪法的。③ 值得一提的是，安瓦尔及 3 位希盟议员入禀法庭后，都借由第三者清楚表达他们的举动并非挑战国家元首颁布的紧急状态法令，而是在紧急状态期间冻结召开国会及州议会抵触了联邦宪法。即便如此，截至 2 月初，全国各地的警方，包括霹雳、吉隆坡和森美兰州芙蓉分别接到 13 份针对安瓦尔的报案，指控他试图挑战国家元首颁布紧急状态法令的绝对权力，涉嫌煽动人民、危害国家安全，要求警方彻查。④

（四）最高法院驳回司法挑战，国盟地位难以动摇

3 月 11 日，高庭根据联邦宪法 150（8）条，裁决由国家元首颁布的任

---

① 《安华：达 114 或 115 国议员　足够人数拒绝紧急状态》，〔马来西亚〕南洋商报网，2021 年 01 月 23 日，https://www.enanyang.my/政治/安华达 114 或 115 国议员足够人数拒绝紧急状态（访问时间：2021 年 3 月 3 日）。

② 《安华入禀法庭　起诉首相和国盟向元首提非法建议》，〔马来西亚〕诗华日报网，2021 年 1 月 26 日，https://news.seehua.com/?p=655077（访问时间：2021 年 3 月 3 日）。

③ 《希盟：入禀高庭为确认国州议会停摆是否违宪　不是挑战紧急状态》，〔马来西亚〕星洲日报网，2021 年 1 月 28 日，https://www.sinchew.com.my/content/content_2418865.html（访问时间：2021 年 3 月 3 日）。

④ 《警方接获三份报案下，查安华挑战元首颁紧》，〔马来西亚〕当今大马网，2021 年 1 月 28 日，https://www.malaysiakini.com/news/560752（访问时间：2021 年 3 月 3 日）；《挑战紧急状态受调查　安华：愿与警方合作》，〔马来西亚〕中国报网，2021 年 2 月 3 日，https://www.chinapress.com.my/20210203/挑战紧急状态受调查-安华愿与警方合作/（访问时间：2021 年 3 月 3 日）。

2021年马来西亚颁布紧急状态法令的政治背景

何紧急状态法令和紧急条例不能受到司法挑战,其不但符合宪法而且有效,驳回希盟对议会停摆的诉讼,因为元首颁紧急法令并不违宪。① 但由于公民团体与反对党不断要求召开国会,2月24日国家皇宫总管阿末法迪尔在元首接见了国会上议院主席莱士·雅丁(Rais bin Yatim)和下议院议长阿兹哈(Azhar Azizan Harun)后发表文告传达最高元首的看法,即在紧急状态期间,国会可在总理的劝告下及国家元首认为适当的日期下召开会议。② 换句话说,国会能否召开取决于总理是否向元首提出建议。就国会何时召开的追问,掌管国会及法律事务的总理署部长达基尤丁(Takiyuddin bin Hassan)直接表达了内阁的鲜明立场,即内阁已向国家元首提出建议,国会不会在紧急状态期间召开会议。他说,国家皇宫的文告表示如果要召开国会,必须要根据内阁决定,而现在内阁也已向国家元首提出不召开国会的建议。此外,他指出现有的220名国会议员中有77人年龄介于61~69岁,属于高风险群体,且2021年紧急状态(必须权力)条例第14(1)条阐明,紧急状态期间不会召开国会或解散国会,元首可在宪报上颁布条例,因此没有召开国会的必要。此外,展延国会可让国会议员能够专注在他们选区的抗疫工作。他也强调,不召开国会会议是基于法律及科学和数据理由,国会议员也被定义为"前线人员"。③ 当限行令逐渐放宽、议员逐一接种疫苗后④,他再以

---

① 《高庭驳回希盟挑战议会停摆 元首颁紧急法令不违宪》,〔马来西亚〕星洲日报网,2021年3月11日 https://www.sinchew.com.my/content/content_2441032.html(访问时间:2021年3月23日)。
② 《国家元首:紧急状态下 国会可召开》,〔马来西亚〕东方online,2021年2月24日,https://www.orientaldaily.com.my/index.php/news/nation/2021/02/24/394689(访问时间:2021年3月23日)。
③ 《紧急状态期间不会召开国会》,〔马来西亚〕东方online,2021年3月3日,https://www.orientaldaily.com.my/news/nation/2021/03/03/396156(访问时间:2021年3月23日);《3理由紧急状态不开国会 达基尤丁:近半高风险》,〔马来西亚〕星洲日报网,2021年3月3日,https://www.sinchew.com.my/content/content_2436518.html(访问时间:2021年3月23日)。
④ 《林吉祥:全体议员已接种 "应在4月底前开国会"》,〔马来西亚〕星洲日报网,2021年3月19日,https://www.sinchew.com.my/content/content_2445346.html(访问时间:2021年3月23日)。

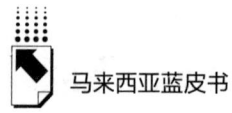

1969年紧急状态实施两年未召开国会为例,说明不召开国会不会影响国家行政作为回复。①

然而,即使人民厌恶国盟通过"喜来登政变"执政,也对希盟内部权争引致其倒台大失所望,普遍希望通过大选还政于民多于让希盟通过拉拢议员的支持重新上台执政,但是无论在野党或国盟内的反对派如何挑起事端、极力抨击,均无法形成足以威胁国盟政府的压力。3月12日,在野党及非政府组织结束紧急状态委员会,设立网站https://tamatdarurat.com,呼吁民众到该网站签署请愿书,希望在斋戒月前收集到最多的签名提呈国家元首,吁请元首结束紧急状态。然而,直到3月23日,却只收集到1.6307万个签名,远远落后于过去有些课题一天内即可收集到数万个甚至数十万个签名的情况。②

四 紧急状态实施后的政治发展

就马来西亚政治层面,紧急状态以后的各党博弈依旧激烈,除了前述对颁布紧急法令终止国会与州议会的争论,政党联盟内外议员也互相拉拢、各行其是和进行"跨"政党联盟合作等。人民公正党3名国会议员相继退出人民公正党,以独立议员身份支持总理及国盟政府③,这使穆希丁的支持票

---

① 《达基尤丁:以1969年为例 不开国会不影响行政》,〔马来西亚〕星洲日报网,2021年3月21日,https://www.sinchew.com.my/content/content_2446754.html(访问时间:2021年3月23日)。

② 《在野党及非政府组织等组委员会 吁元首结束紧急状态》,〔马来西亚〕东方online,2021年3月12日,https://www.orientaldaily.com.my/news/nation/2021/03/12/397975(访问时间:2021年3月23日)。

③ 《希盟:政府滥用执法机构"施压反对党议员支持首相"》,〔马来西亚〕中国报网,2021年3月5日,https://www.chinapress.com.my/20210305/希盟:政府滥用执法机构–施压反对党议员支持首相/(访问时间:2021年3月23日);《安华:蓝眼5国会议员 被威迫利诱挺国盟》,〔马来西亚〕东方online,2021年3月16日,https://www.orientaldaily.com.my/index.php/news/nation/2021/03/16/398894(访问时间:2021年3月23日);《希维尔宣布退出公正党 独立议员身份支持国盟政府》,〔马来西亚〕星洲日报网,2021年3月13日,https://www.sinchew.com.my/content/content_2441892.html(访问时间:2021年3月23日)。

数从109票增加到112票,超过了总国会议员人数的半数两票;霹雳州端洛州议员杨祖强在2020年退出民主行动党一年后加入土团党,成为没有投票权的附属党员。①

2月26日巫统主席扎希德发函土团党兼国盟主席穆希丁,通知巫统在2月19日的最高理事会会议中做出的两项议决:不和土团党合作参与第15届大选及和国盟政府的合作将持续到解散国会为止。② 土团党在3月4日召开最高理事会后,针对扎希德的信函做出了三点议决,严肃看待有关信函的内容,因为这将对巫统、土团党和国盟间的合作产生重大影响;土团党议决继续专注于加强和国盟成员党即伊斯兰教党、沙巴立新党、沙巴进步党和民政党的合作,为人民真诚奋斗,以赢取下届大选;土团党也认为在总理穆希丁领导下的国盟政府依旧良好运作,为人民服务。③

3月4日,巫统主席扎希德在未获得国阵成员党的同意下单方面以国阵主席名义发布媒体文告,要求国家元首谕令尽快召开国会,结果引起国阵内部反弹④,后由国阵执行秘书莫哈末沙菲利(Mohamad Sahfri Bin Ab Aziz)于第二天发出的另一份媒体文告,将事件归咎于国阵秘书处一名职员的疏忽,并宣布该名职员停职一个月以方便内部调查而草草了事。3月21日,扎希德列举数项理由施压国盟政府召开国会,包括国会可以在线上召开;众多国会议员已接种新冠病毒疫苗;大部分活动已获准运作,国会没有理由持续休会。⑤ 扎希德一再漠视国阵成员党参与决策的权利,凸显了他的专断霸

---

① 《杨祖强加入土团党 或引发支持者追随跳槽》,〔马来西亚〕东方online,2021年3月5日,https://www.orientaldaily.com.my/news/north/2021/03/05/396634(访问时间:2021年3月23日)。
② 巫统主席志期2021年2月26日,编号:UMNO/R/PRES/11/Jld.01/57 公函。
③ Dato' Seri Hamzah Zainuddin, Kenyataan Media Parti Pribumi Bersatu Malaysia, Mac 4, 2021, Putrajaya.
④ 《否认扎希声明国阵没要求元首谕令速召开国会》,〔马来西亚〕东方online,2021年3月5日,https://www.orientaldaily.com.my/news/nation/2021/03/05/396588(访问时间:2021年3月23日)。
⑤ 《扎希再施压要求召开国会》,(马来西亚)东方online,2021年3月21日,https://www.orientaldaily.com.my/news/nation/2021/03/21/399978(访问时间:2021年3月23日)。

权,不只政治势力薄弱的国阵成员党马华和印度人国大党对他的专横无可奈何,在国盟政府内阁中出任官职的巫统领袖也因此处境尴尬,夹在扎希德和穆希丁之间扮演左右拉扯,平衡双方的角色,巫统朝"野"领导层立场分裂明显。8月9日,在巫统公开一份提呈给国家元首的信函,证实14名巫统国会议员已撤回对穆希丁的支持和希盟及其他反对党的105名国会议员,也于同日致函元首表明不支持穆希丁后,穆希丁用尽一切方式争取支持依旧失败,于8月16日宣布辞去总理职①,由巫统伊斯梅尔·萨布里(Ismail Sabri Yaakob)接任,虽然为了执政考量,土团党领导的国盟议员依旧留在内阁,土团党成为执政党之一,但巫统和土团党的关系已近决裂,接下来的大选结果在很大程度上取决于徘徊于两党之间的伊斯兰教党如何取舍或居间协调了。

"喜来登政变"后的马来西亚政局跌宕起伏,越演越烈,与同时发生的新冠肺炎疫情管控课题纠缠在一起。2021年的紧急状态和疫情管控不能完全切割;然而,在世界多个颁布紧急状态法令以防控疫情的国家并未终止国会运作的情况下,将马来西亚的紧急状态认定为国盟政府借以维系政权的看法有其理据。除非下届大选出现某个单一政党赢得决定性多数的国会议席,取得足够、稳定且难以撼动的组阁国会议席数额,否则期待通过大选,以还政于民的方式解决政治困局,恐成泡影,政局动荡仍将持续。马来西亚什么时候才能渡过首次执政党轮替后的"阵痛",下届大选的结果能否终止目前的动荡与多变,情况依旧难测。

---

① 《穆希丁宣布辞职 谴责有人夺权"我不会与盗贼为伍"》,〔马来西亚〕东方online,2021年8月16日,https://www.orientaldaily.com.my/news/nation/2021/08/16/431438(访问时间:2021年10月5日)。

B.7
近年王权在马来西亚政权更迭中的作用和影响

范若兰 彭健*

摘 要: 2018年大选马来西亚实现政权轮替,政局剧变,"多极"与权力碎片化加剧,尤其是2020年的"喜来登政变"及其引发的一系列联邦和州政权更迭,为王权干政提供了前所未有的机会,国家最高元首和苏丹们在总理和州务大臣人选确定上发挥了重要作用。王权干政有助于迅速稳定政局,但在一定程度上也违背了马来西亚长期实行的"虚位元首"以及民选原则,这可能会影响马来西亚的政治民主转型。

关键词: 喜来登政变 苏丹 王权 马来西亚

2020年2月,马来西亚发生震动政坛的"喜来登政变"(亦称"二月政变"),在随后的一周中,政局扑朔迷离,国家最高元首通过逐个询问议员的方式,选定穆希丁为总理。这种遴选总理的方式以及最高元首在政权更迭中发挥的主导作用,在马来西亚是史无前例的。之后,联邦政府权力更迭很快在地方州一级政权形成了多米诺骨牌效应,一场又一场"政变"相继在各州上演,柔佛、霹雳、吉打、马六甲等州的苏丹和州元首们也开始扮演类似于最高元首的角色,在各自州的政权更迭中发挥了前所未有的作用,王

---

* 范若兰,博士,中山大学国际关系学院、东南亚研究所教授,博士生导师,主要从事东南亚政治与宗教、马来西亚研究。彭健,中山大学国际关系学院2018级硕士研究生。

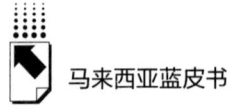

权呈现了集体崛起的势头。

马来西亚是君主立宪制,国家最高元首由各州苏丹组成的"统治者会议"选举产生,任期5年,不得连任,属于"虚位元首",在政治上没有实权。尤其是在以巫统为核心的"国阵"威权统治时期,无论是最高元首还是地方各州统治者,都无法对政治发挥实质性的影响。马来西亚民主转型带来政治剧变,为王权干政提供了空间和机遇。那么,2020年国家元首和州苏丹如何干预"喜来登政变"和州"政变"?为什么他们能在政权更迭中发挥重要作用?王权崛起对马来西亚民主政治发展会产生什么影响?这些都是值得深入研究的问题。

一 王权在2020年马来西亚政权更迭中的作用

(一)"喜来登政变"中国家最高元首的作用

2018年大选使马来西亚政坛发生了历史性的变化,结束了由巫统主导的国民阵线长期执政的局面,由多个政党组成的希望联盟(希盟)上台执政,马来西亚第一次出现政权轮替。新政权面临十分复杂的局面,内部又存在严重矛盾,希盟掌权不到两年,马来西亚便爆发了惊人的"喜来登政变"。

此次政变在2020年2月21日最先掀起波澜。当天,希盟中的人民公正党、国家诚信党与民主行动党达成一致协议,促请马哈蒂尔在本年内兑现承诺将总理职位让与安瓦尔,并为此做出相应的人事安排。但是这遭到土著团结党(土团党)的坚决反对,他们表示拥护马哈蒂尔继续留任直到新的大选举行。①而马哈蒂尔本人对交接权力的日期也态度暧昧,并未给出具体回应。人民公正党内的阿兹敏由于与安瓦尔的矛盾已经公开化,便于2月23

---

① 余秘叶:《蓝眼火箭诚信达共识交棒配套三选择》,〔马来西亚〕星洲日报网,2020年2月21日,https://www.sinchew.com.my/content/content_2220954.html(访问时间:2020年8月10日)。

日在喜来登酒店召开集会，人民公正党阿兹敏派系成员及土团党成员出席。马哈蒂尔面对"逼宫"，于24日辞去总理职务，想以此法让自己重新掌握主动权，从待人打造的"王"变成"造王者"。国家最高元首任命马哈蒂尔为临时总理，直到新总理选出为止。

马哈蒂尔辞去总理职务立刻引发马来西亚政坛变动，选出新总理组建新政府迫在眉睫，最高元首阿卜杜拉主持大局，采取史无前例的一对一会面国会议员，询问议员是否支持解散议会以及是否支持马哈蒂尔、安瓦尔或穆希丁出任总理。① 会晤持续两天时间，元首面见了所有222名国会议员，但是蹊跷的是元首并未在会见结束的26日当天公布问询结果。

同时，各党派一直在进行政治操作以夺取总理职位。人民公正党阿兹敏派系的十余名国会议员加入土团党支持穆希丁担任总理；2月28日，巫统及伊斯兰教党宣布支持穆希丁。此时穆希丁已获得了96位议员的声援，支持安瓦尔的则有92名希盟三党议员②。2月29日，穆希丁带领巫统、伊斯兰教党的领袖抢先觐见元首，称自己获得沙捞越和沙巴的国会议员支持，已获得简单多数席位，可以出任总理。③ 国家最高元首随即宣布对他的任命，穆希丁于3月1日正式宣誓就职。④ 由马哈蒂尔辞职引发的夺位之争告一段落，土团党与伊斯兰教党、巫统联合的国民联盟组成了新的中央政府。

回顾"喜来登政变"前后的政局，最高元首似乎扮演着中立的调停者、仲裁者角色，接近于"虚位元首"的准则。但是仔细分析，可以窥见元首为穆希丁担任总理发挥了最重要的作用。第一，2月25～26日，最高元首逐个询问222名全体议员支持的总理人选，由此元首理应能够知道谁获得了多数支持，但26日当天最高元首并未及时公布统计结果。分析认为此次问

---

① 《非一般元首、非一般做法：大马史上头一遭》，〔马来西亚〕中国报网，2020年2月25日，https：//www.chinapress.com.my/? p = 1918796（访问时间：2020年8月10日）。

② 范晓琪：《马国96议员支持穆希丁任首相，人数超过安瓦尔》，〔新加坡〕《联合早报》2020年2月29日。

③ 《分秒必争，进宫前穆希丁家中策划》，〔马来西亚〕中国报网，2020年2月29日，https：//www.chinapress.com.my/20200229/（访问时间：2020年8月10日）。

④ 《元首宣布穆希丁出任第八任首相》，〔马来西亚〕《星洲日报》2020年2月29日。

询的结果可能是安瓦尔获得相对多数支持，因为国会中的最大势力希盟在25日晚间就已经决定支持安瓦尔出任总理。据统计，安瓦尔至少能在会晤中得到97票的支持，马哈蒂尔最多只有71票①，而穆希丁得票最少，因为此时伊斯兰教党、巫统都还未表示支持穆希丁，即便土团党全部议员都支持他，穆希丁也达不到多数支持，更不用说土团党中也有部分人依旧支持马哈蒂尔。面对这一情况，元首没有立刻公布问询结果，这一行为有拒绝任命安瓦尔为总理的嫌疑，并非真正扮演中立角色；但因为安瓦尔所获支持票数没有超过半数，最高元首不任命他为总理也符合法理。

第二，2月29日上午9时30分，马哈蒂尔通过媒体表示，已经重新和希盟达成协议，希盟全体支持自己担任总理，马哈蒂尔因此再度宣称自己拥有了超过114席的多数支持。另外，由于穆希丁与巫统、伊斯兰教党开启了合作，许多土团党议员因为厌恶巫统，选择背弃穆希丁，比如土团党的青年团主席赛沙迪称，他与多个土团国会议员都没有签署支持穆希丁出任总理的文件。② 但是，穆希丁抢先一步，在上午10时觐见国家元首，称自己获得了土团党所有议员、巫统、伊斯兰教党及沙捞越和沙巴国会议员的支持，获得了多数支持。随后，马哈蒂尔也要求觐见元首，意欲阐明自己已经获得114席位的多数支持，但是被元首拒绝接见。③ 最终，最高元首选择相信穆希丁，而且与2月26日不公布咨询结果的行为完全不同，雷厉风行地于当天下午4时便宣布了对穆希丁的任命。因此，任命穆希丁出任总理堪称最高元首的主观选择。

第三，最高元首发挥主导作用的另一个体现是，他拥有选择解决此次政变方式的权力。除了采取面见议员确定人选的方式外，各方势力也提出了不

---

① 《达成共识临时转态，"希盟"3党挺安瓦尔任相》，〔马来西亚〕星洲日报网，2020年2月26日，https：//www.sinchew.com.my/content/content_2223681.html（访问时间：2020年8月10日）。
② 《滚动报道：马来西亚政坛嬗变第七天》，〔马来西亚〕当今大马网，2020年3月1日，https：//m.malaysiakini.com/news/512539（访问时间：2020年8月11日）。
③ 《敦马承认元首拒绝再见他》，〔马来西亚〕中国报网，2020年3月1日，https：//www.chinapress.com.my/20200301/（访问时间：2020年8月11日）。

同的解决方案。比如过渡总理马哈蒂尔曾在 2 月 27 日宣布他将在 3 月 2 日召开一次国会下议院特别会议，公开选举新任总理。但是他这一要求被国会议长阿里夫拒绝。阿里夫称，他于 2 月 28 日两度觐见最高元首，元首并不考虑马哈蒂尔的建议，所以拒绝召开特别会议。① 另外，在野党巫统多次提出解散议会，重新举行大选，以确定民心所向，但也未得到最高元首同意。最高元首最终选择了会见议员和政党领袖这一非公开透明的方式确定总理人选，实质上是为了保留他对总理人选的选择权和决定权。

综上所述，穆希丁的上台在很大程度上是最高元首主观选择的结果。所以，穆希丁领导的由土团党、巫统及伊斯兰教党组成的国盟政府一上台就遭到许多舆论诟病，甚至被许多反对人士称为"后门政府"②，而英国《卫报》社论更毫不讳言地称此次政变表明马来君主推翻了历史性的选举结果，堪称一场"王室政变"（Royal Coup）。③

（二）多州政权更迭下的苏丹角色

"喜来登政变"在国家最高元首阿卜杜拉的干预下暂时落下帷幕，但是联邦政权的更迭很快在地方州一级政权形成了多米诺骨牌效应，多场"政变"相继在各州上演，包括柔佛、马六甲、霹雳、吉打和沙巴。柔佛、霹雳和吉打州由马来苏丹统治，马六甲和沙巴的统治者不是苏丹，而是州长，因此只分析苏丹们在"政变"扮演的重要角色。

最先发生政权更迭的是柔佛州。④ 当"喜来登政变"的风波袭来时，柔

---

① 《"元首宣布后才考虑"，国会议长否决 302 会议》，〔马来西亚〕当今大马网，2020 年 2 月 28 日，https：//www.malaysiakini.com/news/512547（访问时间：2020 年 8 月 11 日）。
② 《"我没投穆希丁"，百人集会拒绝后门政府》，〔马来西亚〕当今大马网，2020 年 2 月 29 日，https：//www.malaysiakini.com/news/512639（访问时间：2020 年 8 月 11 日）。
③ The Guardian view on a royal coup: a king overturns a historic election Editorial，The Guardian，March 3，2020，https：//www.theguardian.com/commentisfree/2020/mar/03/the - guardian - view - on - a - royal - coup - a - king - overturns - a - historic - election（访问时间：2020 年 7 月 29 日）。
④ 柔佛州议会共 56 席，希盟原先共夺得 39 席，其中土团党共有 11 席，其余 17 席为国阵及伊斯兰教党占据。随着土团党退出希盟并与国阵、伊斯兰教党结成联盟，柔佛州便形成 28∶28 的"悬峙政府"。

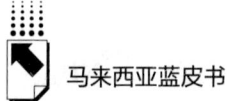

佛苏丹第一个出手确认柔佛希盟政府失去了多数党的地位。2020年2月26日柔佛苏丹与最高元首一样，逐个召见州议会议员，并在两位议员缺席的情况下，宣布国盟以28票（希盟26票）取代希盟执掌柔佛州政权。① 但是如果加上两位缺席议员的票数，希盟很可能就与国盟取得相等数量席位，依然能保持执政党的地位。政权发生更迭后的翌日，希盟的议员颜碧贞表示，希盟仍然有28名议员支持，与国盟票数相当。② 也就是说，如果苏丹不急于确认希盟倒台，而是再等其余两位议员表态，政权是不一定会发生更迭的。

但是事态很快发生扭转，原希盟行动党议员张发虎变节退党，支持国盟，至此国盟终于得到柔佛州议会多数党地位，成为无可争辩的执政党。③ 希盟并不甘心就此失去政权，多次请求苏丹召开特别会议，以便发动对国盟政府的不信任动议，但是被苏丹拒绝。④ 而普通州议会召开的时间也迟迟没有定下，这阻碍了希盟实行此计划，致使其无法重新夺权。⑤ 此原因又在于苏丹，他拒绝希盟召开特别会议的建议，之后到5月临近预定的议会会议日期时，柔佛州苏丹警告该州议员："目前大马及柔州深受2019新型冠状病毒之影响，人民身处水深火热之中，各党派议员不可因一己之私而忘却人民的痛苦，趁机争权夺利，散播分裂病毒（Virus Perpecahan），使政治动荡威胁国家的政治、经济发展。"⑥ 此话明显暗示希盟不可再在议会开会

---

① 《"希盟"崩盘柔州"希盟"倒台换土团"国阵"掌权》,〔马来西亚〕中国报网,2020年2月27日,http://johor.chinapress.com.my/20200227/（访问时间：2020年8月11日）。
② 《颜碧贞："希盟"获28议员支持,或呈新大臣不信任动议》,〔马来西亚〕星洲日报网,2020年2月29日,https://www.sinchew.com.my/content/content_2225631.html（访问时间：2020年8月11日）。
③ 《张发虎退党自立挺国盟,柔佛新政府掌握多数》,〔马来西亚〕当今大马网,2020年3月4日,https://www.malaysiakini.com/news/513227（访问时间：2020年8月11日）。
④ 《柔苏丹否决,州特别议会开不成》,〔马来西亚〕中国报网,2020年3月12日,http://johor.chinapress.com.my/20200312/（访问时间：2020年8月11日）。
⑤ 《立法会议无法召开,柔"希盟"提不信任动议受阻》,〔马来西亚〕东方日报网,2020年3月13日,https://www.orientaldaily.com.my/news/south/2020/03/12/330746（访问时间：2020年8月11日）。
⑥ 《柔苏丹：疫情当前 勿争权夺利散播"分裂病毒"》,〔马来西亚〕星洲日报网,2020年5月14日,https://www.sinchew.com.my/content/content_2271354.html（访问时间：2020年8月11日）。

时掀起任何政治风波。此外，苏丹还通过议会议长苏海山对所有议员下达指示，明确要求他们在议会中不得有任何的扰乱行动。① 苏丹的御令果真得到响应和遵守——柔佛州国家诚信党主席阿米诺胡达代表希盟表示：希盟将遵守苏丹陛下的御令，不会在即将到来的议会中对州务大臣哈斯尼进行不信任动议。② 于是，柔佛州国盟新政权在该州苏丹的强力保障下得以延续。

霹雳州也同样发生"政变"。包括州务大臣阿末法依扎（土团党）在内的 4 名原希盟成员改旗易帜投向国盟，国盟席位由 28 席增至 32 席，成功夺得州政权。③ 由于先前霹雳州王储不赞同解散议会，霹雳州的希盟未提出重新选举的要求。而巫统、伊斯兰教党与土团党则各自提交州务大臣候选人，由霹雳州苏丹亲自遴选。④ 最终，苏丹选择阿末法依扎继续担任州务大臣。

随后发生"政变"的是吉打州。"喜来登政变"发生之初，吉打州州务大臣慕克里兹立刻与该州的土团党议员取得一致意见，继续保持合作，因此暂时保住了政权。但是时至 5 月，风云突变，两名亲阿兹敏派系的人民公正党议员退党，加入国民联盟，致使希盟政府的地位岌岌可危。⑤ 随后吉打州苏丹也依照中央遴选总理的做法，逐个会见州议会议员⑥，最后确定希盟州政府倒台，并任命伊斯兰教党莫哈末·沙努西出任州务大臣。

---

① 《马国柔佛州"希盟"不呈不信任大臣动议》，〔新加坡〕联合早报网，2020 年 5 月 12 日，https：//www.zaobao.com.sg/realtime/world/story20200512 - 1052696（访问时间：2020 年 8 月 12 日）。

② 《传谈妥不在 514 州会发难 柔国盟料不动议换议长》，〔马来西亚〕星洲日报网，2020 年 5 月 12 日，https：//www.sinchew.com.my/content/content_ 2268174.html（访问时间：2020 年 8 月 12 日）。

③ 《4"希盟"议员变节，霹州变天几无悬念》，〔马来西亚〕中国报网，2020 年 3 月 2 日，https：//www.chinapress.com.my/20191112/1799943/（访问时间：2020 年 8 月 11 日）。

④ 《霹王室总管：选出可获议员信任者 "苏丹将决定大臣人选"》，〔马来西亚〕星洲日报网，2020 年 3 月 10 日，https：//www.sinchew.com.my/content/content_ 2231279.html（访问时间：2020 年 8 月 11 日）。

⑤ 《吉打州政权演变》，〔马来西亚〕东方日报网，2020 年 5 月 12 日，https：//www.orientaldaily.com.my/news/north/2020/05/12/340303（访问时间：2020 年 8 月 7 日）。

⑥ 《变天在即，吉苏丹早午两阶段接见 36 议员》，〔马来西亚〕中国报网，2020 年 5 月 15 日，https：//www.chinapress.com.my/20200515/（访问时间：2020 年 8 月 7 日）。

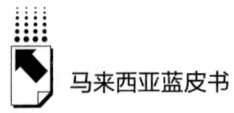

在马六甲和沙巴这两个非苏丹统治的州，对于"政变"的处理方式有所不同。

"喜来登政变"后，马六甲州土团党退出希盟并与巫统联合，加之马六甲州民主行动党议员诺依占和人民公正党议员莫哈末再拉尼倒戈，国民联盟成为多数党，马六甲国盟向州长莫哈末卡里提出申请，要求取代希盟政府。① 当时马六甲州州务大臣阿德里要求州长解散议会，重新选举，遭到州长拒绝并要求他立刻辞职，希盟州政府倒台。随后焦点转移至州务大臣人选上，巫统与土团党及新加入的两名议员未能达成一致意见，不得不直接将所有国盟议员的名单提供给州长遴选，最终州长选择巫统议员苏莱曼成为新任州务大臣。马六甲州的"政变"过程比较简单，各方势力虽有角力，但是比较服从州长的指示，当国盟新任州务大臣"难产"之际，选择提交所有国盟议员名单以供元首遴选是十分罕见的决定。过去往往由执政党提交几个乃至只有一个人选让州长做形式上的任命，但是此次却提交所有国盟议员名单，由州长决定州务大臣人选，这足以彰显州长的巨大权力。

沙巴州则是唯一解散议会重新选举的州。当希盟政权倒台后，慕沙·阿曼多方操作，终于在2020年7月30日获得33位州议员的支持，他准备觐见州长朱哈表明立场，结果被拒绝接见。② 同时朱哈火速接受了州务大臣沙菲益的建议，立刻解散议会，重新进行选举，慕沙·阿曼羞愤异常，不得不承认自己夺权失败。③ 选举结果是国盟阵营的沙民阵获胜。

从2月柔佛州最先发生政权更迭到7月沙巴州议会被解散，"喜来登政变"在地方各州引起了巨大的政治波浪。这期间国家最高元首和各州苏丹

---

① 《民行党州议员倒戈，马六甲变天》，〔新加坡〕联合早报网，2020年3月2日，https：//www.zaobao.com.sg/realtime/world/story20200302－1033623（访问时间：2020年8月11日）。

② 《慕沙阿曼一行人求见沙巴州元首遭拒》，〔马来西亚〕东方日报网，2020年7月30日，https：//www.orientaldaily.com.my/news/nation/2020/07/30/354970（访问时间：2020年8月18日）。

③ 《慕沙承认夺权失败，沙巴州议会解散》，〔马来西亚〕星洲日报网，2020年7月30日，https：//www.sinchew.com.my/content/content_2316782.html（访问时间：2020年8月11日）。

各显其能，在政权更迭中发挥着前所未有的作用。从其干预方式来看，苏丹们更倾向自己能控制总理或州务大臣人选的方式，只有非苏丹统治的沙巴州采用解散议会、重新选举的方式。

二 王权干预政权更迭的根源

（一）马来西亚政治剧变与权力碎片化

王权之所以能在"喜来登政变"及其后的一系列州政权更迭中发挥如此重要的作用，与马来西亚2008年以来，尤其是2018年以来的政治剧变有密切关联。

在2008年以前，马来西亚政治呈"单极"格局，国民阵线一党独大，王权被威权压制，几乎没有发挥政治作用的空间。2008年大选爆发"政治大海啸"，国阵第一次失去了控制国会2/3以上议席的能力，还痛失了雪兰莪、吉打等4个州的政权。随后建立的人民联盟（民联）成为与国阵势均力敌的在野党，马来西亚政治形成"二极"格局。政治剧变带来更多变数，为王权干预政治提供了空间：2008年登嘉楼和霹雳州发生国阵与民联对州政权的争夺，两州苏丹出手干预；2014年雪兰莪州苏丹影响州务大臣的任命。上述事件标志着王权的初步崛起，也是王权干预政治的预演。

2015年民主以后马来西亚各政党分化重组频繁。2015年民主行动党与伊斯兰教党因为伊斯兰刑法发生争执，导致民联解散。从伊斯兰教党分化出的国家诚信党又与人民公正党、民主行动党联合组成希望联盟。执政党巫统也出现分裂，马哈蒂尔带领部分党员退党，于2016年另组土著团结党，之后加入希望联盟。伊斯兰教党则与国民团结党组成和谐阵线。至此，马来西亚政治形成不平衡的"三足鼎立"格局。

2018年大选，执掌政权60余年的国阵只获得79席，失去政权，希望联盟大胜，获得国会113席，成功上台执政，伊斯兰教党获得18席。在州政权方面，希望联盟也大胜，获得雪兰莪、槟城、柔佛、吉打、森美兰、马六甲、霹雳、沙巴等州的政权，国阵只剩下玻璃市、彭亨、沙捞越三个州的政权，伊斯兰教党则赢得吉兰丹州、登嘉楼州政权。2018年大选是马来西亚独立以来第一次反对党赢得大选、实现政党轮替，导致政治剧变，打破了原有的权力格局。首先，国阵分崩离析，政党纷纷退出，只剩下巫统、马华公会与印度人国大党。其次，作为执政联盟的希盟实力看似强大，但实际上派系林立、内部矛盾重重，因政党理念、权力争夺、个人恩怨等而存在尖锐冲突和矛盾，最终导致"喜来登政变"发生，土团党和人民公正党的阿兹敏派系退出希望联盟。

由此可见，2018年大选后的马来西亚政治呈现碎片化格局，其主要表现是派系林立、政党分散、分化组合频繁。所谓"政治碎片化格局"，是指在权力结构中存在多股政治力量，这些政治力量派系较多，且不存在任何一个处于绝对优势的政治力量，在某些情况下这些政治力量派系进行相互制衡或开展合作，致使政治格局处于剧烈的变动之中。①

2020年马来西亚就处于这样的政治碎片化格局中，在这种情况下王权的政治空间大大扩展。一旦政局陷入困境，多股党派势力缠斗难分、无法解决，君主的作用便是至关重要的。当马哈蒂尔辞去总理职位，各政党和议员不断提出新的总理人选之时，这种瞬息万变或相持不下的局面，为最高元首提供了干预政治的机会。此外，各政党的议员可以自由转变阵营，这种蝉过别枝的"政治青蛙"趋势在马来西亚有愈演愈烈之势，因此政局的不确定性也越来越大。如此一来，国家和各州的马来统治者们便成为政治稳定的压舱石。

（二）马来西亚联邦宪法和"尼查法案"的法理依据

马来西亚最高元首和各州苏丹的王权之所以得以崛起，还与《马来西亚联邦宪法》条文对君主权力的规定具有模糊性密切相关。首先，体现在

---

① Roberto Ricciuti, "Political Fragmentation and Fiscal Outcomes," Public Choice, Vol. 118, No. 3/4, 2004, pp. 365-388.

对总理的任命上。根据《马来西亚联邦宪法》第 43 条第 1 款（甲）条例："最高元首理当依凭其判断（in his judgment）任命一名受到下议院多数人信任者担任总理职务。"① 此处宪法并未明确规定最高元首应当如何遴选出下议院的"受多数信任者"，仅仅使用了"元首的判断"这一模糊概念进行表述，说明最高元首可以通过自由选择会见各党领袖或者在下议院召开特别会议进行公开选举等手段决定总理人选，这就使最高元首极容易在政局变动时对确定总理人选产生重大甚至决定性的影响。其次，宪法中多处规定最高元首应该"根据总理的建议行事"（shall on the advice of the Prime Minister），但是宪法既未强制规定他"必须"听从总理的意见，也没有明确规定两者发生意见分歧时的处理方法。再次，联邦宪法也赋予了最高元首拒绝或者同意解散议会的权力。在国民阵线一党独大的年代，最高元首的这一权力自然仅是摆设，但是在 2020 年的"喜来登政变"中，最高元首便实际运用了拒绝部分政党（如巫统）解散议会的建议的权力，最终使穆希丁顺利上台。

州一级宪法的法令条文与联邦宪法相似，也具有相当大的模糊性。以柔佛州宪法为例，第 7 条第 1 款规定苏丹需要在州务大臣的建议下行政，但第 23 条第 2 款又规定苏丹可以解散议会，并无明确规定出现"悬峙政府"时应当如何具体操作。所以，各类模糊的条文使苏丹有很大的实际操作空间。

综上所述，《马来西亚联邦宪法》条文对君主权力的阐述具有一定的模糊性，因此最高元首对总理的听从是一种基于宪法成文的规范，而非法定的必须程序。一旦出现弱势政府，君主便可能否决政府决议，达到干预政治的目的。这一点在 2009 年"尼查法案"出台后尤为明显。② "尼查法案"显示马来西亚联邦法院事实上承认了苏丹的以下权利。第一，有谁获得议会大多

---

① 参见 Federal Constitution of Malaysia, Kuala Lumpur: the Commissioner of Law Revision, 2004, p. 44。
② 2009 年霹雳州民联政权因议员跳槽而倒台上诉至吉隆坡高级法院，要求法庭动用司法审查。强制选举委员会为霹雳九洞、美冷及章吉遮令 3 个州议席举行补选，以撤换投靠国阵的 3 名原民联成员。经过多次审判，最终联邦法院上诉法庭以 5:0 的裁决结果，一致判定民联败诉，赞比里是合法的霹雳州务大臣。此次联邦法院的宣判结果影响极其巨大，因此可以以其当事人的名字称之为"尼查法案"。

数支持的裁定权。法案称苏丹可以在州议会未投票的情况下决定谁获得大多数支持，而根据宪法苏丹应当任命得到大多数支持的人员担任大臣。因此，在没有举行议会投票的情况下，只能依据苏丹的个人主观判断考察谁获得了大多数支持。这使苏丹的个人意愿起着非常重要的作用，几乎可以左右政局的发展。比如在2009年霹雳州的宪政危机中，赞比里之所以能够上台，完全是出于霹雳州苏丹的授意。① 第二，有命令州务大臣辞职的权力。过去往往是在马来西亚的州务大臣遭受议会的不信任动议后，苏丹才会根据议会的决定行使辞退州务大臣的象征性权力。然而"尼查法案"则明确提出不信任动议不一定需要通过议会的方式，换言之，这意味着只需要苏丹个人认为州务大臣已经不被信任，就可以要求州务大臣辞职，而州务大臣即使反对，也无权拒绝苏丹的要求。第三，有决定是否解散议会的权力。《马来西亚联邦宪法》及各州的宪法都模糊地规定元首（苏丹）应当根据州务大臣的建议解散议会，但是并未明确指出苏丹是否可以拒绝州务大臣的建议。

在2009年的霹雳州宪政危机中，霹雳州苏丹曾经拒绝尼查解散议会的要求，而此行动也成为尼查在上诉法庭时宣称苏丹的行为违法的重要依据。但是最后的判决却支持了苏丹的行为。因此，"尼查法案"的颁布，也从法理上承认苏丹有权力拒绝州务大臣解散议会的建议，并非任之摆布。由于马来西亚过去是英属殖民地，其承袭的是英美法系，适用于判例法原则。此后一旦再次发生类似事件，如州苏丹直接插手干预政治，任免州务大臣乃至解散议会，都可以援引此次判例做出合乎法理的解释。因此，"尼查法案"实际上表明马来西亚的君主并非"虚位"君主，而是可以根据政局变化起主导性作用的关键角色。可见，《马来西亚联邦宪法》表述的模糊性以及"尼查法案"的出台，都极大地使马来王权对政治的干预合法化了。

---

① Ahmad Fauzi Abdul Hamid, "The Monarchy and Party Politics in Malaysia in the Era of Abdullah Ahmad Badawi (2003-09): The Resurgence of the Role of Protector," *Asian Survey*, Vol. 52, No. 5, 2012, p. 944.

(三)马来苏丹的特殊地位与利益考量

马来苏丹在传统马来社会具有无可替代的重要作用,是将马来人团结在一起的纽带。① 即使在现代这种影响也并未被磨灭,当代马来苏丹自视为马来人与马来文化的保护者,继续发挥特殊作用。比如在柔佛州,当州政府的政策和行为引发民众不满时,许多民众会通过网络方式向柔佛王储倾吐不快,要求政府进行整改,柔佛王储曾说:"每当国家遭遇重大危机时,人民便会想起王室,希望王室给予帮助。"②

当2020年马来西亚出现政局动荡和僵局时,苏丹便发挥了自己的政治作用。苏丹作为马来人的保护者,决定了他们在干预政治时以稳定局势为先,以维护马来人为重,同时也有自己的利益考量。基于以上原则,"喜来登政变"中最高元首对总理人选有明显的取舍倾向,即舍弃马哈蒂尔和安瓦尔,选择穆希丁,这其实不仅是最高元首个人选择,也得到统治者会议的赞同。

苏丹们之所以不愿让马哈蒂尔重新担任总理,主要是因为马哈蒂尔一贯强势,在第一次执政时期压制苏丹权力,2003年下野后也多次与苏丹发生冲突,多位苏丹对马哈蒂尔持负面看法。③ 他在2018年再次担任总理后,仍与苏丹有冲突。最高元首及苏丹们出于维护自身利益的考虑,不会倾向重新任命马哈蒂尔担任总理。

苏丹们也不倾向于选择安瓦尔,一是因为安瓦尔支持族群平等,主张废除扶持马来人的"新经济政策",这可能影响到马来人的利益;二是人民公

---

① Ahmad Fauzi Abdul Hamid, "The Monarchy and Party Politics in Malaysia in the Era of Abdullah Ahmad Badawi (2003–09): The Resurgence of the Role of Protector," *Asian Survey*, Vol. 52, No. 5, 2012, p. 941.
② 《王储:"子民有事钟无艳,无事夏迎春,两年预言成真"》,〔马来西亚〕中国报网,2020年1月26日,https://www.chinapress.com.my/20200126/(访问时间:2021年3月4日)。
③ 《雪苏丹不满马哈蒂尔政治U转,声称其他统治者亦然》,〔马来西亚〕当今大马网,2017年12月10日,https://www.malaysiakini.com/news/405034(访问时间:2020年8月5日)。

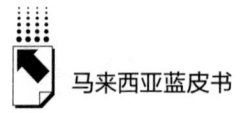

正党与民主行动党是密切的盟友,而民主行动党一向被马来人认为是"华人沙文主义"的政党。此外,2014年安瓦尔质疑雪兰莪州苏丹反对旺·阿兹莎出任州务大臣的行为,导致他的勋爵爵位被褫夺,也埋下了他与苏丹不睦的祸根。① 因此,从维护马来人绝对利益和苏丹自身利益的角度,安瓦尔都不会是马来统治者所中意的总理人选。

在这三位总理人选中,穆希丁相对来说最符合苏丹们的意愿。他坚持维护"马来人优先"政策,曾在2010年发表过"马来人优先,马来西亚人其次"的言论②,他长期担任柔佛州州务大臣,与苏丹们保持友好关系。更重要的是,如果穆希丁上台,他是相对弱势的总理,不会像马哈蒂尔那样咄咄逼人。因此,从稳定局势、维护马来人利益和苏丹自身利益的角度考量,穆希丁都是马来统治者所中意的总理人选。

三 王权干政对马来西亚政治的影响

"喜来登政变"迄今只有一年时间,目前谈论王权干政的影响似乎还为时过早。但从这一年王权的所为来看,其还是对马来西亚政治产生了一定影响。

首先,王权是维护马来西亚政局稳定的压舱石。"喜来登政变"后,马来西亚联邦和一些州政局动荡,最高元首通过技术性操作遴选穆希丁担任总理,柔佛、马六甲、霹雳、吉打、沙巴等各地方州统治者力挽狂澜把控局面。可以说,马来王权对当前马来西亚的政治乱局起到了重要的制衡作用,成为稳定政局的压舱石。"喜来登政变"遽然发生后,马来西亚出现戏剧性的"悬峙"局面。在联邦政府层面,幸得国家最高元首通过遴选的方式任命了总理,才不至于出现严重混乱。而地方各州则相继出现政权更迭的情

---

① 《苏丹褫夺安华勋衔》,〔马来西亚〕东方日报网,2014年12月4日,https://www.orientaldaily.com.my/news/nation/2014/12/04/41269(访问时间:2021年3月23日)。
② 《马来人优先违背国民团结,董总斥穆希丁言论不恰当》,〔马来西亚〕当今大马网,2010年4月2日,https://www.malaysiakini.com/news/128169(访问时间:2020年10月8日)。

况,但是某些州的执政党与反对党势力旗鼓相当,在席位上往往只有数席之差,这就使得部分议会议员待价而沽,以此谋取政治筹码,从而使政权陷入反复更迭与动荡之中。而州苏丹则是防止这种现象反复出现的重要力量。如柔佛州的希望联盟曾多次威胁提交不信任动议,但是都被柔佛州苏丹强势阻止,柔佛政权由此得以暂时稳定。总之,马来西亚王权对于当前马来西亚政治乱象有着重要的压制作用,王权将成为马来西亚政党政治不可忽视的仲裁力量。

其次,王权是决定马来西亚政治走向的重要因素。"喜来登政变"后,穆希丁领导的土团党与巫统、伊斯兰教党组成联合政府。由于土团党在国会中力量薄弱,穆希丁时刻面临严峻的内外挑战:"外有还未认输的马哈蒂尔和希望联盟,内有等着分享利益的巫统和伊斯兰教党等盟友。"① 但是他至今稳坐总理之位,与他自身的才干有关,也与最高元首的支持密不可分。

一方面,穆希丁面对的是希望联盟领袖安瓦尔的反攻。2020 年 9 月 23 日,安瓦尔声称自己重新获得 120 名以上国会议员的支持,准备觐见国家元首重组政府。② 但国家元首以身体不适为由拒绝见客,安瓦尔夺取政权的计划暂时被搁置③。待国家元首出院后,安瓦尔终于在 10 月 13 日成功觐见元首,向他表明自己获得的支持人数,并要求重新组建新政府。但是,国家元首对安瓦尔的要求态度暧昧,并未给予正面回应。次日却通过皇宫总管宣布自即日起(10 月 14 日)两周内拒绝见客,并称"由于疫情肆虐,陛下十分关心个人、皇宫官员、职员的身体健康,所以落实封锁措施"④。马来西亚

---

① 范晓琪:《穆希丁与胜的距离》,〔新加坡〕《联合早报》2020 年 3 月 8 日。
② 《安华觐见元首,李文材:不是狼来了》,〔马来西亚〕东方日报网,2020 年 10 月 16 日,https://www.orientaldaily.com.my/news/nation/2020/10/16/369529(访问时间:2021 年 3 月 23 日)。
③ 《元首住院不见客,安华无力可变天》,〔新加坡〕联合早报网,2020 年 9 月 26 日,https://www.zaobao.com.sg/special/report/politic/mypol/story20200926 - 1087876(访问时间:2021 年 3 月 24 日)。
④ 《由于疫情挪后两周,元首推迟见党领袖》,〔马来西亚〕星洲日报网,2020 年 10 月 14 日,https://www.sinchew.com.my/content/content_ 2359337.html(访问时间:2021 年 3 月 24 日)。

政局风云涌动，变化万千，一天的时间都可以导致变局，何况最高元首将安瓦尔的计划推迟两周？果不其然，此事随着时间的推迟不了了之，穆希丁再次保住了自己的总理之位。

另一方面，穆希丁还面临来自盟友巫统的挑战。巫统是国盟最大的政党，但所获内阁职位还不及土团党，导致巫统与土团党交恶，加之巫统认为重新大选有利于建立更稳定的政府，与希望联盟一样主张重新大选。对此，穆希丁以新冠肺炎疫情严重为由，于2020年10月向国家元首提出在全国实施紧急状态的建议。一旦实行紧急状态，马来西亚将暂时冻结国会，缓解穆希丁被夺权的压力。国家元首虽然拒绝了穆希丁的建议，但谕令："朕对穆希丁领导的政府表示深深的信任，但目前形势尚未到需要实行紧急状态的时刻，相信现任政府能够战胜疫情。另外，朕敦促朝野两方暂停斗争，以人民利益为重。"① 穆希丁当时虽然没能如愿实行紧急状态，但是最高元首的表态对他的支持却是成效显著，巫统与希望联盟只能"政治停火"。但是到2021年初，巫统再度发难，不少巫统议员拟撤回对穆希丁的支持，穆希丁选择再次向国家元首求助，以防止疫情为由提出实行紧急状态。国家元首十分爽快地同意了总理请求，于1月12日宣布在全国实行紧急状态至当年8月，这期间暂停一切政治活动，由穆希丁领导的内阁全权行动。通过实施紧急状态，穆希丁避免了提前大选与被夺权的危机。正如时事评论员郑丁贤所说："一纸紧急状态令，在挽救疫情之前，暂时先救了穆希丁。"②

可见，最高元首事实上对马来西亚政局走向发挥着关键的作用。他通过一系列技术性操作，包括推迟会见安瓦尔以及各党领袖、决定是否实施紧急状态，为穆希丁政府多次渡过难关提供了莫大的助力。马来西亚的未来政局走向何方，不仅取决于政党斗争，也取决于最高元首的态度。因此，马来西

---

① 《元首拒绝紧急状态，评论员：穆希丁政权或稳固至少半年》，〔马来西亚〕星洲日报网，2020年10月26日，https://www.sinchew.com.my/content/content_2366127.html（访问时间：2021年3月24日）。

② 《传更多巫统议员拟撤回对穆希丁支持　分析：宣布紧急状态暂可免国盟倒台》，〔新加坡〕联合早报网，2021年1月13日，https://www.zaobao.com/news/sea/story20210113-1115836（访问时间：2021年2月1日）。

亚王权不能说不是决定马来西亚政治走向的重要因素。

再次，王权维护旧秩序与制约民主转型。马来西亚的民主转型本应该让马来王权这一封建时代的遗存更加边缘化，然而马来西亚毕竟是一个实行了60多年威权统治的国家，民主转型时期政治权力结构的剧变，造成了当前政治碎片化格局，使王权从中觅得操控政治的权力与时机。虽然马来王权能对当前的政局起到稳定作用，但是如果其发展不能遵循合理合法、规范化的轨迹，那么必然会对马来西亚的民主政治带来负面影响。苏丹的"马来人保护者"角色和利益考量，使他们在干预政治时有自己的倾向性与选择性。

苏丹们与过去执政多年的巫统有着难以割舍的利益链条。在条件允许的情况下，苏丹很可能通过恢复旧秩序的方式来维护自己的利益。从"喜来登政变"后国家最高元首以及各州苏丹遴选出来的结果来看，他们选择的恰恰是代表着旧势力的马来政治精英。从联邦层面看，最高元首选择了从巫统分裂出来的土团党领袖穆希丁作为总理，而穆希丁派的土团党又与以巫统为核心的国阵、伊斯兰教党组成了国民联盟联合执政。在这个组合中，目前国阵在国会中拥有60个议席，而穆希丁带领的土团党仅有31席，实力较弱。所以，未来国民联盟的领导权很可能又会重新回到以巫统为核心的国阵手中。① 从地方各州看，柔佛、霹雳、吉打等州的政权都被国阵、土团党、伊斯兰教党联合夺取。

另外，从"喜来登政变"后一年来的政治变局看，国家最高元首对"旧势力"采取了扶持但不放纵的手段。最高元首事实上大力扶持穆希丁，多次压制了巫统与希望联盟对土团党的倒逼。从中可以看出，虽然"喜来登政变"使巫统卷土重来，重新在国会中掌握重要席位，但是最高元首并不希望巫统重新坐大，回到过去执政党独大而王权衰弱的时代。因此，国家最高元首扶持了相对弱势却也能代表马来人利益的土团党领头执政，用以牵制巫统独霸的野心，从而达到既能维护旧秩序，也能保证王权不再旁落的

---

① 叶蓬玲：《论者叹希盟未能组社会同盟，终遭旧势力反扑》，〔马来西亚〕当今大马网，2020年5月9日，https：//www.malaysiakini.com/news/524879（访问时间：2020年10月8日）。

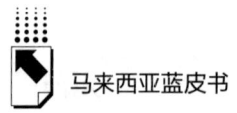

目的。

总之,"喜来登政变"后的马来西亚政局表现为王权与旧势力的相互合作。马来西亚通过民主选举方式产生的新政权,又通过另类形式重新回到"旧势力"手中①,不可不谓是马来西亚民主进程的倒退。

结　语

自2008年"政治海啸"以来,马来西亚政局大变,从"单极"格局向"二极""三极"格局发展,王权开始成为一方政治势力,介入多个州的政权更迭。自2018年以来马来西亚政局剧变,"多极"与权力碎片化加剧,尤其是2020年"喜来登政变"及其引发的一系列联邦和州政权更迭,为王权干政提供了前所未有的机会,最高元首和苏丹们各显其能,遴选出符合自己意愿的总理和州务大臣人选,并在疫情这一特殊情况下,继续对政局走向施加影响。这种干政方式虽然能迅速稳定政局,但在一定程度上违背了"虚位元首"及民选原则,加上苏丹更倾向与"旧势力"合作,可能会制约马来西亚的民主转型。

马来西亚各政党分化组合仍在继续,政治碎片化会进一步加剧,在各政党激烈博弈中,已成为一方重要政治势力的王权,必然对马来西亚政治继续发挥重要影响。

---

① 廖珮雯:《马来西亚政变:旧秩序的反扑?》,〔新加坡〕联合早报网,2020年3月26日,https：//www.zaobao.com.sg/forum/views/opinion/story20200326－1040221（访问时间:2020年10月8日）。

B.8
马来精英阶层的发展动态：类别、变化和作用

阿兹哈尔·易卜拉欣（Azhar Ibrahim） 廖博闻 *

摘　要：各个社会领域的精英在国家和地区，特别是在发展中国家和地区的社会发展中扮演着关键角色。本报告对马来西亚的马来精英阶层的背景和发展进行讨论，认为精英统治是马来西亚政治的一个主要特征，裙带资本主义和政商勾结成为众所周知的事实并进一步滋生。尽管日益增长的民粹主义情绪开始质疑上层阶级和精英的统治地位和特权，精英阶层仍然保留了巧妙的权力基础和工具，并以此维护他们的利益、影响力和支配地位。

关键词：马来精英　精英主义　民粹主义

精英在社会上（特别是在发展中国家的社会里）扮演着重要的角色，是决定社会发展轨迹的最重要因素。在对发展中国家或社会任何层面的研究中，缺少对精英的关注的研究都是不完整的。精英可以理解为一个通过自身继承的血统或根据他们所统治的社会阶层而被选举或选择的群体。一般来说，存在统治精英（governing elites）和非统治精英（non-governing elites），本报告将两者皆视为建制派统治精英（dominant elites in the establishment）。

---

* 阿兹哈尔·易卜拉欣（Azhar Ibrahim），博士，新加坡国立大学马来研究系讲师，研究方向为宗教与社会。廖博闻，新加坡国立大学马来研究系硕士研究生，研究方向为宗教与社会。

雷蒙·威廉斯（Raymond Henry Williams）将"精英"定义为："通过定期流通和招募而维持精英地位的高效小规模群体。"① 荷兰著名社会学家威尔泰姆（Willem Frederik Wertheim）强调，在不同社会的发展研究中应当关注精英阶层，他认为："（此类研究）必须包括在当前形势下相互竞争以及与外来统治者争夺霸权的精英群体。本质上现代工业文化对该群体的影响更甚于普通农民和工人群体。该群体的态度和生活方式仍保留了许多传统前工业社会的残余，行为上带有贵族传统生活模式的痕迹，他们对亲属或同族人的忠诚往往表现出特殊性。另外，该群体往往能更强烈地受到普世主义或准普世主义思想的影响，这些思想可以为传统的地方特殊主义架起桥梁。正是同一个人内部的两个矛盾世界的冲突，导致了社会规范和生活态度的某种不稳定性，目前欠发达世界普遍存在的腐败现象，也应被视为普世主义规范与特殊主义忠诚长期矛盾的表现。"② 威尔泰姆敏锐地观察到，由于阶层、世界观、生活方式甚至语言水平上的分化，精英阶层对大众知之甚少的现象并不少见。

一 讨论精英阶层的原因和目的

理解精英的角色对我们来说有三个作用。第一，通过了解精英阶层，我们可以了解特定社会中盛行的权力动态。第二，在权力和影响力层级中，精英群体在政治和社会领域的转变显示了政治格局的变化，有影响力者的纳入和降级是我们不能忽视的两个关键因素。第三，突出公众或新兴群体对精英统治的挑战，从长远看这或将对精英的统治程度产生影响。如果忽视这些动态，我们最终或许只能像标准的教科书叙事一样去理解精英阶层的地位。

---

① Raymond Williams, *Keywords: A Vocabulary of Culture and Society*, London: Fontana Press, 1983, p. 114.
② F. Wertheim, *East-West Parallels: Sociological Approaches to Modern Asia*, Chicago: Quadrangle Books, 1965, pp. 14 – 15.

在许多对发展中国家的社会的社会学研究（特别是对 20 世纪 60~80 年代的研究）中，对精英的批判性评价与发展研究是并行不悖的，有关精英阶层功能的思考"登堂入室"，着重强调了精英群体作为社会变革代理人和催化剂的中心地位。具有讽刺意味的是，如今这种关系已变得非常明显，而在这个精英依然占据统治地位的时代，他们通过调整（adjustment）和操作（maneuvering）来维持自身象征性的地位和权力。

二 发挥作用的进步精英的重要性

一个能发挥作用的进步精英，是一个能够描绘和推动其社会和国家发展的人，具有道德良知和道德操守，以确保其倡议和努力能够应对当前的挑战。马来西亚社会学家塞德·侯赛因·阿拉塔斯（Syed Hussein Alatas）认为，精英的功能性角色与他们支持或信奉怎样的卓越理想（ideal of excellence）紧密相连，即激励一个群体的价值观和理想，并为取得比过去更好的地位提供动力和活力。他认为"卓越理想"由"自豪感"与"羞耻感"[1]两个部分组成，不幸的是，发展中国家的社会的精英们非常缺乏这两个组成部分——没有这种理想，就不会有对各种形式的不公正、腐败和滥权的反感。[2]

在独立后的时期，人们非常希望精英能够扮演变革和发展的催化剂与工程师的角色，然而在许多发展中国家的社会，由精英领导的争取独立的民族主义无法激发有意义的社会和政治发展，民主受到严重损害，特别是在国家安全工具被用来延长精英的统治时间之时。尽管我们能够看到越来越多的反抗，但精英的统治在今时今日仍然十分强大。为了充分理解马来世界的这种动态，我们应当审视马来西亚的具体发展。

---

[1] Alatas, "The Ideal of Excellence," in *Corruption and the Destiny of Asia*, Petaling Jaya, Selangor: Prentice Hall, 1999, p. 137.
[2] Alatas, "The Ideal of Excellence," in *Corruption and the Destiny of Asia*, Petaling Jaya, Selangor: Prentice Hall, 1999, p. 142.

因此，有必要对社会精英的角色和功能进行批判性的评估，否则将不利于我们充分理解马来西亚的社会动态。以往诸多关于精英的讨论一般以记录事件和人物的"教科书"般的形式收尾，但权力博弈的动态通常仍是模糊不清的，我们对马来西亚的理解不能忽视该地区目前正在发生的意识形态转变——在这里精英的作用和地位是核心的。

三 马来西亚的统治精英

自独立以来，马来西亚的政治和贵族精英一直占据统治地位。这些在殖民时期被英国殖民政府培养的精英们的世界观更接近西方，远不同于当地民众或地区传统，从英国政府到马来西亚相对和平的权力过渡，实际上是对政治精英地位的巩固。

统治精英基本上由行政人员组成，主要是在定期选举中当选的政治人物。行政技术官僚阶层由于在官僚体系中掌握着巨大的权力，也可以被归入统治精英的群体。在马来西亚，贵族精英（马来皇室）组成了九大家族，这是统治精英的重要组成部分。作为立宪君主，他们不掌握任何行政权，却行使着相当强大的道德和象征权力，尤其是在管理伊斯兰宗教事务的职权范围内。

马来西亚独立以来，以族群为界限进行政党间权力分享的联合政治一直是该国政治和社会生活的主要特征。领导国民阵线联盟（国阵）的"马来民族统一组织"（简称"巫统"）自1957年马来西亚独立以来一直是主要的政治掌权者，但国阵在2018年的第14届大选中被击败，希望联盟（Pakatan Harapan）领导的反对党联盟上台执政，直到2020年，由于执政联盟的分裂，希望联盟倒台，土团党、巫统和伊斯兰教党联合组成了以马来穆斯林为基础的政府。

尽管执政联盟实现了轮替，但马来西亚精英的总体构成仍然是基本相同的。马来精英在政治和官僚机构中仍占据主导地位，非马来人在内阁和立法会议中虽有代表，但人数比前一届政府少了许多。

在经济领域，非马来人尤其是华人占主导地位。而在马来西亚亲商政府的背景下，政商勾结的现象并不罕见，这种现象最早可追溯到前殖民时代，并一直延续至今。商业和企业精英需要政府给予优惠政策，而政治精英需要地方投资以打造自己的"政治金库"，在这种关系中，腐败成为地方症结，这也有助于解释执政的建制派如何能长期维持现状，并使得任何形式的异议和较大规模的问责都能轻易被压制或破坏。

由于国家安全和法律机构掌握在执政的政府手中，这种关系或多或少稳定和完整地被保持下来。虽然贿选的策略并不少见，但当统治精英因贪污、腐败、滥用权力和管理不善而遭到强烈反对时，他们往往提出民族团结和宗教团结的主张鼓动民众，以转移视线。

此外，精英阶层治理乡村马来人的发展和社会政策也对维护精英统治有利。他们通过教育鼓励文化保守主义，因此国家媒体不可避免地塑造了外族入侵并试图从占人口多数的马来人手中夺取权力甚至破坏伊斯兰教在马来西亚地位的危险叙事。在过去的几十年里，这些政策在马来西亚造成了种族和文化更大的两极分化，精英们把自己定位为马来人和土著的守护者，反对党受到诸多限制，巫统的统治精英和极右翼的非政府组织一起鼓吹"马来人至上"（Ketuanan Melayu）的论调，以此获得占多数的马来选民的支持。

过去，巫统的政治精英普遍表现出一种自由、多元的视野，而如今情况已经不同了。巫统政客与伊斯兰教党的结盟印证了巫统的转变，包括在公开活动时展示信仰的"虔诚"、发表具有排他性的伊斯兰解读等，这让非穆斯林和自由派穆斯林都感到不安。在当地煽动民粹主义情绪似乎已成为他们获胜的"门票"，特别是当巫统和伊斯兰教党成为反对派时。

但是作为政治经验丰富的政党，巫统非常清楚，统一的马来-穆斯林统治对具有多元民族特点的马来西亚来说不是一个好兆头。实际上，精英阶层与非马来精英（特别是华商）的关系仍然很稳固，因为双方存在维持各自利益的战略关系。统治精英与企业部门的紧密经济联系，对于维持国际社会对马来西亚经济的信心至关重要。可以说，企业精英是主宰国家经济的人，

他们的资源和影响力正通过对政党或有影响力的统治家族的支持影响着国家权力的动态。

在马来西亚国家和社会层面正在进行的更大的伊斯兰化进程中，宗教精英的地位也显著上升。他们主要由著名的宗教领袖组成，一些人祖上多代人从事传教活动，被尊为"乌拉玛"（宗教神职人员、学者）。在马来西亚这样的国家背景下，宗教官僚机构的官员是宗教精英的一部分。这个精英圈以其在社会上的影响力而闻名，他们靠近权力机构，甚至在地方的权力操作中也有一定影响力。

受宗派利益驱使，宗教意识形态在公共生活中的强化引发了一些排他主义的行为。例如，"优先购买穆斯林商品"（Buy Muslim First）倡议和"穆斯林信徒团结"的呼吁，其隐含的目的是争取穆斯林的选票支持，这在执政党巫统和伊斯兰教党面临采取多元文化姿态的反对党的严峻挑战时表现得尤为明显。宗教问题在这时成为两派激烈对峙的主战场，处于统治体制中的宗教精英的声望和地位得到明显提升，而政治精英们毫无顾忌地与宗教精英频繁往来，以此提升他们在穆斯林公众眼中的地位。

然而，尽管政治格局发生了变化，但精英的本质及其支配力量保持不变。政治格局的变化主要受内部因素的驱使，并促使占统治地位的政治精英们为了赢得大选而进行许多复杂的操作，甚至改变自己的政治标签。此外，在城市中心迅速崛起的穆斯林中产阶级内部也发生了变化，他们的宗教观点更加保守和排外，这意味着政治和意识形态的转变。在这方面，精英阶层之间的战略性权力调动确保了整个阶层权力的稳固。

2021年2月，希望联盟政府在马哈蒂尔辞去总理一职后垮台，穆希丁·亚辛和阿兹敏·阿里在希望联盟分裂之际上台成立了由土团党、巫统和伊斯兰教党三个马来政党组成的国民联盟政府。显然，希盟政府所提倡的马来西亚多族群模式造成了领导层的分裂。如今安瓦尔·易卜拉欣领导的人民公正党、民主行动党和国家诚信党再次成为反对派。

在公众对影响绝大多数马来西亚人生计的新冠肺炎疫情行动管制令日益不满的情况下，即将到来的马来西亚第15届大选将考验选民对马来-穆斯林联合政府"国盟"的支持。自现任总理穆希丁说服最高元首同意在全国范围实施紧急状态以来,马来西亚国会一直处于停摆状态,此举主要是为了控制新冠肺炎疫情,但其显而易见的目的是避免其他议员在国会上对不稳定的穆希丁政府投不信任票。

马来西亚自2020年2月以来发生的政治动荡,是精英权力争夺和讨价还价的经典案例,无休止的争吵和操纵是其突出特点,精英阶层的权力争夺让马来西亚人感到厌倦,更让国内治理和经济在新冠肺炎疫情的大背景下情况不佳,尤其是当公众看到精英阶层在因违反隔离规定和行动限制而被罚款后还拥有远大于普通民众的特殊待遇的时候。

如今由于这些批评都能在社交媒体上公开发表,年轻网民更加大胆地批评有权势的精英及其同伙,在最前线提出更关键的问题,而这些提问原本属于对立政党和持不同意见的非政府组织的职权范畴。与此同时,统治精英的势力仍然非常强大,民众要求更大程度的民主化的呼声或许是对精英统治的有效制衡,民众也希望以此限制精英的操纵权力行为,但事实上并非如此。

四 精英与文化荣耀

在殖民统治时期争取独立的斗争中,马来西亚的精英利用文化民族主义,在领导人和人民之间培育了一种象征性的"团结"——领导人被视为保护者,没有保护者,人民和国家将没有方向感和领导。[①] 领导人的这种身份不可避免地导致了国家政治和文化生活的再封建化。精英作为国家的救星,也使自己成为人民的文化保护者。在民间特别是在文化艺术、博物馆、文学、历史等领域,形成了一种历史浪漫主义,封建英雄和前殖民王国的荣耀被视作国家历史和民族自豪感的文化象征。在马来西亚,首任总理东姑·阿卜杜勒·拉曼带头采取了这种倾向,类似于印度尼西亚的苏加诺和苏哈托。

---

① Chandra Muzaffar, *Protector?: An Analysis of the Concept and Practice of Loyalty in Leader-led Relationships within Malay Society*, Pulau Pinang: Aliran, 1979.

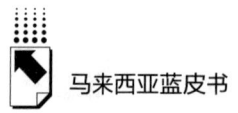

所有非官方的、其他版本的文化和历史范式，例如由左派和进步人士所阐述的内容，都无一例外被视为"反国家的""颠覆性的"，或者干脆被视为自由主义思想而不予考虑。这在政治意识不发达的情况下是有效的。其真正的影响在于对封建历史的美化成为一种有效的意识形态工具，以强制忠诚、屈从于领导，因为"被指定"的人最清楚为了人民和国家的命运什么才是"最好的"。

显然，随着精英阶层完全控制的国家机器日益强大，作为马来西亚独立早期特征的大众参与政治让位于精英完全主导的政治。在政治素养不发达的时期，精英在不排除使用强迫和武力来压制反抗的情况下，能够相对容易地维持在各个领域的统治地位。印刷和电子媒体是精英有效控制的领域之一。马来西亚的政治精英全面控制了马来媒体和电视台，使其实际上成为统治阶层的喉舌和宣传机器；互联网时代尚未到来前，政府对新闻出版的严格规定严重制约了信息向公众的送达和传播。

五　异议和反抗

如今，精英统治受到的挑战越来越大，这主要归功于互联网特别是Facebook、Instagram、Twitter等带来的信息爆炸，这继而导致大众政治素养的提高。社交媒体上出现的活跃网民，开始对统治精英的滥权、越权行为进行线上批评。为了遏制这种趋势，马来西亚各州都颁布法律遏制这些被认为具有颠覆性或带有仇恨性质的言论。然而，如果认为这些批评对精英阶层的权力有严重影响，那就太天真了。

在非政府组织和社交媒体出现之前，文学界一直在批评精英阶层的腐败、享乐主义的生活方式和威权统治倾向。马来西亚的阿末·博斯达曼（Ahmad Boestamam）、乌斯曼·阿旺（Usman Awang）和沙农·阿末（Shahnon Ahmad）等文人频繁发声，但如今文学界在这个数字狂热和偏好技术的时代，已经不再是能够对统治精英构成真正文化挑战的群体。

如果没有强大而有效的力量来反抗统治精英，并且统治精英还继续得到资金充裕的商业精英以及从属的行政和司法机构的支持，精英目前的统治地位将会长期持续下去。虽然民主可能带来执政联盟的变更，但指望这些变动能够影响国家的整个体系还太过幼稚，选举胜出的一方仍然在很大程度上是由精英圈子的人组成的。

即使选出的代表不是来自精英阶层，也需要关注组成国家精英的其他有影响力的群体，他们主要是官僚精英或由官僚机构和政府机构中的技术官僚组成的"沉默的精英"。在对马来西亚精英的研究中，由于政治和商业精英一般受到更多关注，这一精英群体往往被人们所忽视。

六　结论：民粹主义或反精英主义？

现今反对精英主义的言论越来越多，社交媒体成为网民发表评论的主要平台，他们表达了对偏袒（favoritism）的不满和批评，特别是在民众看到精英、富人和有权势的人被"免除"对普通人轻易施加的限制和罚款的时候。事实上，"kayangan"（文学上的意思是"神圣的群体"）这个术语正是在马来西亚创造出来的，用来形容给予精英群体的特权。

虽然当局很容易就因为违反跨州旅行规定、不戴口罩或未保持身体距离而对普通民众处以罚款，但对于有钱有势的精英阶层，包括许多与上层阶级有良好关系的名人来说，情况并非如此。对于网民来说，这种精英主义是一种严重的不公。如今随着疫情对人民经济造成越来越沉重的损失，网上的不满情绪也在加剧。

总的来说，今天日益增长的民粹主义情绪开始质疑上层阶级和精英的统治地位和特权，同时我们也能发现，在这种民粹主义狂热中，某些政治精英对这种煽动种族和宗教仇恨的民粹主义情绪十分支持，因为这符合当权者或渴望掌权者的利益。种族和宗教似乎是占统治地位的精英为了制造某种危机和焦虑而打出的一张吸引人的牌，历史多次证明这是他们生存的有效策略，马来西亚当前的政治就是一个很好的例子。

在危机时刻，只要能得到选民的支持，精英阶层就会毫不犹豫地采取民

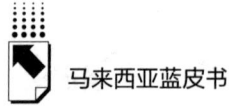

粹主义政策，例如纳吉布·拉扎克（Najib Razak）领导下的马来西亚政府就通过向民众"派钱"（发放现金）实行民粹主义举措，所有这些都是为了让人民相信，他们的持续支持对国家的稳定至关重要。

统治精英是一种不可忽视的力量，精英统治仍然是马来西亚政治的一个主要特征，裙带资本主义和政商勾结成为众所周知的事实并在这种新自由主义经济秩序中进一步滋生。目前的精英们能在多大程度上保持他们的统治地位是政治和社会观察家的兴趣所在，但有一点是明确的，精英阶层的扩张和更新发生在所有社会中，他们保留了巧妙的权力基础和工具，并最大限度地利用资源来维护他们的利益、影响力和支配地位。

B.9
2020年马来西亚数字经济发展

孔金磊 翟崑*

摘　要： 2020年初新冠肺炎疫情的出现虽然使马来西亚的宏观经济遭遇低谷，但为数字经济的发展注入了动力。疫情期间，马来西亚数字经济取得了长足进步，电子商务、电子支付等领域实现爆发式增长，在一定程度上改善了马来西亚经济发展的不利局面。尽管政府对数字经济的发展做出了长远规划，提供了政策支持，但马来西亚数字经济依然面临基础设施建设落后、人才缺失、数字鸿沟扩大等明显的问题，这些制约了该领域的进一步发展。通过与中国的密切合作，相信这些问题将得到妥善解决，马来西亚数字经济将迎来新的发展阶段。

关键词： 数字经济　政策扶持　中马合作

2020年，在新冠肺炎疫情的催化下，马来西亚数字经济进入发展机遇期。在行动管制令的背景下，电子商务、线上教育、云办公等数字经济迅速抢占市场，取得了喜人的发展成绩。为了推动经济转型和产业结构升级，马来西亚政府大力推出了一系列支持政策，推动数字经济与"工业

---

* 孔金磊，北京大学国际关系学院国际政治专业2018级博士研究生。翟崑，北京大学国际关系学院国际政治系教授，博士生导师，北京大学区域与国别问题研究院副院长，全球互联互通研究中心主任，主要研究方向为东南亚和亚太问题、世界政治和国际战略问题。

4.0"的综合发展,着力打造数字经济新优势。不过,受制于本地数字基建的落后、人才培养的缺失、中小型企业升级滞后等问题,马来西亚数字经济依然面临发展瓶颈,需要进一步拓展与中国等数字经济优势国家的合作。

一 疫情下数字经济的快速增长期

自2020年1月25日出现首例确诊病例以来,新冠肺炎疫情在马来西亚迅速蔓延,确诊病例数屡创新高,迫使政府于3月18日正式开始实施"行动管制令"。在"行动管制令"的要求下,大部分行业实施居家办公政策,民众也被禁止随意出行,马来西亚宏观经济发展受到较大的负面影响。不过,由于行动的限制,大部分马来西亚民众转向通过互联网解决购物、接受教育、开展工作等各方面的需求,这直接推动了马来西亚数字经济的快速增长。马来西亚数字经济在新冠肺炎疫情的背景下迎来了发展机遇期,其中电子商务和电子支付行业发展迅速,成为马来西亚数字经济中的领头羊和排头兵。

马来西亚电子商务行业自2015年以来进入蓬勃发展时期。得益于马来西亚较高的互联网渗透率,其电子商务市场迅速拓展,市场规模迅速扩大。到2019年,马来西亚电子商务市场规模已达30亿美元,并预计在2025年可达到110亿美元,占马来西亚互联网经济市场的42%左右。[1] 自新冠肺炎疫情发生以来,马来西亚电子商务平台整体流量同比上涨17%[2],并呈现以下两大发展趋势。第一,电商平台访问量、交易量大幅上升,用户规模持续

---

[1] e-Conomy SEA 2019 Report, Google, Temasek, Bain & Company, https://www.blog.google/documents/47/SEA_Internet_Economy_Report_2019.pdf(访问时间:2021年4月23日)。
[2] Map of E-commerce 2020 Year-end Report, iPrice with SimilarWeb and Appsflyer, https://www.google.com.hk/url?sa=t&rct=j&q=&esrc=s&source=web&cd=&ved=2ahUKEwjxk4aKwaXwAhVzKaYKHdr5B5sQFjAAegQIAxAD&url=https%3A%2F%2Fmarketinginasia.com%2Fwp-content%2Fuploads%2F2021%2F03%2FMap-of-E-commerce-2020-Year-End-Report-iPrice-Group.pdf&usg=AOvVaw2iiwf354CfNwUdU38smsjd(访问时间:2021年4月23日)。

增加，范围持续扩大。疫情期间，马来西亚的互联网使用率持续增长，人均上网时间由疫情前的3.7小时增长至4.8小时，并伴随着新用户的持续涌入。互联网的普及和高渗透率助推了消费形态的转变，马来西亚消费者开始更为频繁地在互联网上进行购物消费，人均上网时间在疫情缓和后也保持在4.2小时，"宅经济"极大地刺激了马来西亚电商行业的发展。① 在这段时间，马来西亚电商平台非食品购物，包括电子产品、服饰、美容、杂货等的消费，出现了高复购率且用户黏性持续上升的态势，92%的新消费者都倾向于继续使用数字服务进行日常消费。Shopee、Lazada等电商平台的访问量和交易量提升了10%～200%，食品、美容、保健品等的网购销售量均有上升，防疫用品如口罩、消毒液、洗手液、消毒纸巾等的交易量激增200%～500%。② 同时，消费人群出现了从城市到乡村的全面普及态势，有59%的新用户来自农村地区，这为电子商务的发展注入新活力。第二，线上互动黏性增强，电商与短视频平台结合，呈现出社交娱乐化的新特点。除了传统的电商网站，马来西亚电商企业积极开拓了新的互动平台，与Tik Tok等短视频平台和Facebook等传统社交媒体开展合作，将电商行业社交娱乐化。通过与网红进行带货合作，马来西亚电商在各大社交媒体应用内向消费者进行了更直接、更有效、更形象的商品展示，显著增强了用户黏性，增加了电商平台的流量。相比于其他经济部门萎靡的表现，疫情下的电子商务行业焕发了新的生机，对马来西亚经济稳定起到了重要的促进作用。

在电商平台的发展助推下，马来西亚电子支付服务也日益受到民众的青睐，疫情期间整体行业取得突破进展。截至2020年，马来西亚电子支付领域共有八大领军企业，即THG eWallet、Boost、Wechat Pay、AirAsia BigPay、GrabPay、MAE、FavePay和Razer Pay，显示出了马来西亚电子支付市场的

---

① e-Conomy SEA 2020 Report，Google，Temasek，Bain & Company，https：//storage.googleapis.com/gweb－economy－sea.appspot.com/assets/pdf/e－Conomy_SEA_2020_Report.pdf（访问时间：2021年4月23日）。
② 《东南亚跨境电商争夺战：Shopee向左，Lazada向右》，新浪科技，2021年1月19日，https：//finance.sina.com.cn/tech/2021－01－19/doc－ikftpnnx9226506.shtml（访问时间：2021年4月23日）。

强劲发展势头。疫情期间,在电子商务的带动下,电子支付使用率有明显的上升趋势。根据《2020年Visa消费者支付态度调查报告》,自疫情出现以来,马来西亚的现金使用率下降了64%,而电子支付使用率则上升18%。① Rapyd的研究则表明,疫情之下,已有22%的马来西亚民众将电子支付作为首选支付方式。相比于其他东南亚国家,马来西亚的电子支付使用率高达40%,领先菲律宾、泰国、新加坡等国家。疫情带来的"社交隔离"直接减少了民众之间的社交接触,创造了更加适合的支付场景,从侧面促进了电子支付的发展。

其他领域如云办公、线上教育、流媒体等,也因为疫情得到了快速进展,与电子商务、电子支付等领先领域一起,壮大了马来西亚数字经济的版图。马来西亚统计局报告预测,数字经济对马来西亚国内生产总值(GDP)的贡献率将从2018年的18.5%提高至2020年的20%②,对马来西亚整体经济结构的转型和产业升级起到日益关键的推动作用。

二 马来西亚政府支持政策

20世纪90年代至今,马来西亚政府长期重视数字经济领域的发展,先后成立专门的政府部门制定和执行数字经济发展战略,并出台了多项扶持政策和专项经费,用于推动电子商务、电子支付、数字政务等各行业的发展。从战略制定、机构设立到法律保障,数字经济在马来西亚经济结构中的地位日益凸显,对经济增长的创新性推动作用也越发明晰,形成了政府帮扶、产业升级、民众惠及的新局面。

第一,在战略制定层面,马来西亚政府多次将数字经济发展纳入经济发

---

① Consumer Payment Attitudes Survey Report 2.0, Visa, https://www.visa.com.hk/en_HK/partner-with-us/market-insights/consumer-payment-attitudes-study.html(访问时间:2021年4月23日)。
② Malaysia's Digital Economy Expected to Expand, Opengov Asia, October 16, 2019, https://opengovasia.com/malaysias-digital-economy-expected-to-expand/(访问时间:2021年4月23日)。

展的长期和短期规划，在政策方面给予了大力的支持。独立之初至20世纪70年代，马来西亚经济结构以农业为主，依赖初级产品原料的出口。自马哈蒂尔就任第四任总理以来，马来西亚开始不断调整产业结构，大力推行出口导向型经济，迅速过渡到原产品出口与来料加工相结合的外向型经济模式。尽管在经济不景气的情况下依然取得了稳定的增长，但马来西亚的经济发展容易受到国际原产品价格和国际市场供需变化等不确定因素的影响，对外部市场的反应较大。为了改善这一情况，马来西亚政府于1991年提出了"2020宏愿"的跨世纪发展战略，以提高综合要素生产力作为经济增长的主要动力，实现经济结构由劳动密集型向技术密集型的转变。"多媒体超级走廊"设想的提出便是马来西亚政府在数字经济领域做出的首次尝试。通过建设配备世界顶级的软硬件基础设施，马来西亚首先将电子信息城（Cyberjaya）、吉隆坡国际机场、布城行政中心等重要地标建筑联系起来，建立知识型社会。在此基础上，马来西亚将"多媒体超级走廊"与其他智能城市相连，形成了新的"数字城市"。尽管这一阶段目标建设进程缓慢，但其仍然为马来西亚数字经济的后续发展奠定了坚实的基础。

2019年，在"2020宏愿"的基础上，马来西亚政府进一步提出了推动经济长期发展的纲领性文件《2030年共享繁荣愿景》，指明了马来西亚经济在未来的建设目标。在这份文件中，马来西亚政府为数字经济提供了巨额的财政支持，显示出马来西亚为将本国建设为东南亚一流数字经济强国的决心。此外，在2020～2021年财政预算案中，马来西亚政府多次提及发展数字经济的必要性和重要性，提出数字人才（digital workforce）、数字基础设施（digital infrastructure）、数字经济（digital economy）、数字社会（digital society）、数字政府（digital government）和新兴科技（emerging technology）六大支柱产业。同时，马来西亚政府出台了"国家光纤化和连接计划"（NFCP）、建设5G数字应用、培育专业数字人才、建设数字社会等政策举措，以推动数字经济领域的建设和发展。2020年3月27日，为了缓解疫情对马来西亚经济的冲击，政府宣布了一项总额达580亿美元的经济刺激计划。在该计划中，马来西亚政府将为民众提供价值1.38亿美元的免费互联

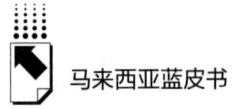

网服务,并额外投入9200万美元,扩大网络覆盖范围,提高网络连接能力,保证电信网络的稳定性和高质量。

经过疫情的冲击,马来西亚政府愈加重视数字经济在国家经济结构中的地位和作用。2021年3月,马来西亚政府正式推出了MyDIGITAL("数字大马")和数字经济蓝图,为马来西亚数字经济的未来发展拟定了到2030年的三个落实阶段目标。① 第一阶段为2021~2022年,马来西亚政府将致力于加强电子基础建设,建立一个有利于加快数字基础设施发展的监管框架,同时还将进一步推广电子支付业务,建设一个无现金交易的营商环境。第二阶段为2023~2025年,马来西亚政府将注重开展数字化转型项目,更多更快地建设宽带基建项目,更广泛地推动电子政府服务;到2025年,马来西亚数字经济将贡献22.6%的GDP,并制造50万个数字经济工作机会。第三阶段为2026~2030年,马来西亚政府将以数据为导向,将数据作为管理的中心,将经济部门的生产率水平至少提高30%,同时政府也将为相关企业提供有力的营商环境,加强企业和社会的网络安全。② 这些在宏观政策层面对数字经济的扶持,显示出马来西亚政府为推动数字经济转型的决心,也为具体的政策实施提供了战略层面的指导。

第二,在机构设置层面,马来西亚政府设立了专门的数字经济发展机构,用于制定和规划数字经济的发展蓝图。1996年,政府成立"马来西亚数字经济发展局"(MDEC),作为通信及多媒体部的旗下机构,其专门负责推动马来西亚数字经济的发展,加速培养数字技术人才,协助企业加入数字行列,增加对数字经济的投资,建立更为高效、环境友好和高社会价值的数字未来。多年来,马来西亚数字经济发展局承担了政策制定者、监督者和执行者等三方面的职责,为电子商务、电子支付、智慧城市、数字基建等多个

---

① 《马来西亚推三大策略、六大主轴发展数字经济》,中华人民共和国商务部,2021年2月22日,http://www.mofcom.gov.cn/article/i/jyjl/j/202102/20210203041143.shtml(访问时间:2021年4月25日)。
② Malaysia Digital Economy Blueprint, Economic Planning Unit, Prime Minister's Department, https://www.epu.gov.my/sites/default/files/2021 – 02/malaysia – digital – economy – blueprint.pdf(访问时间:2021年4月25日)。

重要领域规划了专门的发展政策，以推动数字经济的整体发展。比如，在电子商务领域，马来西亚于 2016 年发布首份"国家电子商务策略路线图"，指出马来西亚将通过调整现有的经济激励、对精英电商企业进行战略性投资、扶持民族品牌、刺激跨境电商发展、接触非关税壁垒等不同手段，刺激电商行业的发展。① 2018 年，马来西亚再次推出"本地电子商务计划"（PEDAS），在霹雳州、马六甲州、森美兰州等 12 个地区建立电子商务枢纽，力求实现全国各地电子商务协同发展的局面。在电子支付领域，为了加速社会电子支付的转型和推广，马来西亚政府于 2020 年启动了"人民电子支付"（e-Tunai Rakyat）计划，向广大消费者派发"电子红包"，以推广 Grab、Boost 和 Touch'n Go 等供应商的电子支付企业，惠及超过 1500 万名民众。在智慧城市领域，政府在 2019 年推出"马来西亚智慧城市框架"（Malaysia Smart City Framework），将智慧城市建设作为马来西亚"十二五"计划的重点之一。根据该框架，马来西亚将建设可以提供包含 5G 连接、无现金社区、自动交通服务、节能大楼、水务和垃圾智能管理等的现代化城市，提高居民的生活水平和生活质量，着力寻求城市的可持续发展。在数字基建领域，马来西亚则正在制定"国家数字网络"（JENDELA）、数字基建蓝图，为全面及高素质的宽频服务覆盖范围提供平台，同时为马来西亚稳健转移至 5G 科技时代做准备。② 此外，马来西亚数字经济发展局还积极与中国等国家开展对外交流活动，与数字经济领先企业，如中国的阿里巴巴集团、华为集团展开合作，配合马来西亚的"工业 4.0"、人工智能、大数据、物联网等数字经济发展，积极吸引外资，在数字经济的发展方面起到领路人和推动者的双重作用。

第三，在法律法规方面，马来西亚政府统一了行业规范，为数字经济的从业者和消费者都提供了权益保障，有效保证了数字经济的健康发展。自

---

① 《关于马来西亚国家电子商务策略路线图的七大要点》，白鲸出海，2016 年 11 月 21 日，https：//www.baijingapp.com/article/id-8828（访问时间：2021 年 4 月 25 日）。
② 《马总理：马来西亚政府正在拟定"国家数字网络"蓝图》，搜狐网，2020 年 8 月 31 日，https：//www.sohu.com/a/416307734_120055336（访问时间：2021 年 4 月 27 日）。

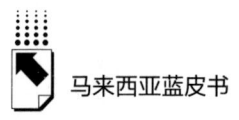

20世纪末以来，马来西亚政府先后制定和完善了一系列关于数字经济的法律法规，包括消费者保护法、电子医疗法、电子签名法、版权修正法令、电子商务法、数字政府活动法、个人数据保护法等，保证了数字经济领域和消费者双方的权益。配合经济领域的其他法律法规，马来西亚基本形成了涵盖面较广、针对性较强、保护力度较大的数字经济法律体系。

通过以上三个方面，马来西亚数字经济发展得到了政府强有力的推动。在政府的战略规划和部署下，马来西亚数字经济拥有了较大的成长空间和强劲的发展潜力。

三 马来西亚数字经济的发展瓶颈

政府的战略规划与政策支持为马来西亚数字经济提供了良好的发展环境，马来西亚数字经济的增速在东南亚地区处于领先地位。但是，核心技术薄弱、数字基建落后、人才短缺以及企业间存在数字鸿沟等问题，仍然扼住了数字经济发展的"咽喉"，造成现阶段数字经济发展"雷声大、雨点小"的局面，发展质量受到影响。

第一，数字经济核心技术难突破。数字经济转型意味着数字产业化和产业数字化两个关键过程。这两个过程要求加快云计算、物联网、区块链、人工智能和5G等关键核心技术的突破，并以此为支撑，对电子信息制造业、信息通信业等密切相关产业，以及其他产业链上下游进行数字化改造，推动传统产业实现智能化转向。目前，马来西亚数字经济主要由电子商务等行业带动，对于其他实体制造业的智能化改造力度不足，而核心问题便是马来西亚缺乏自主的核心技术，发展受制于技术壁垒，难以达成质的飞跃，只能在技术要求不高的领域内实现有限的发展。

第二，数字人才短缺。数字经济的发展需要依靠科技实力，更需要大量科技人才的专业支持。但是，马来西亚在数字人才和高科技专业人才的培养上存在明显滞后现象，造成了专业技术人才储备不足。尤其是在涉及数字经济产业升级的关键技术领域，如5G、区块链、人工智能等，马来西亚人才缺口巨大的现状,严重阻碍了智慧城市的升级和建设进程。此外,马来西亚还存在严重的人才外流现象。21世纪以来,马来西亚已有超过100万人移民海外,其中有1/3属于接受过高等教育的高科技人才或技术工人,其中超过57%的人选择移民新加坡。① 人才流失直接导致马来西亚科技工程师和技术专员人才短缺,马来西亚政府甚至公开承认本国存在严重的人力资本赤字。

第三,数字基础设施建设落后。马来西亚的数字基础设施主要有三大问题。其一,固定宽带市场占有率低,渗透率低。尽管施工工程烦琐,但和移动网络相比,固定宽带网络的稳定性更强,可以为家庭的互联网连接、企业的数字网络搭建提供可靠的服务,能够有效推动数字经济改革,奠定数字政务、电子商务、流媒体等领域的基建基础。然而,目前马来西亚固定宽带网络发展的增速较慢,市场占有率低。2019年,马来西亚固定宽带渗透率仅为9.28%,而移动网络的渗透率则超过70%,这一情况直接导致企业数字化转型难度升级。其二,东马、西马发展不平衡,城市和乡村有差距,互联网覆盖范围有待拓展。一般来说,西马和城市地区属于经济发展较为发达的区域,数字基础设施的覆盖范围和服务范围较广,连接速度和稳定性更强,互联网使用的用户满意率较高。相比之下,东马和乡村地区的互联网覆盖网较窄,稳定性较弱,用户体验极差。② 其三,网络连接的速度和稳定性较差。截至2021年1月,马来西亚在宽频网络的速度方面排名全球第45;移动网络方面在东南亚居第5位,在全球居第85位。③ 马来西亚网络连接速度尽管在东南亚地区表现尚佳,但放眼全球仍然不尽如人意。同时,马来西亚网络连接的稳定性也有待提高。2020年疫情期间,马来西亚曾发生海底

---

① 《马来西亚留不住高等人才?》,〔马来西亚〕东方日报网,2018年11月30日,https://www.orientaldaily.com.my/news/maidong/2018/11/30/269520(访问时间:2021年4月25日)。
② Less Than 20 Pct of Areas in Malaysia Have Poor Internet Access, Borneo Post, August 4, 2020, https://www.theborneopost.com/2020/08/04/less-than-20-pct-of-areas-in-malaysia-have-poor-internet-access/(访问时间:2021年4月26日)。
③ Malaysia's Mobile and Fixed Broadband Internet Speeds, Speedtest Global Index, https://www.speedtest.net/global-index/malaysia?fixed(访问时间:2021年4月28日)。

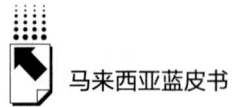

电缆故障,导致境内网络连接出现问题。此外,偷挖光缆、窃取铜线、破坏通信塔信号等违法行为也屡见不鲜,在影响网络连接稳定性的同时,也反映出数字基建和监管环节存在问题。① 由于数字基建落后,马来西亚民众普遍对电子数据的安全性和机密性存疑,对数字服务的可靠性感到担忧。东马和西马、城市与乡村、联邦政府和地级市政府之间数字基建水平的差异,导致网站对用户数据安全的保护存在偏差,造成了民众对互联网使用感受的差异。这一情况将对马来西亚数字经济的发展带来不利影响,成为桎梏数字经济发展的关键因素。

第四,企业之间存在数字鸿沟,中小企业数字转型面临较大难题。由于新一代信息技术和数据资源的获取门槛较高,对资金和技术方面提出了更高要求,企业之间自然形成了较大的数字鸿沟。疫情出现之前,马来西亚只有约30%的企业实施了数字转型战略,不到25%的企业成立了专门的数字战略团队。② 中小企业较少使用互联网进行生产作业,数字转型也多由大型出口导向型企业主导。③ 虽然在数字化的企业中,多达77%的企业属于中小企业,但是在实现更复杂的数字解决方案的企业中,只有25%的企业是中小企业。同时,尽管超过80%的企业使用了计算机和智能手机、70%以上的企业在业务运营中使用了互联网,但只有46.1%的中小企业使用数字金融和会计系统。由于数字经济领域存在"梅特卡夫法则"现象,在网络外部性的作用下,数字经济很多领域的市场结构常常形成头部企业的垄断现象,这扩大了大型企业与中小企业乃至中小企业之间的数字鸿沟。

目前,中小企业是马来西亚商业结构主体,占据920624家商业结构中的99%,为马来西亚GDP贡献了5221亿林吉特,占38.3%。因此,马来

---

① Less than 20 pct of areas in Malaysia have poor internet access, Borneo Post, August 4, 2020, https://www.theborneopost.com/2020/08/04/less-than-20-pct-of-areas-in-malaysia-have-poor-internet-access/(访问时间:2021年4月27日)。
② Malaysia's Digital Economy, World Bank, September 2018, https://openknowledge.worldbank.org/bitstream/handle/10986/30383/129777.pdf(访问时间:2021年4月27日)。
③ Malaysia's Digital Economy, World Bank, September 2018, https://openknowledge.worldbank.org/bitstream/handle/10986/30383/129777.pdf(访问时间:2021年4月27日)。

西亚数字经济的发展和转型必然离不开中小企业的广泛参与。数字化转型意味着效率提高、竞争力增强和经济规模扩大。生产流程自动化和数据驱动的质量控制流程将大大帮助企业降低生产成本，提高产品利润。马来西亚大学联合会研究也发现，数字化转型后的中小企业的生产率提高了26%，而从事电子商务的中小企业的生产率则提高了27%。同时，应用数据管理解决方案等先进数字技术的中小企业的生产率甚至可提高60%。① 中小企业数字化转型面临的最大挑战是融资、员工素质和技术等问题。虽然政府为企业数字转型提供了政策和资金支持，但仍有50%的中小企业在资金方面遇到了障碍，其中更有60%的中小企业不知如何通过融资解决自身问题。此外，还有44%的中小企业将高收费、低速度的宽带问题视为使用云服务的难题。② 同时，由于缺乏专门的数字人才，中小企业大多无从开展数字化改革，在销售和营销、业务管理、IT技术技能等方面缺乏改革指导和方向。

四 中国与马来西亚在数字经济领域的合作前景

新冠肺炎疫情使马来西亚见证了数字经济的发展和活力，它不仅缓解了马来西亚经济发展的压力，也为未来发展提供了新的思路和方向。疫情常态化后，数字经济势必将在马来西亚迎来新一轮的发展良机，金融科技、电商、物联网、大数据分析等新兴数字经济产业也将得到进一步的发展。中国和马来西亚在数字经济领域的友好合作由来已久，双方在电子商务、电子支付、云计算等多个领域开展了密切的交流。鉴于中国在数字经济领域的领先地位，中马两国的合作预计将为中国在东南亚数字经济市场的拓宽、马来西亚数字经济技术的升级带来积极影响，共同助推两国数字经济领域的蓬勃发展。结合马来西亚数字经济领域的发展短板，以及中国在数字经济领域的发

---

① Accelerating Malaysian Digital SMEs, Huawei, https://www.huawei.com/minisite/accelerating-malaysia-digital-smes/img/sme-corp-malaysia-huawei.pdf（访问时间：2021年4月29日）。
② Accelerating Malaysian Digital SMEs, Huawei, https://www.huawei.com/minisite/accelerating-malaysia-digital-smes/img/sme-corp-malaysia-huawei.pdf（访问时间：2021年4月29日）。

展优势，两国可以从以下三个层面开展战略对话和针对性合作，切实有效地补足短板，实现全面可持续发展。

第一，加强制度供给，做好宏观战略规划。中马两国的数字经济合作始于2017年。当时习近平主席在"一带一路"国际合作高峰论坛开幕式上首次提出了"数字丝绸之路"的概念。2019年，在马哈蒂尔访华期间，双方表示将共同深化数字经济领域合作。在两国领导人的合作意向下，两国相关企业积极开展了合作，比如阿里巴巴集团深度参与了马来西亚全球首个电子商务自贸区的建设，旗下蚂蚁金融与马来西亚两家银行达成合作关系，共同开发电子支付服务。此外，杭州市政府与马来西亚签约，共同推进马来西亚数字自贸区和跨境电子商务综合试验区实现互联互通，使之成为中国在全球开通的首条"数字之路"。

虽然相较于东南亚其他地区，中马在数字经济领域的合作已处于领先地位，但是两国尚未形成系统的、完整的、全面的数字经济合作机制，造成两国的合作虽然业务多、范围广，但总体仍显松散的局面。对此，建议中马两国设立专门机构，共同制定数字经济合作制度，为双方的技术交流、资金投入、人才培养、项目施工等提供指导和监督保障。同时，双方应对法律制度进行适当调整，明确各环节的数据使用标准，并加强对数据应用方面的监管，共同构建数字经济发展共同体。此外，双方在发展过程中也要充分整合政府各部门，包括政务、交通、海关、税务等环节，打造便捷的综合服务平台，提高双方合作信息透明度，让更多数字经济合作信息进入公众视野，提高公众对数字经济的重视程度。

第二，重点发展数字基建，夯实发展基础。马来西亚在数字基建方面存在明显的发展劣势，亟待拓宽基建范围，提高基建质量。当前，中国在5G领域的建设优势明显，5G基站数量达16万个，技术水平处于全球领先地位。同时，中国在云计算、数据处理等领域也取得了较大成绩，超级计算机的计算能力处于发展第一梯队，云数据中心的资源总体供给规模近年来的复合增长率也已超过30%。对此，建议中马两国加强在ICT、5G、人工智能、大数据、物联网等数字基础设施领域的合作。鉴于此前马来西亚曾发生排斥中资事件，建议中国相关电信或数字基建企业可以通过 BOT 或 PPP 模式对马来西亚电信运营商进行投资，或作为设备与项目技术提供商，坚持本土化运营。双方可以共商共建基础硬件设备，比如有线电视线、光纤光缆、人造卫星等网络设施，以及中继器、路由器和其他控制传输路径的硬件设备，促进马来西亚网络全覆盖、高速率和智能化发展。同时，针对马来西亚基建资金不足的问题，中国企业可以在现有合作框架协议下，借助各大商业银行、政策性银行，以及"一带一路"专项贷款和合作基金，为马来西亚基础设施建设提供形式多样的资金支持。

第三，专注数字人才培养，储备转型力量。疫情缓解后，马来西亚经济预计将迎来 K 型增长，数字人才的培养更加迫在眉睫。[①] 对于马来西亚高科技人才储备不足的问题，中马双方应加强人才共同培养合作。一方面，马来西亚可以向中国学习先进的数字技术和管理经验，用于本国的数字经济建设；另一方面，中国可以将马来西亚作为理想的实验基地，试验、推广最新的科学技术，实现两国在数字经济领域的双赢发展。对此，建议双方积极促进技术交流和科技创新合作，充分利用高校、科研机构的资源，着重培养数字型管理人才和专业技术人才，搭建人才高地。同时，双方相关企业也应该定期开展培训交流活动，分享发展经验和技术，培养各国人员在数据分析、程式设计、数字营销、内容创建、网络安全、云端等领域的能力，完善马来西亚科技人才的储备，做好人才梯级建设。

参考文献

黄日涵：《数字经济促进中国与东盟互联互通》，《世界知识》2020 年第 4 期，第 62~64 页。

华欣、汪文杰：《新型基础设施建设：中国与东盟数字合作的新支撑》，《对外经贸

---

① 《中马多机构探讨数字经济合作》，中国新闻网，2020 年 12 月 18 日，https://www.chinanews.com/gj/2020/12-18/9365836.shtml（访问时间：2021 年 4 月 29 日）。

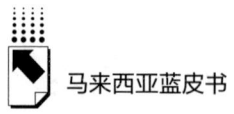

实务》2020年第9期,第15~18页。

李波、陈康令:《推动数字"一带一路"发展形成新模式》,《世界知识》2020年第15期,第64~65页。

刘园园:《马来西亚与中国的数字"一带一路"合作》,《中国商论》2020年第16期,第90~91页。

任玉娜:《中国—东盟共建数字丝绸之路:现状、动力与挑战——基于数字经济的视角》,《全球化》2020年第3期,第79~90+134页。

许利平、吴汪世琦:《中国与东盟数字经济合作的动力与前景》,《现代国际关系》2020年第9期,第16~24页。

赵琪:《数字化贸易促进东盟经济加速发展》,《中国社会科学报》2020年11月9日,第3版。

中华人民共和国商务部,http://www.mofcom.gov.cn。

Accelerating Malaysian Digital SMEs, Huawei, https://www.huawei.com/minisite/accelerating-malaysia-digital-smes/img/sme-corp-malaysia-huawei.pdf.

Consumer Payment Attitudes Survey Report 2.0, Visa, https://www.visa.com.hk/en_HK/partner-with-us/market-insights/consumer-payment-attitudes-study.html.

e-Conomy SEA 2019 Report, Google, Temasek, Bain & Company, https://www.blog.google/documents/47/SEA_Internet_Economy_Report_2019.pdf.

e-Conomy SEA 2020 Report, Google, Temasek, Bain & Company, https://storage.googleapis.com/gweb-economy-sea.appspot.com/assets/pdf/e-Conomy_SEA_2020_Report.pdf.

Map of E-commerce 2020 Year-end Report, iPrice with SimilarWeb and Appsflyer, https://www.google.com.hk/url?sa=t&rct=j&q=&esrc=s&source=web&cd=&ved=2ahUKEwjxk4aKwaXwAhVzKaYKHdr5B5sQFjAAegQIAxAD&url=https%3A%2F%2Fmarketinginasia.com%2Fwp-content%2Fuploads%2F2021%2F03%2FMap-of-E-commerce-2020-Year-End-Report-iPrice-Group.pdf&usg=AOvVaw2iiwf354CfNwUdU38smsjd.

Malaysia's Digital Economy Expected to Expand, Opengov Asia, October 16, 2019, https://opengovasia.com/malaysias-digital-economy-expected-to-expand/.

Malaysia's Digital Economy, World Bank, September 2018, https://openknowledge.worldbank.org/bitstream/handle/10986/30383/129777.pdf.

Malaysia Digital Economy Blueprint, Economic Planning Unit, Prime Minister's Department, https://www.epu.gov.my/sites/default/files/2021-02/malaysia-digital-economy-blueprint.pdf.

B.10
国家汽车政策与马来西亚民族汽车工业发展

刘勇*

摘 要： 马来西亚汽车工业创建于20世纪80年代，是象征民族骄傲的国家支柱型产业。在汽车工业经历过发展的高潮和低谷后，从2006年起，政府开始制定国家汽车政策来指导汽车工业的发展。2017年，陷入困境的宝腾汽车选择与吉利集团合作，这使马来西亚汽车工业迎来新的发展。2020年初，政府颁布《国家汽车政策2020》，为未来十年国家汽车产业的发展指明了方向，该政策以下一代汽车、出行即服务、工业4.0为核心，试图引领马来西亚汽车工业实现新的辉煌。

关键词： 国家汽车政策 民族汽车工业 宝腾 马来西亚

民族汽车工业是马来西亚政府着力培育的重要产业之一，是象征着民族骄傲的国家支柱型产业。从20世纪80年代建立以来，马来西亚汽车工业就得到政府的大力支持，也取得了长足的发展。2020年2月21日，总理马哈蒂尔宣布了由马来西亚国际贸易和工业部主导更新的《国家汽车政策2020》（NAP 2020），将它作为国家汽车工业未来十年发展的指引性文件，以顺应当今世界科技的发展与市场的需求。这一政策从国家发展战略的视角进行布

---

* 刘勇，博士研究生，信息工程大学洛阳校区马来语专业讲师，主要研究方向为马来西亚政治。

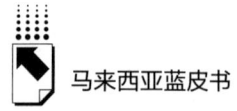

局，旨在帮助马来西亚实现工业化国家的转型，促进国民经济的发展并提高人民的生活水平。

一 马来西亚汽车政策与民族汽车工业发展

在经济全球化的背景下，任何一个产业的发展都离不开政府政策的支持，马来西亚的民族汽车工业从诞生之日起，就得到政府各种政策的支持。作为民族汽车工业的代表性品牌，宝腾汽车（Proton）从20世纪80年代初期诞生之日起，就得到政府的大力扶持，时任总理马哈蒂尔力排众议建立马来西亚民族汽车工业，并动用政府资源进行扶持，实现了马来西亚汽车工业在20世纪的腾飞。进入21世纪，为了延续民族的骄傲，政府相继制定和出台了国家汽车政策，促进民族汽车工业的发展和转型。

（一）马来西亚汽车发展政策简史

马来西亚的汽车发展政策以国家汽车政策为主，从2006年首次提出国家汽车政策开始，政府先后三次对其进行更新，分别根据不同阶段的科技发展热点和世界汽车发展趋势制定不同目标，以推动马来西亚民族汽车工业和国民经济的发展。当然，在世界汽车产业改革和经济发展波动的大背景下，国家汽车政策也指引着马来西亚民族汽车工业的发展，实现了它的改革和重生。

在见证了以宝腾为代表的民族汽车工业在20世纪的兴衰起落之后，马来西亚政府于2006年首次推出国家汽车政策，该政策属于马来西亚2006~2020年第三个工业总体规划，旨在将马来西亚汽车工业作为国家经济发展的重要推手，以实现马来西亚所提出的"2020宏愿"①。该政策以供应链整合为重要目标，推动国家汽车工业的转型，并致力于将其整合进入快速发展

---

① "2020宏愿"是马哈蒂尔总理在20世纪90年代初期所提出来的国家发展目标，旨在到2020年时将马来西亚建设成为高收入的发达国家。

的区域和全球工业网络。2009年,马来西亚政府对国家汽车政策进行了首次更新,在全球金融危机的背景下,政府将促进投资作为这一阶段汽车工业发展的政策目标,旨在通过吸引投资提高国家汽车工业的竞争力,并着力营造更有亲和力的投资环境。

2014年,政府对国家汽车政策进行第二次更新,将绿色和可持续发展作为政策目标,旨在实现国家汽车工业的转型升级,将马来西亚建设成为东盟区域内的新能源汽车生产枢纽。在政策的实施层面,政府提出要着力提高在右舵车研发和相关技术上的能力,包括新能源燃料、轻电池和配件设计等方面。随着2014年国家汽车政策的实施,马来西亚在汽车工业领域取得了十分耀眼的成绩,尤其是在新能源汽车的研发和应用上,市场占有率从2014年的14%直接上升到2018年的62%;创造的工作岗位也从2014年的3.3325万个提升到2018年的6.4839万个,汽车行业的从业人员翻了一倍。① 此外,在整车出口和零部件出口上,马来西亚实现了从2014年到2018年的持续增长;在供应链发展中,汽车行业经销商从2014年的277家三级经销商、33家四级经销商、5家五级经销商发展到2018年的405家三级经销商、130家四级经销商、55家五级经销商。马来西亚先后成立马来西亚技术中心,国家排放测试中心和汽车设计中心,进一步提高了国家的汽车研发和制造能力。总的来说,马来西亚汽车工业在2014年国家汽车政策的指引下,出口持续增长,营销网络也逐渐发展完善。②

(二)马来西亚民族汽车工业发展简史

作为曾经的英国殖民地,马来亚在殖民者的经济体系中主要作为橡胶和锡矿等原材料的出产地,这也导致马来亚地区单一化的经济结构。独立后,虽然经济结构发展逐渐趋向全面,但是由于基础设施水平较为落后,马来西

---

① 数据来源于 MARii INTERNAL ANALYSIS,转引自 Ministry of International Trade and Industry, National Automotive Policy 2020, p. 13。
② 数据来源于 MARii INTERNAL ANALYSIS,转引自 Ministry of International Trade and Industry, National Automotive Policy 2020, pp. 13 - 14。

亚的经济结构仍然是以农业和矿业为主，工业基础较为薄弱，再加上经济发展受到国内族群关系等因素的影响，国家的经济结构一直较为单一。从20世纪80年代开始，在"新经济政策"的指引下，政府制定了国家汽车工业的发展政策，希望借发展民族汽车工业提高国家发展水平，增强技术实力，树立国人自信，在世界汽车制造领域占据一席之地。

20世纪80年代初，刚上任不久的马哈蒂尔总理就积极推动马来西亚汽车工业发展，希望通过发展汽车工业推动国家现代化进程。于是，在1984年应运而生的马来西亚国家汽车工业公司——宝腾与日本三菱汽车公司合资，引进日本先进的汽车制造机械和生产技术，生产出第一代国产轿车。在起步阶段，得益于政府的大力帮助和扶持，马来西亚民族汽车工业克服重重困难走上了独特的发展道路。为了保护本国的汽车市场，加快民族汽车工业的发展，马来西亚政府对外来汽车工业品实行高关税和汽车进口准证（AP）制度①，并且在抬高进口车门槛的同时，对国产车实行包括税收和零部件供应的各种优惠。② 这也使得国产车在马来西亚国内市场拥有巨大的价格优势，弥补了自身在技术、质量和售后等方面的不足。在马哈蒂尔总理和政府的支持下，马来西亚民族汽车工业从无到有，承载着民族兴盛的希望，一步步发展起来，成为马来西亚最重要、最具有战略意义的产业之一。民族汽车工业也没有辜负政府和人民的期望，在短时间内占据马来西亚国内广大市场，开始扭亏为盈，汽车技术自主率不断提高。

进入20世纪90年代，马来西亚民族汽车工业进入发展的黄金时期。得益于这一时期马来西亚经济的不断发展，国内汽车市场需求增加，销量不断攀升，民族汽车工业发展欣欣向荣。1996年，如日中天的宝腾成功收购英国著名跑车集团路特斯（Lotus，也称"莲花"）80%的股份，技术和研发实力由此显著提升。随后，宝腾收购底特律汽车设计中心，进一步巩固自身的

---

① 汽车进口准证是由政府发放的进口汽车许可证，始于1970年，如一家马来西亚公司想进口外国汽车，应首先向马来西亚政府申请许可证。
② 周燕燕：《泰国和马来西亚汽车工业对比研究》，《全球科技经济瞭望》2007年第7期，第43~46页。

开发、设计水平，具备了独立完成从轿车概念开发到生产所有工序的能力，从单一的国内生产商发展成为产品款式多样、满足国内外不同需要的汽车生产商。此外，宝腾还不断扩大投资，建起了东南亚第一座汽车城。①

继宝腾之后，为了扩展汽车产品品种，进一步支持零部件制造业的发展，挖掘国内汽车产业的巨大潜力，马来西亚第二个国产汽车公司——"北鹿大"（Perodua）于1992年10月建立，主要生产小排量家用汽车，以弥补宝腾车型的空缺。1998年，金融危机使马来西亚民族汽车工业遭受重大打击，但是在政府的帮助下，民族汽车工业恢复迅速，国内汽车销量于2002年重新突破40万辆，国产车市场占有率更是达到历史最高的78.4%，并且此后销量不断攀升。

进入21世纪，习惯了受政府保护的宝腾汽车受到包括东盟自贸区等自由贸易协定的影响，由于在产品质量和服务上乏善可陈，其在产品销量上受到进口汽车的极大冲击。1995年7月，东盟各成员国达成了至2003年建立东盟自由贸易区、将地区内关税下降至0~5%区间内的协议。但为了保护本国汽车制造业权益，马来西亚争取到将汽车工业排除在共同有效特惠税制产品名单外，把本国汽车关税延迟到2005年降低到20%，并在2008年进一步降低至0~5%。②虽然政府已经尽力保护本国民族汽车工业，但是随着21世纪经济全球化的不断深入、东盟自贸区的建立，以及信息流通速度的不断加快，习惯于依赖政府扶持的民族汽车工业逐渐陷入困境。长时间在温室中的成长使宝腾习惯于马来西亚汽车"一哥"的头衔，难免自满，但问题随之而来，产品是否人性化、售后服务是否做到家，诸如此类足以影响顾客对企业忠诚度的因素未得到进一步优化。并且由于汽车工艺落后于外国汽车工业、品质逊色、小毛病多、车款少，品位日高的马来西亚人也逐渐对国产汽车失去信心。加上马来西亚的市场逐渐开放后，大量涌入的进口汽车让

---

① 周艳：《马来西亚汽车业：不经历风雨怎么见彩虹？》，《中国—东盟博览》2006年第9期，第56~61页。

② 周艳：《马来西亚汽车业：不经历风雨怎么见彩虹？》，《中国—东盟博览》2006年第9期，第56~61页。

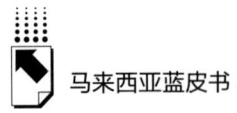

宝腾顿失"大片江山",不得不面对主要来自美、日、韩等国,尤其是素有"东方底特律"之称的邻国泰国的挑战,民族汽车工业陷入困境。

二 吉利收购宝腾与马来西亚民族汽车工业的发展

2017年6月23日,吉利控股集团与马来西亚DRB-HICOM集团签署最终协议,收购DRB-HICOM旗下宝腾汽车49.9%的股份以及豪华跑车品牌路特斯51%的股份,从此开启了马来西亚民族汽车工业的新时代。

(一)吉利收购前后宝腾汽车的发展和特点

2012年,由于政府实行逐渐开放汽车市场、降低进口汽车关税、放开汽车排量生产限制等政策,外国汽车大量涌入马来西亚国内汽车市场,国产品牌竞争力大幅下降,民族汽车工业面临前所未有的巨大危机。但实际上,宝腾汽车无论在资金、技术还是企业管理上都无法跟上时代的步伐,发展持续受阻。

在资金方面,宝腾因为经营不善连年亏损,只能依靠政府拨发的研发资金和提供的贷款勉强维持生存。2008年,宝腾取得1.845亿林吉特的净利润,但其获得的研发资金却高达1.937亿林吉特;2009年,宝腾亏损3亿林吉特;2010年,宝腾创下2.189亿林吉特的净利润,但其需要的研发资金也高达1.43亿林吉特;2011年宝腾净亏损8820万林吉特;2015年,宝腾向马来西亚政府借款15亿林吉特;2016年,宝腾亏损14亿林吉特,至今仍处于亏损状态。路特斯品牌的经营状况也不太乐观,2016年路特斯汽车财报显示,当年亏损大约2760万英镑,只卖出1584辆车。① 在与吉利合作之前,宝腾可谓负债累累,而此次收购案后吉利的加入有效地改善了资金短缺问题。首先,吉利在收购宝腾时在资金入股部分向宝腾注资1.73亿林

---

① 高飞昌:《吉利收购宝腾汽车背后:标的已非优质资产》,《商讯》2018年第1期,第12~14页。

吉特，并出资 5100 万英镑收购英国跑车品牌路特斯 51% 的股权，缓解了其资金紧缺的困难。其次，吉利收购时将宝腾品牌的控制权留给了马来西亚，所以政府在双方合作后给出 11 亿林吉特的资金支持，这笔资金的大部分用来偿还母公司 DRB-HICOM 的债务，并且宝腾未来还能够继续享受马来西亚为本土企业提供的政策优惠。最后，宝腾加入吉利集团后，将在吉利的全球战略下获得资金配置，拥有了一个强大的靠山①。

在技术方面，由于宝腾深得国家扶持，长期处于马来西亚市场的领头地位，竞争压力小，长期处于不思进取的境地，再加上公司经营不善导致技术落后、平台老旧、车型换代迟缓等问题，随着市场的开放宝腾逐渐失去消费者的信任。然而吉利深耕中国市场多年，并通过收购澳大利亚自动变速器公司（DSI）、沃尔沃轿车公司和英国锰铜公司等世界著名汽车行业公司，不断提升自身技术。特别是对沃尔沃汽车在安全、智能、节能等技术方面的消化吸收，让如今的吉利拥有了充足的技术储备支援宝腾。在本次收购中，吉利就有一部分是技术入股，协议承诺在马来西亚推出吉利博越②的平台并将其打造为打入东南亚市场的排头兵，之后还会不断引入新车型、新技术，并且在马来西亚成立研发中心，将马来西亚建成面向东盟市场的生产基地。宝腾 X70 自上市已收到 3.2 万多份订单，交付数量超过 1.5 万辆，在马来西亚 SUV 细分市场排名第一。

在管理服务方面，宝腾衰落的原因之一便是管理松散、服务欠佳。其实宝腾一直存有一种"恃宠而骄"的心态，在管理层面只求平稳不求突破，对政府的依赖性太强。宝腾虽然在马来西亚有很多的经销渠道，但只满足于提供卖车这一种服务，没有延伸出维修、保养、洗车等附加服务来提高整体服务水平，获取更多利润。并且整个产业链内部也存在许多利益关系，制约了企业的发展。吉利在中国市场的长久考验下，加之吸收了沃尔沃先进的管理经验，管理能力大大提升。在宝腾被纳入吉利的经营管理体系后，其现有

---

① 吉利汽车控股有限公司 2017 年财报显示，吉利 2017 年全年总收益为 927.61 亿元，净利润总额达 106.34 亿元。
② 博越车型曾在中国创下月销超过 2 万台的骄人成绩。

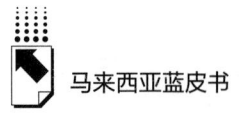

的管理经营状况肯定会有所改进。

2017年，新上任的宝腾汽车CEO李春荣推行多项改革措施以完善宝腾生产经营体系。比如，他发现宝腾现在拿到的零部件价格比市场高出30%，所以为了削减成本，其督促零部件供应商降低零部件价格。另外，由于马来西亚汽车经销商85%的土著代理仅有1S①水平，吉利入主之后，采取了新政策，指示销售代理一年内将1S中心提升为3S②中心，以此推动宝腾品牌的发展。③

（二）吉利收购宝腾对马来西亚汽车工业发展的意义

面对来自国内外车企的多重竞争，宝腾只能通过寻找新的合作伙伴以提升自身实力，力求在残酷的市场竞争中生存下来。2015年，遭遇严重生存危机的宝腾向马来西亚政府借款15亿林吉特，但政府同意借款的前提条件是找个有技术和资金的外国股东。于是，为宝腾和下属英国路特斯集团寻找买家成为DRB-HICOM集团2015~2016年最主要的工作。

1. 妥协性收购确保马方控股地位

2016年5月，宝腾正式开始招标，提出接手方必须满足三个方面的要求：战略互补④、运营互补⑤以及文化互补。最初全球超过20家企业收到标书，经过层层筛选到6家，再到3家，即为公众所熟知的吉利集团、雷诺集团和标志雪铁龙集团（PSA）。经过多方谈判，宝腾决定与吉利合作，于2017年5月24日签署具有约束力的关键条款协议，6月23日吉利控股集团与马来西亚DRB-HICOM集团签署最终协议，收购DRB-HICOM旗下宝腾汽

---

① 销售。
② 销售、售后服务及零部件。
③ 洪华：《吉利收购宝腾的365天》，Business Cars，2018年5月21日，https：//mp.weixin.qq.com/s？src=11&timestamp=1583744228&ver=2205&signature=hqOmO0xxykITZklwn7KGWuz0hKrSbK8Yv06YQwjMxAFf8sNtz94hrEwI8F9*ihbQAAlpIWu-cbp5v23C1rrMmAdAD5BvdCzK3MF9dukJ9X0m2sE5VDIqQUF9g4C4z49S&new=1。
④ 双方共同开拓东南亚和全球市场。
⑤ 双方产品、架构等优势互补。

车49.9%的股份以及豪华跑车品牌路特斯51%的股份，宝腾收购案就此尘埃落定。

吉利集团能在当初20多家强大的竞争对手之中胜出实属不易，谈判过程非常艰难复杂。当然，吉利收购成功的背后有许多因素，除了其自身拥有丰富的海外收购经验①、谈判团队非常专业成熟且诚意十足之外，还有三个因素是它收购成功的主要原因。

第一，实际上吉利对宝腾的并购被业界称为妥协性并购，因为收购的道路并不平坦。众所周知，吉利已经有过成功收购沃尔沃的经历，当时吉利获得了沃尔沃100%的股份，但是在收购宝腾时，吉利作为收购方只收购了其49.9%的股份，对于路特斯这个宝腾的外来品牌也只占股51%。按照常理，收购方通常会作为被收购方的最大股东，并成为被收购企业的最大控股方。但宝腾是马来西亚的国宝级汽车品牌，是其民族汽车工业的骄傲，更是民族自豪感和工业精神的象征，拥有深厚的政府背景，所以在此次吉利与宝腾的收购事宜中，吉利控股集团虽然作为宝腾最大的股东方，持股比例达49.9%，但控股方的身份最终让给了包括DRB-HICOM集团在内的马来西亚，满足了该国对宝腾拥有控制权的要求。由于在谈判收购期间宝腾的立场不断变化，就像李书福在2017年3月两会期间所说，"他们（宝腾）一直在变，今天这样，明天那样，他们还不确定自己要什么"，吉利曾一度宣布退出竞购，②但是最终仍然满足了马来西亚对其民族汽车工业的执念。

第二，吉利对宝腾进行了产品的扩充。吉利深耕中国市场多年，拥有丰富的品牌型号和生产线，非常了解亚洲市场的需求，在对宝腾的产品和马来西亚汽车进口现状进行分析之后，吉利看出宝腾没有能很好适应马来西亚国

---

① 2009年，吉利成功收购澳大利亚自动变速器公司（DSI）；2010年，吉利成功收购福特汽车公司旗下沃尔沃轿车公司全部股权；2013年吉利成功收购英国锰铜后，伦敦黑色出租车生产企业归吉利所有。

② 高飞昌：《吉利收购宝腾汽车背后：标的已非优质资产》，《商讯》2018年第1期，第12~14页。

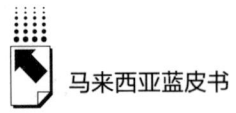

内市场的SUV车型,承诺将一款热销中型SUV(吉利博越)引进合资公司生产,快速补齐宝腾SUV车型上的短板。

第三,吉利满足了宝腾延续其品牌价值的要求。吉利同意以后在宝腾品牌强势的市场使用宝腾品牌,在其他市场则将宝腾作为吉利的生产基地,以确保宝腾日后的品牌价值。实际上,吉利在收购宝腾之后,并没有打算将宝腾品牌引入中国市场,毕竟吉利在中国已经拥有了三个品牌,且宝腾就核心科技来说并没有引入中国市场的价值,吉利收购宝腾主要是看上了东南亚市场这个大蛋糕。日系车占主要地位的东南亚市场未来在汽车产业领域的发展拥有无限潜力,这也是吉利参与收购并最终收购成功的重要原因。

综上能够看出,这次收购案中吉利诚意十足,且满足了宝腾提出的战略互补、运营互补以及文化互补三个要求。所以即使吉利在各竞标集团中出价不是最高,但宝腾还是选择了吉利作为合作伙伴,希望这位接盘者能够带领自己脱离困境。

2. 互利共赢宝腾迎来新的生机

对于宝腾来说,吉利是愿意将品牌控股权交给马来西亚的"救命稻草",在很大程度上能够解决宝腾在资金、技术和管理上面临的难题,符合宝腾提出的战略互补、运营互补以及文化互补三个要求,并且承诺在宝腾品牌强势的地区贴牌宝腾销售,共同开拓东盟市场。所以吉利是宝腾再合适不过的收购方兼合作伙伴。

对于吉利来说,马来西亚因为其独特的区位优势成为吉利快速进军东盟市场的桥头堡,吉利取得了地区低关税优惠,降低了劳动力使用成本,收获了宝腾现有的工厂和分销渠道,补齐了其在东盟市场的短板,有望打破日系车在此地区长期盘踞的局面。此外,路特斯品牌的加入也让吉利补齐了产品线上的最后一类车型,收获其在车身轻量化和底盘调校等方面的突出技术。

2018年12月12日,基于吉利博越打造、以CBU①模式导入的首款新

---

① 原装整车进口。

车宝腾 X70 在吉隆坡正式上市。与此同时，一个包括焊接和总装工艺在内的 CKD①新工厂也于协议签署后在宝腾丹绒马林工厂厂区内投资建设。宝腾方面提供的数据显示：宝腾 X70 自上市已收到 3.2 万多份订单，交付数量超过 1.5 万辆，在马来西亚 SUV 细分市场排名第一。根据 2020 年 3 月份的数据来看，宝腾汽车实现了 2013 年 8 月份以来的月度最大销量，单月销售车辆达 9974 辆，其中宝腾 X70 达到 1973 辆，连续第二个月成为马来西亚最受欢迎的 SUV。②

2019 年，DRB-HICOM 公司财报显示，得益于宝腾汽车业务的增长，公司前三季度实现税前利润 1.3 亿林吉特，而 2018 年同期亏损 4924 万林吉特。在汽车业务板块，第三季度营收 24.22 亿元林吉特，同比增长 26%；前三季度营收 46.57 亿林吉特，同比增长 40%，同时宝腾年度汽车销量也重新突破 10 万辆，释放出宝腾扭亏的信号。2020 年 2 月 12 日，宝腾丹绒马林工厂全面升级后制造输出的首款车型——2020 版宝腾 X70 在马来西亚正式上市。并且在 2020 年 2 月，宝腾汽车产销双双破万，销售额同比增长超过 80%，市场占有率创 77 个月以来最高纪录。

综上可见，在宝腾牵手吉利之后，公司状况有了明显改善，近期的各项数据也表明宝腾正在通过吉利走向一条复兴之路，两家车企互利共赢的时代即将到来，马来西亚汽车工业也从复苏走向全面发展。

三　《国家汽车政策 2020》指导下的未来发展走向

在 2014 年国家汽车政策的指导下，马来西亚的汽车工业在 2014~2018 年实现了较大的发展，特别是在 2017 年吉利收购宝腾之后，马来西亚汽车工业一改之前的颓势，逐渐焕发出新的生机。2020 年，面对人工智能、物联网发展的科技大潮，再次担任总理的马哈蒂尔对国家汽车政策进行了第三

---

① 全散零件进口。
② 《吉利集团旗下宝腾在马来西亚市场 2020 年 2 月销量创下自 2013 年 8 月以来的月度最高》，2020 年 3 月 4 日，https://www.bilibili.com/read/cv4957823/。

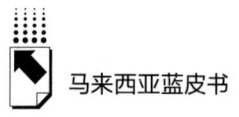

次更新，此次政策的核心是移动互联，旨在促进马来西亚汽车工业在数字化时代的发展。

（一）《国家汽车政策2020》的特点

如今，全球汽车行业面临新的大变革，马来西亚《国家汽车政策2020》旨在指导未来十年马来西亚汽车工业的发展，从而奠定自身东南亚地区汽车生产枢纽的地位。2014~2018年，在欧美、中国和日本等国汽车工业的带领下全球汽车销量实现了稳步的增长，全球汽车销售量从8530万上升到了9190万辆，提高了7.7%，同时新能源汽车的销售量占比也从2014年的2%上升到2018年的4%。可见在全球汽车销售增长的大背景下，由于传统燃油汽车企业的巨大影响力，传统燃油汽车仍然是主流，新能源汽车的发展处于起步阶段，拥有很大的市场前景。从东盟市场来看，2014~2018年，汽车的销售总量增长提高了12%，汽车的生产总量则提高了10%。对于新能源汽车来说，在东盟区域内其销售成绩远远高于世界其他地区，其中2014年东盟的新能源汽车销售占比为26%，达到82.9103万辆，到了2018年其销售占比为32%，达到了111.443万辆。① 可见东盟作为排名世界前列的经济体，新能源汽车的发展方兴未艾，而马来西亚作为未来东南亚地区的汽车生产龙头，2014年的国家汽车政策已经明确提出发展新能源汽车，因此面向未来的10年马来西亚必须要不断开拓，抓住人工智能领域科技革命这一契机，着力发展民族汽车工业。

从全球的汽车行业发展来看，在美国、英国、德国、中国和日本等行业领头羊的带领下，当今世界汽车行业在下一代汽车（Next Generation Vehicle，NxGV）、出行即服务（Mobility as a Service，MaaS）、工业4.0（Industrial Revolution 4.0，IR 4.0）等领域呈现出急速发展的上升势头。此外，电气化、自动驾驶、物联网、协作智能交通系统和人工智能等是全球各国汽车制造商着重发展的核心领域，汽车正在变得越来越智能，也越来越环

---

① Ministry of International Trade and Industry，National Automotive Policy 2020，pp. 23-25.

保。在深入研究了当前和未来全球汽车领域的发展趋势之后，马来西亚的《国家汽车政策2020》将下一代汽车、出行即服务、工业4.0作为未来国家汽车工业发展的核心要素。

根据新的国家汽车政策，下一代汽车是马来西亚未来汽车工业的主要发展目标。下一代汽车的发展与汽车自动化的发展层级密切相关，根据自动联网汽车（Automated and Connected Vehicle）对汽车自动化五个层级的分类，第一级是驾驶员辅助，这一级的汽车可以自动提供转向或者制动的服务，这一级又称为"解放双脚的驾驶"；第二级是部分自动化，在这一级汽车能够基本实现自动驾驶，但是还需要人的监督，第二级又称为"解放双手的驾驶"；第三级是有条件的自动化，在这一级中驾驶实现自动化，但是需要驾驶员在汽车发出警报时迅速做出反应，这一级又被称为"解放双眼的驾驶"；第四级是高度自动化，这一级别的汽车在预先设定的场景可以实现高度的自动化，这一级又被称为"解放意识的驾驶"；第五级是完全自动化，在这一级汽车实现了全领域的自动驾驶，不需要驾驶员的操作，这一级又被称为"解放驾驶员的驾驶"。《国家汽车政策2020》指出，马来西亚着力发展的下一代汽车主要是指搭载相关智能移动应用的新能源汽车，并且汽车自动化水平要高于三级。①

当今世界，移动和互联成为科技发展的重点并改变了我们的生活，人们对于互联性的要求也越来越高，因此政策指出发展下一代汽车的主要发展标准：第一是实现自动联网汽车的发展，其中包括生产自动联网汽车并规范对自动联网汽车测试平台的安全需求，以及将智能出行和自动化层级特征应用到马来西亚的几种汽车类型上；第二是建立电动汽车互用性中心，其中包括构建电动汽车充电协议，建立电动汽车生态系统的能量管理系统，以及确保重要零部件的安全使用；第三是构建新能源汽车和下一代汽车发展规范，主要是将新能源扩展运用到更宽泛的种类中，包括乘用车、商用车和摩托车。政策指出，马来西亚从2021年开始将下一代汽车的标准应用到各类车辆生

---

① Ministry of International Trade and Industry, National Automotive Policy 2020, p.41.

产中，并在2025年实现下一代汽车投放市场。

《国家汽车政策2020》指出，出行即服务是马来西亚未来国家汽车工业发展的重点，它是一种新的发展理念。出行即服务是如今交通发展的一个新概念，主要指将多种类型的交通模式和服务整合成一种高效且中心化的出行服务从而提供多样化的出行选择，包括在出行时将公共交通服务与私家车辆进行衔接，同时还让乘客享受其他类似于最优化的商品投送和在线健康诊断等服务。因此，出行即服务这一理念可以包括共享、多模式交通、电子支付、远程信息处理以及互联生活等子理念。实际上，作为未来汽车工业发展重心的出行即服务旨在改变人们关于出行选择的传统理念，改变传统非A即B的选择模式，将多种出行模式进行整合和搭配，实现汽车工业发展与日常生活模式改革的有效衔接。通过推动出行即服务，自动汽车在未来的发展将会推动公众对道路实现更低成本的使用，提高未来城市区域的生活质量，并且成为未来交通的重要组成部分。[1]

此外，根据《国家汽车政策2020》的相关内容，工业4.0将是实现下一代汽车这一发展目标以及出行即服务这一发展理念的重要抓手，是实现马来西亚汽车工业发展的重要方式。它主要指运用各种与工业4.0相关的数字技术，包括人工智能、大数据分析、物联网等，实现下一代汽车的发展目标和出行即服务的发展理念。数字技术的应用为传统的汽车行业带来了一场深入的革命，通过对现代技术的运用，汽车变得越发智能，灵活性和效率都变得越来越高，这也使得汽车未来的发展逐渐走向智能与互联。[2]

（二）马来西亚汽车工业发展的未来展望

在汽车行业改革与发展的国际趋势大背景下，马来西亚《国家汽车政策2020》提出了民族汽车工业发展的远景计划——将马来西亚建设成为东盟汽车领域的领头羊，在制造、设计、技术和可持续发展等方面保持领先地

---

[1] Ministry of International Trade and Industry, National Automotive Policy 2020, p.43.
[2] Ministry of International Trade and Industry, National Automotive Policy 2020, p.45.

位。针对这一远景计划,国家汽车政策提出了五个重要举措。第一,整合供应链,将马来西亚建设成为汽车和零部件出口中心,加强汽车研发,发展汽车和出行相关的技术并提高零部件的测试水平。第二,加强本地制造,通过培养本地汽车企业实现汽车和零部件的本地化生产和制造,提高本地企业的竞争力并减少对外国产品的依赖。第三,注重设计能力,面对年轻一代的消费者,传统的车型设计已经难以满足新的需求,因此政策提出要在汽车领域实现转型,在研发、测试和技术创新中加强本国企业的设计能力。第四,紧跟最新技术潮流,通过应用工业4.0的相关技术紧跟世界汽车的最新发展潮流。第五,可持续发展,政策提出通过使用环保型产品并采取环保型生产流程减少碳的排放,实现可持续发展。①

在远景计划的指导下,《国家汽车政策2020》在2014版政策的基础上提出了五个新的目标。第一,发展下一代汽车技术生态系统,使马来西亚成为下一代汽车生产的东盟区域枢纽;第二,拓宽国内汽车企业在出行即服务领域的参与,不仅聚焦技术的发展还要注重整个交通生态系统的建立;第三,确保国家汽车工业应用与工业4.0发展紧密相关的新技术与新模式;第四,确保在下一代汽车理念实施过程中产生的副产品能够使包括消费者、相关工业和政府等各方获得最大化的收益;第五,按照东盟能源经济指南中提出的百公里5.3升燃油的目标,让马来西亚在2025年时通过提高燃油经济性水平减少汽车尾气中碳的排放,实现可持续发展。②

为了实现马来西亚汽车产业发展的远景计划和奋斗目标,《国家汽车政策2020》还确定了三个指导方向和三项战略来巩固2014年的汽车政策,三个指导方向分别如下。第一,技术和设计。考虑到世界汽车产业的飞速发展,马来西亚在发展新能源汽车时需要将下一代汽车、出行即服务和工业4.0等核心要素同时应用到汽车生产的技术和设计中。政策指出,在汽车电子领域,高级驾驶员辅助系统(Advanced Driver-Assistance System)、联网汽

---

① Ministry of International Trade and Industry, National Automotive Policy 2020, p.35.
② Ministry of International Trade and Industry, National Automotive Policy 2020, p.37.

车（Connected Vehicle）等都是未来的开创性技术，拥有极大的增长潜能并会对汽车产业产生重要的影响，轻质材料、微型化、信息和电气化等也是马来西亚在未来重要零部件生产领域保持领先地位的重要技术。第二，投资。2014~2018年，马来西亚汽车工业共吸引投资100.5亿林吉特，其中有36.4亿林吉特是外国直接投资，64.1亿林吉特是马来西亚国内投资。因此新的政策指出，未来汽车工业的发展要以吸引战略投资和发展高新技术为主，以顺应世界汽车工业技术的快速发展。第三，市场拓展。随着新理念和新技术的应用以及出行即服务和工业4.0生态系统的建设，马来西亚的汽车工业有望拓展国际市场。此外，在本土汽车产业市场的拓展方面，马来西亚汽车工业需要聚焦售后服务以及零部件供应等领域。①

除了三个指导方向之外，政策还制定了三项战略。第一，价值链的发展。政策指出在追求高质量产品的同时要增强价值链的竞争力以满足汽车生产标准和消费者的需求。针对这一战略，政策指出需要采取的具体举措包括：①通过学习促进本地企业的发展从而减少进口；②继续实施软贷款计划以支持供应链相关活动；③建立训练项目来引导零部件供应商进行智能制造从而增强整体竞争力；④通过提高和发展现有测试设施加强零部件的测试活动；⑤通过激励机制来加强本地公司参与供应链中的附加值产业；⑥鼓励建立新的系统整合公司并推动已有企业提供系统解决方案。第二，人力资本的发展。政策指出人力资本的发展需要紧跟当前和未来汽车技术的发展，才能确保本地的汽车劳动力能够保持持续的竞争力。针对这一战略，政策所提出的具体举措包括：①建立汽车领域的工业4.0学院；②继续汽车学徒项目以加快毕业生的输入；③按照当前的发展趋势和产业需求，继续加强当前已有的与汽车相关的教育项目；④从2021年1月起，实施汽车和出行生态系统劳动力的强制认证；⑤继续汽车产业发展项目中的资金配给；⑥根据当前的产业需求，特别是针对工业4.0的相关元素，继续推动建立更多的技术职业教育训练项目。第三，安全、环境和用户至上主义。新

---

① Ministry of International Trade and Industry, National Automotive Policy 2020, pp. 48-52.

政策强调，要在汽车工业发展中提高其安全性以减少交通事故的发生，采取更加环保的技术解决环境污染的问题，同时还要推介用户至上主义的元素来保证消费者的权益。针对这一战略，政策提出了包括研究召回机制、完善汽车领域的网络安全以及使用生物汽油等相关举措。①

结　语

自20世纪80年代以来，作为马来西亚民族骄傲的汽车工业发展经历过高潮，也跌入过低谷，从2006年开始，政府为了扶持汽车工业的发展制定了国家汽车政策，旨在推动国家汽车工业适应新时代的发展需求。2017年，在吉利入主宝腾之后，吉利在带来资金的同时还在技术和管理方面为马来西亚汽车工业带来了新的经验，使马来西亚不仅获得了产业的主导权，还迎来了新的发展。面向新的时期，《国家汽车政策2020》为未来十年马来西亚的汽车工业发展制定了生产下一代汽车的发展目标，也指出了建设出行即服务生态系统的奋斗理念和应用工业4.0的实践方式，有望将马来西亚打造成为东盟地区的汽车行业领头羊以及区域汽车生产的枢纽，提高国家的工业化水平并促进国民经济的发展。

---

① Ministry of International Trade and Industry, National Automotive Policy 2020, pp. 53–58.

B.11
马来西亚与2020年APEC议程*

葛红亮 唐嘉馨**

> **摘 要：** 马来西亚是亚太经济合作组织（APEC）的创始成员之一，2020年马来西亚第二次主办APEC会议，对会议的成功举办发挥了良好的协调与组织作用。本报告从马来西亚与APEC的关系脉络入手，分析了相关的重要节点的基础，把握其发展历程与历史逻辑；随后围绕2020年的AEPC议程进行论述，探讨马来西亚在制定会议议程中的作用与成效；最后讨论APEC机制及此次会议对马来西亚的意义与影响，探析其面临的挑战。
>
> **关键词：** APEC 马来西亚 茂物目标 2040年愿景

2020年是亚太经济合作组织（Asia-Pacific Economic Cooperation，APEC）成立第31年，也是APEC在1994年茂物会议设立的"茂物目标"（Bogor Goals）①的时间截止点。在APEC即将迈入"后茂物"时代之际，作为创始成员的马来西亚再次主办APEC系列重要会议，其推动APEC走向何方，备

---

* 本报告受广西高等学校千名中青年骨干教师培育计划人文社科项目"'海洋命运共同体'视野下南海安全治理路径研究"（2021QGRW031）、广西民族大学相思湖青年学者创新团队人文社科重大项目"新时代东南亚国家对外政策研究"资助。

** 葛红亮，博士，副研究员，广西民族大学马来西亚研究所所长，主要从事东南亚区域与国别研究。唐嘉馨，广西民族大学东盟学院2020级国际关系硕士研究生，广西民族大学马来西亚研究所研究助理。

① 茂物目标包括一个目标和两个时间表，即1994年APEC印度尼西亚茂物会议确立了实现贸易和投资自由化的目标，并提出发达成员于2010年前、发展中成员于2020年前实现这一目标的两个时间表。

受外界关注。在新冠肺炎疫情出现前,马来西亚为 2020 年 APEC 会议设定了"充分利用人类潜力,迈向共同繁荣的未来"的主题,意在指出两个重要目标,一是经济增长的过程中应确保没有人掉队,二是使民众公平参与区域经济合作并从中获益。同时,围绕"激发人民潜能,共享强韧、繁荣未来"的主题,马来西亚设立了"改善贸易投资的宣介""利用数字经济和技术促进经济包容性""促进创新可持续发展"三个优先议题。同时,马来西亚还接过"茂物目标"的接力棒,希望在 2020 年讨论制定 APEC 新的合作愿景。① 但突如其来的疫情,不仅对马来西亚主导 APEC 会议产生了巨大的影响,大大降低了相关会议成效,也使 2020 年 APEC 会议不得不在促进经济复苏之外,担负起合作抗疫的重要任务。

以此为背景,本报告将从梳理马来西亚与 APEC 的关系脉络入手,探讨 2020 年马来西亚作为东道主所主导的 APEC 议程,进而在全球新冠肺炎疫情大流行和"百年未有之大变局"的背景下阐述这些议程对 APEC 和马来西亚等地区发展中国家的重要意义和影响。

一 马来西亚与 APEC 的关系脉络

APEC 创建于 1989 年 11 月,迄今已经发展成为亚太地区重要的经济合作论坛和亚太地区层级最高、领域最广、最具影响力的经济合作机制。与此同时,30 多年来,在 APEC 的促进和推动下,亚太地区合作不断深化,取得长足进展,也产生了显著成效。这正如中国国家主席习近平于 2020 年 11 月在 APEC 第二十七次领导人非正式会议上所言,"我们以茂物目标为指引,不断提升区域经济一体化水平。我们推动贸易投资自由化便利化和经济技术合作两个轮子一起转,努力实现优势互补和均衡发展。我们倡导开放的地区主义,探索出自主自愿、协商一致、灵活务实、循序渐进的'APEC 方式'。

---

① 刘晨阳:《携手应对疫情挑战,推进以人为本的亚太区域合作——2020 年 APEC 领导人非正式会议前瞻》,《光明日报》2020 年 11 月 19 日,第 12 版。

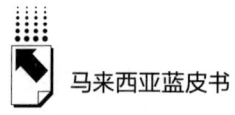

这期间,亚太地区经受住了两次金融危机的考验,10多亿人摆脱贫困,成为世界经济增长中最强劲、最活跃的一个板块,为构建开放型世界经济、支持多边贸易体制、引领经济全球化发挥了积极作用"①。

在这一历程中,马来西亚不仅是APEC的创始成员,而且在其中扮演着主要的角色。这通过长期以来马来西亚对APEC的态度及二者之间的关系脉络可见一斑。1989年APEC成立、1994年举办茂物会议、1998年马来西亚作为东道国主办吉隆坡APEC会议等,都是2020年马来西亚吉隆坡会议之前我们探究马来西亚对APEC的态度及二者关系脉络的重要事件节点。而马哈蒂尔在20世纪90年代初提出的"东亚经济集团"(EAEG)、"东亚经济核心论坛"(EAEC)也成为不可忽视的焦点型话题。另外,根据APEC的相关规定,会议主办国遵循两个原则,一是"轮值"原则,二是"自主自愿"原则。"轮值"原则指的是AEPC会议一年选择在东盟国家举行,下一年则由非东盟国家主办,而且是未举办的成员优先。有意向主办会议的成员主动向大会提出申请,由各成员进行协商和讨论后确定。马来西亚自AEPC成立以来先后于1998年和2020年两次主办APEC会议,有利于其扩大在地区和国际上的影响力。

(一)APEC的成立与马来西亚的矛盾态度

APEC的成立是我们梳理马来西亚与其关系的第一个重要事件节点。1989年11月5日~7日,澳大利亚、美国、日本、韩国、新西兰、加拿大及当时的东盟六国在澳大利亚堪培拉举行首届部长级会议,这标志着APEC的正式成立。从背景来看,APEC的成立源自亚太地区各国之间日益加深的相互依存关系,以及当时亚太地区已经发展成为全球经济最具活力的地区。当时,上述12个国家之间经济的相互依赖逐步加深,交易规模显著扩大,地区市场一体化程度提升;同时,这些国家的国内生产总值占全球的份额已

---

① 习近平:《携手构建亚太命运共同体——在亚太经合组织第二十七次领导人非正式会议上的发言》,新华社北京2020年11月20日电。

经接近60%。因此，相关国家认识到有必要建立一个国际多边合作框架，以缓解由经济结构快速变化引起的跨太平洋地区紧张态势。① 时任澳大利亚总理罗伯特·霍克（Robert Hawke）认为，成立该论坛可促进亚太国家经济的相互依赖，以及推动地区经济持续稳定快速增长。② 也是在这次部长级会议上，各国外长们共同确定了峰会主题及目标，并共同将领导人非正式会议的会议机制确定下来。

马来西亚虽然以东盟成员的身份加入APEC，但和其他东盟成员（印度尼西亚、泰国、菲律宾、新加坡和文莱）一样对加入APEC存在矛盾心态。一方面，其从经济发展的需要出发，认为APEC的成立在当时世界经济区域化、集团化趋势加剧的背景下，为东盟国家增添了一条与区域经济融合的渠道，有利于增强东盟国家的应变能力，而且APEC可以成为东盟国家与地区主要贸易伙伴交换意见和缓解摩擦的重要场所。另一方面，东盟国家对APEC的成立及未来的壮大持有担心态度，认为这或将消融东盟在地区的影响力及在地区多边框架中的地位，使东盟在战略上受制于美日，以及东盟国家产品的竞争优势比不过APEC内的发达经济体。因而，它们认为一个高度机制化与机构化的APEC很可能会成为东盟的竞争对手。③

马来西亚等东盟国家虽然在这一矛盾心态下成为APEC成员，但也在1990年明确以"古晋共识"（Kuching Consensus）来统一马来西亚等东盟国家对APEC的立场，并就此明确表达了东盟如何处理与APEC关系的清晰立场。根据"古晋共识"，东盟成员及组织与APEC的关系应该遵循以下原则。第一，必须保持东盟"协商一致"的凝聚力，东盟与其对话伙伴及第三国的合作关系不应因APEC的成立而冲淡；第二，应该在平等、公平和互利的原则上来加强APEC机制，充分考虑本地区国家间在经济发展和社会制

---

① Ross Garnaut, APEC Ideas and Reality: History and Prospects (paper to the 25th Pacific Trade and Development Conference, Osaka, July 1999), p. 2.
② Laura Vacca, María Fernanda Rodriguez and Pablo Clavijo, "Asia-Pacific Economic Cooperation (APEC)," Simonu Bogotá Region, 2020, p. 2.
③ 陆建人：《东盟的APEC政策与作用》，《太平洋学报》1996年第3期，第60页。

度层面的差别；第三，APEC不应成为一个内向的经济或贸易集团，应加强开放、多边的全球经济和贸易体系服务；第四，APEC应提供一个磋商经济问题的论坛，而不应该对任何成员发号施令并采取强制举措；第五，APEC成员应致力于加强集体和单独的经济分析，并促进有效的相互协商，促进共同受益，并在一些更大的多边论坛中突出共同利益；第六，APEC在制度建设和机构建设方面应该遵循渐进原则，实事求是，不应操之过急，以避免可能出现的问题和麻烦。借此，马来西亚等东盟国家实际上明确了APEC的定位和性质，它不能机制化和成为一个正式机构，不能冲淡东盟的地位，仅仅作为一个协商性的论坛而存在。①

（二）"东亚经济集团""东亚经济核心论坛"与APEC的竞争

1990年时任马来西亚总理马哈蒂尔提出建立包括东盟成员与中日韩三国在内的"东亚经济集团"（EAEG），遭到西方国家的质疑，随后改为"东亚经济核心论坛"（EAEC）。马哈蒂尔提出这一概念的核心关切，正是APEC给马来西亚与其他东盟国家带来的巨大竞争压力和战略牵制。在APEC内，东盟虽有6个成员，但并不可能发挥突出的作用，美日等国显然已经成为APEC的主角，这很可能对东盟的地位和影响产生巨大的削弱作用，美国则借此继续在地区经济领域扮演着战略性主导者的角色。

鉴于此，马哈蒂尔希望借助东亚地区的日本、中国、韩国等强国的力量来维护东盟国家的利益。但马哈蒂尔关于东亚地区经济合作的构想在提出之初就遭到了美国的反对与澳大利亚等国的不满。EAEG倡议并不包括美国、加拿大、澳大利亚与新西兰等国家，而"集团"化的定位也让东盟其他成员面临巨大的压力。随后，EAEG倡议改为EAEC倡议，甚至将其作为APEC的核心论坛，但东盟国家与美国等在这一方面的矛盾并未缓解，美国始终对EAEC倡议表示反对，为此马哈蒂尔在1993年甚至拒绝出席在美国西雅图举行的APEC首次首脑非正式会议。但随着东盟与中国、日本、韩国

---

① 陆建人：《东盟的APEC政策与作用》，《太平洋学报》1996年第3期，第60~61页。

在20世纪90年代末建立了"10+3"合作机制,上述倡议实际上得到了部分实现,EAEG/EAEC因此在很大意义上构成了马来西亚与东盟对待AEPC的一项重要政策工具,它将有助于保护东盟的利益不受美国主导APEC和美国贸易干涉的侵犯。① 同时,它也是东盟坚定捍卫自身在地区经济领域重要地位的象征,得到了东盟国家的认可和一再地强调、遵循。

(三)1994年茂物会议与马来西亚的考量

1994年在印度尼西亚召开的茂物会议是一个关键节点,也是探究马来西亚对APEC矛盾态度与考量的基本参考。1989~1994年,APEC经历了5年的发展,举办了多次部长级会议,特别是1993年11月举行的西雅图APEC首次首脑非正式会议,取得了一些成就和实现了相对保守的目标。基于此,APEC变得更为激进和"雄心勃勃",美国等发达经济体对在框架内实现贸易和投资自由化提出了急切的期待。同时,着眼于APEC首次首脑非正式会议的巨大影响力,印尼时任总统苏哈托对1994年11月在印尼茂物举行的领导人非正式会议予以高度重视,认为只能成功不能失败。但显然,印尼首先需要解决马来西亚、泰国等东盟成员在贸易和投资自由化进程与安排方面的分歧。然而,东盟在1994年东盟经济部长会议上的努力失败了,马来西亚再次明确表示反对当时APEC的贸易和投资自由化进程与安排,泰国、菲律宾等国也持有保留态度。但通过印尼特别是苏哈托的努力,茂物会议取得了成功,东盟国家在原则上接受了贸易和投资自由化的时间表,并经成员领导人反复磋商,最终发表了展现亚太地区经济合作前景的《茂物宣言》,确定AEPC的"茂物目标"。

从长期来看,"茂物目标"指引着马来西亚在对外贸易与相互投资方面的发展方向,同时推动马来西亚贸易与投资发展,但马来西亚却是最初对《茂物宣言》及其目标提出异议的最主要国家。马来西亚在宣言发布后便发

---

① Chia Siow Yue, ed., *APEC: Challenges and Opportunities*, Singapore: Institute of Southeast Asian Studies, 1994, pp. 171-172.

表了保留声明,指出该宣言所规定的时间表是"意向性和不具有约束力的",APEC成员应该根据自身的发展水平和能力来实施贸易和投资自由化。马哈蒂尔也表示,APEC应尊重地区的多样化,而当代人也不能决定21世纪20年代人的命运。由此来看,马来西亚对于茂物目标有着多重且矛盾的考量。一方面,马来西亚认识到自身经济大幅依赖于对外贸易,进出口交易额巨大,因此在长远和总体上对国家推进贸易和投资自由化及实现茂物目标表示赞同。另一方面,马来西亚的担忧主要如下。第一,APEC受大国主导,美国、澳大利亚、日本等国在其中拥有较大的话语权,尤其是美国的强权政治突出。为此,马哈蒂尔反对APEC推行体制化和机构化,拒绝了1993年西雅图首脑非正式会议的参会邀请并在茂物会议上表达了相对强硬的立场,提出部分相反的观点。第二,马来西亚国内经济的发展需要稳定的国际环境,对外开放市场过快并不利于国民经济的稳定增长。第三,茂物目标规定了明确的时间表,这将促使马来西亚等国的自主性下降和可供变通的空间、时效降低。[①]

由此来看,马来西亚的保留态度打破了会议一致同意的规定,茂物会议通过了制定的相关时间表,但同时不得不将马来西亚对APEC的条件和要求作为附件进行考量。但从长远来看,马来西亚根据国家利益的变化及其与地区贸易伙伴的关系发展逐步接受了茂物目标,并在后来加大力度推进贸易和投资自由化的进程。

(四)1998年吉隆坡会议与马来西亚的主办国角色

1998年是APEC成立以来最糟糕的年头,马来西亚正是在这一背景下首次作为APEC东道国主办了一系列会议。当时,马来西亚面临的一系列挑战主要包括以下方面。第一,APEC成员面临大规模的经济衰退,保障和复苏本国的经济发展成为很多成员关注的优先事项。彼时,根据APEC秘书处的统计,APEC的1/3成员遭遇了经济衰退,21个成员的GDP平均增长率由1997年的3.5%下降到1998年的1.5%,这与以往10年亚太地区一直是

[①] 廖小健:《马来西亚与APEC》,《东南亚研究》1997年第3期,第27~28页。

全球经济增长"火车头"的情况形成了截然相反的对比。第二，APEC 多数成员面临稳定局势和恢复经济这一优先事项，其中包括马来西亚由时任副总理安瓦尔被解职引发的政坛剧烈震荡，同时以美日贸易摩擦为代表，成员在经贸层面的保守主义思潮和做法再度卷土重来。第三，APEC 内部的分歧越发明显，成员在多个领域"部门自愿提前自由化"方面分歧较大，不少成员持有抵制和保留态度。在这一背景下，APEC 是否还有能力处理亚太地区和全球的金融危机，AEPC 成员之间的经济和技术合作及地区的自由化进程又如何推进，这些均成为1998年吉隆坡会议需要解决的重要事项。①

面对危机和挑战，马来西亚主办的 1998 年吉隆坡 APEC 部长级会议和领导人非正式会议，自然将克服和解决亚洲金融危机为中心议题，同时继续在贸易和投资自由化、经济技术合作等方面展开广泛的磋商。② 在当年 11 月部长级会议与领导人非正式会议之前，APEC 已经在马来西亚槟榔屿、古晋和关丹召开了三次高官会议，并最终确认了吉隆坡会议三项主要议程，即处理金融危机的问题、"部门自愿提前自由化"的问题与落实、经济技术合作问题。

对于马来西亚等国家来说，当时面对的首要任务是解决亚洲金融危机。为此，部长级会议和领导人非正式会议将金融危机应对置于重要位置，并提出建立专门的国际金融机制和研究机构等；广大的发展中国家也就危机应对形成共识，即消除经济危机影响需各成员携手合作应对，以合作的方式共同致力于危机的解决及最终促使发达国家以负责的态度来正视与解决这一问题，而会议也提出了"合作发展战略"。在贸易和投资自由化方面，广大发展中国家的立场也明显与美国等西方发达国家全面推行"部门提前自由化"不同。发展中国家更强调自由化应在考虑成员具体情况的基础上渐进开展，而以日本为代表的发达国家对对等自由化也予以拒绝，日本断然否决了林业

---

① 陆建人：《面对多样性的两难抉择——亚太经合组织吉隆坡会议评析》，《国际贸易》1998 年第 12 期，第 23 页。
② 张伟、赵旭：《"吉隆坡会议"后 APEC 的格局状况分析》，《东北亚论坛》1999 年第 3 期，第 63 页。

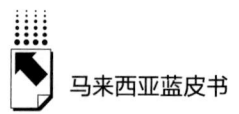

和渔业两个部门自由化问题的要求。在经济技术合作方面，多数APEC成员认识到其重要性，而在这方面的合作也关乎经济危机的应对和经济复苏。为此，会议通过了《吉隆坡技能开发行动计划》《走向21世纪的APEC科技产业合作议程》等两份重要文件，[1] 指明了APEC成员在经济技术方面合作的目标和渠道。此外，本次会议还非常关注电子商务及相关技术，积极推进成员在电子商务领域的发展，并指出要成立相关工作组进行专项研究和交流。通过举办1998年领导人非正式会议，成员共同重申了对地区经济的强劲基础和复苏前景的信心，并在应对金融危机与加强经济技术合作方面达成共识。[2]

马来西亚对1998年APEC会议的成功举办发挥了重要作用，为在协调各国在危机应对、贸易和投资自由化与经济技术方面形成共识与合作付出了努力。但是，会议也显示马来西亚等广大发展中国家与美国等发达国家在APEC内的分歧日益明显，它们在金融安全、危机应对与自由化等议题上暴露出越来越多的不同立场。[3] 因此，1998年吉隆坡会议后，各国在经济危机和开放速度降低的情况下，在推进贸易和投资自由化方面的步伐明显放慢。

综上，马来西亚及东盟其他国家在APEC建立之初就对APEC感到担忧，因此提出了东亚经济合作倡议以缓解APEC对马来西亚与东盟其他国家的潜在冲击。而马来西亚作为APEC内发展中国家的代表，与美国等发达国家之间在贸易和投资自由化等议题上的分歧始终存在，并深刻地影响着APEC的发展及其在地区经济一体化与危机应对方面的作用。

---

[1] Parliament of Australia, "APEC's Kuala Lumpur Meetings, 1998: Major Outcomes and Australia's Interests," December 8, 1998, https://www.aph.gov.au/About_Parliament/Parliamentary_Departments/Parliamentary_Library/Publications_Archive/CIB/cib9899/99cib05.

[2] APEC, "1998 Leaders' Declaration," November 18, 1998, https://www.apec.org/Meeting-Papers/Leaders-Declarations/1998/1998_aelm.

[3] 陆建人：《面对多样性的两难抉择——亚太经合组织吉隆坡会议评析》，《国际贸易》1998年第12期，第25页。

二 2020年马来西亚主导下的APEC议程

2020年马来西亚再次成为APEC的主办方。此次会议依然面临经济发展和贸易和投资自由化的挑战,① 举办APEC系列会议对马来西亚政府来说任务艰巨。事实上,马来西亚原本已为此次APEC会议设定了主题,制定了相关议程,安排了特定内容。2019年12月4日,2020年APEC会议启动仪式在马来西亚塞伯贾亚(Cyberjaya)举行,21个成员的代表出席会议。马来西亚原计划将举行120场国际会议,接待1万余名与会者。② 但随着新冠肺炎疫情的突然出现及其在全球的大流行,加之国内政局震荡,马来西亚主办APEC会议的背景突然复杂化,这使马来西亚被迫对设定事项进行调整。

(一)2020年APEC议程制定的背景与优先事项

突如其来的新冠肺炎疫情及其全球大流行,进一步加剧了"百年未有之大变局"的进程,两者的交织叠加及其在政治、经济等方面产生的深刻影响使马来西亚在2020年主导APEC议程的环境呈现高度复杂的特征。

首先,当前百年变局和世纪疫情交织,世界进入动荡变革期,这是马来西亚2020年主导APEC议程所面临的最主要背景。对于地区与国际形势的演进,"百年未有之大变局"的论断深刻昭示了这一形势演进的核心,世界经济、世界政治、全球化、科技与产业及全球治理等领域正在涌现新的变化。对此,中央党校刘建飞教授认为,"百年未有之大变局"的"变"主要表现在5个方面,世界经济重心、世界政治格局、全球化进程、科技与产业、全球治理都在发生深刻的变化。③ 而且这些领域还呈现出前所未有的不

---

① 挑战不仅包括发展中国家与发达国家之间的分歧,还包括发达国家在落实APEC行动议程方面存在的显著滞缓与搁置,例如茂物目标的第一阶段就因为发达经济体拿不出相关的数据指标而落空。
② 《马来西亚举行2020 APEC启动仪式》,澎湃新闻,2019年12月4日,http://www.thepaper.cn/newsDetail-forward-5138745。
③ 刘建飞:《把脉百年未有之大变局》,《瞭望》2019年第9期,第28~31页。

确定、不稳定的特征，而这些特征随着新冠肺炎疫情的出现及其在全球范围内的大流行进一步凸显。由于新冠肺炎疫情的深刻影响，世界经济活动暂停、衰退，全球制造业供应链进一步收缩，贸易投资保护主义思潮泛起，经济全球化遭遇暂时挫折；同时，国际政治领域大国战略博弈持续加剧，中美在政治、经济和科技领域的竞争进一步凸显，[①]并蔓延到新冠肺炎疫情的国际合作与疫苗研发、生产与全球分配领域。在新冠肺炎疫情的冲击下，APEC大部分成员的经济呈现出断崖式下滑，旅游、航空、酒店、娱乐等服务性产业几乎遭受灭顶之灾。相关数据显示，2020年APEC成员经济将出现2.7%~4%的萎缩，这将严重超过2008~2009年全球金融危机。[②] 因此，应对疫情自然成为本届APEC的头等优先事项，合作应对疫情和恢复经济成为其进程的一条主线。鉴于此，马来西亚在"激发人民潜能，共享强韧、繁荣未来"的会议主题之下重设议程，重点关注贸易与投资、数字经济与技术、推动创新的可持续发展三大领域，[③]并希望促进真正包容、可持续发展与繁荣目标的实现。

其次，"茂物目标"规定2020年是其实现的第二个时间节点，即APEC发展中成员要在2020年实现贸易和投资自由化。以此为标志，APEC合作进程将进入"后茂物"时代。作为亚太地区规模和影响力最大的区域经济合作组织，APEC在新时期的合作愿景应如何规划，不仅是所有APEC成员面对的重大现实问题，也备受国际社会瞩目。因而，承继"茂物目标"并为APEC在"后茂物"时代的新发展目标进行共同磋商与规划，成为马来西亚2020年主导APEC系列会议的重要优先事项。

最后，马来西亚国内的"喜来登政变"也是其主办APEC系列会议的重要背景。2020年2月23日，马来西亚政局出现动荡，导致2月24日马哈蒂尔的辞职。到3月1日前，马来西亚政局多次动荡起伏，巫统、伊斯兰教

---

① 王永中：《如何应对百年未有之大变局和疫情的叠加冲击》，人民论坛网，2020年6月14日，http://www.rmlt.com.cn/2020/0614/583569.shtml。
② 杨泽瑞：《APEC 2020：新冠疫情下的合作》，《世界知识》2020年第24期，第62页。
③ APEC, "The 2020 Malaysia Priorities," https://www.apec.org/2020-Malaysia-Priorities.

党、土团党、阿兹敏派系与人民公正党、民主行动党等主要政治力量分化组合，政局呈现出前所未有的震荡与碎片化态势，严重影响穆希丁政府执政稳定性，同时也对马来西亚处理国内疫情和主办 APEC 会议产生了影响，使马来西亚作为东道国面对的更大挑战。

因此，马来西亚采取替代方案，对三个领域进行了调整：一是确保 APEC 的工作计划能够迅速及有效应对新冠肺炎疫情这一公共危机；二是确定三个优先事项——缩小贸易和投资差距问题、通过数字经济和技术来实现经济包容性的参与及推动创新的可持续性，并将这些作为 2020 年关键会议和活动的重要议程；三是通过采用虚拟方式来应对疫情常态化的形势及以此实现主导 APEC 系列会议。① 因此，自 2020 年 2 月以后，几乎所有 APEC 会议都以视频方式进行。7 月 13 日，马来西亚时任国际贸易及工业部部长阿兹敏指出 2020 年 APEC 会议以共同繁荣为概念，符合"激发人民潜能，共享强韧、繁荣未来"的主题，契合马来西亚主导 APEC 议程所关注的主要优先事项，也有利于规划 APEC "后茂物"时代的新目标。②

（二）2020 年 APEC 的主要议程

2020 年 APEC 会议的主要议程，可以从一系列会议进程及其所聚焦的事项和内容来审视。会议进程总体可划分为三个阶段：系列高官会议、部长级会议和领导人非正式会议。会议围绕"共同繁荣"的主旋律以及"激发人民潜能，共享强韧、繁荣未来"的主题开展。2020 年 AEPC 共召开了 9 次高官会议（2 月 22~11 月 9 日），会议聚焦茂物目标、数字经济发展、2020 年后愿景等内容。2020 年，APEC 共召开了 7 次部长级会议（见表 1）以及 1 次年度部长级会议。会议主题聚焦加强国际合作、应对新冠肺炎疫情及恢复经济，并就此发表相关声明。2020 年 APEC 相关会议主要集中在 9~11 月。在利用数字经济和技术以实现包容性经济参与方面，会议讨论了经

---

① APEC，APEC 2020 Malaysia，https：//www.myapec2020.my/en/.
② 《APEC 峰会今年将如期举行》，〔马来西亚〕马新社，2020 年 3 月 11 日，https：//www.malaysiakini.com/news/53419。

济、生命科学、数字经济、妇女与经济政策等内容。在推进创新的可持续发展的议程方面，召开了22次会议，包含创新废物管理、粮食安全、反腐败、反恐等方面的工作会议。11月份，在改善贸易和投资上，会议集中探讨了商业和投资、市场准入、贸易和投资自由化等方面的内容。11月份举办了12次会议，其中包括最重要的APEC领导人非正式会议。[①] 在这3个月的密集会议中，每个月都举行讨论关于2020年后愿景的专门会议。对于APEC会议和各成员来说，2020年是关键的一年，有着承上启下的作用，既需要验收茂物目标的完成情况，亦需制订下一阶段的行动计划。

表1 2020年马来西亚主导的APEC部长级会议

时间	主题	会议内容	成果
5月5日	新冠肺炎疫情	讨论疫情影响，提出应对措施	对合作抗击疫情达成共识
7月25日	贸易	重视经济衰退，推进贸易流通	发布《促进基本货物流通的宣言》
9月23日	健康与经济	关切公众疾病，开展医疗合作	强调共享信息及加强经济韧性
9月25日	财政	改善财政措施，关注金融数字化	发表APEC 2020年可交付成果
9月30日	妇女与经济	增强妇女经济权能	进行数据分析，鼓励妇女经济赋权
10月23日	中小企业	加强企业贡献，促进创新发展	继续推行小微企业行动纲领
10月27日	粮食安全	注重食物安全，提供相关帮助	拟制定新的粮食安全线路图

资料来源：APEC组织官网，https://www.apec.org/Meeting-Papers/Sectoral-Ministerial-Meetings。

11月20日开幕的领导人非正式会议是整个APEC会议中最重要的会议。也是APEC的21个成员的领导人首次通过视频会面。在这之前，高官会议、部长级会议、商务咨询委员会会议及首席执行官对话会已完成既定议程，为领导人非正式会议的顺利举行奠定了良好基础。[②] 由于2018年以来APEC领导人非正式会议并未发表宣言，[③] APEC在"后茂物"时代的走向

[①] APEC, APEC 2020 Malaysia, https://www.myapec2020.my/en/.

[②] APEC, "Malaysia Confirms the First Virtual APEC 2020 Leaders' Meeting," Singapore, October 26, 2020, https://www.apec.org/Press/News-Releases/2020/1026_AELM.

[③] APEC, "APEC leaders issue Kuala Lumpur Declaration," Kuala Lumpur, Malaysia, November 20, 2020, https://www.apec.org/Press/News-Releases/2020/1120_AELM.

并不明确，此次领导人非正式会议备受关注。

此次会议发表了《2020吉隆坡宣言》，重申在新冠肺炎疫情的危机下各国的协调行动和合作尤为重要，并在联合抗击疫情并降低影响、改善贸易投资、促进创新包容可持续发展、加强利益相关方的参与等六大方面取得了积极进展。[1] 这些内容与2020年APEC主题和三大优先事项密切相关。最为重要的是，领导人还通过了《2040年亚太经合组织布特拉加亚愿景》（APEC Putrajaya Vision 2040，下称"2040年愿景"），为APEC在"后茂物"时代的发展指出了新的发展目标。此次领导人非正式会议取得了圆满成功，既实现了共同发表联合宣言的目标，又践行了马来西亚主导下所设定的APEC会议主题及优先关注事项，各国共同协商，合作抵御疫情的影响，致力于恢复经济的活力，进一步促进贸易和投资自由化的发展，重视数字化经济的巨大潜力，基本完成了会议的既定目标。

在2020年的APEC议程中，接棒"茂物目标"和制定新的合作愿景是一项重要的目标。在马来西亚的努力下，各方形成了"2020年后愿景"和"2040年愿景"。其中，"2020年后愿景"包括共同繁荣、人及社会、未来展望三个方面。"共同繁荣"这一目标在2020年APEC议程中一再得到强调，并发挥着统领作用，各方致力于在发展中经济体与发达经济体之间寻找平衡，促进地区包容性发展，推进区域合作，缩小发展差异；在"人及社会"方面，愿景则关注工业革命给人们和社会带来的巨大变化，人与人之间不平等现象突出，亟待解决；"未来展望"则集中在改善贸易和投资、通过数字经济和技术实现包容性经济参与、推动创新的可持续发展上。[2] 与之相比，"2040年愿景"没有设立定量的指标，而是寻求各成员之间更大的发展与合作，以及推进地区贸易和投资自由化，实现提高亚太经合组织的实力和创新能力。总体上，"2040年愿景"阐述了这样的目标——建立一个开

---

[1] APEC, "2020 Leaders' Declaration," Kuala Lumpur, Malaysia, November 20, 2020, https://www.apec.org/Meeting-Papers/Leaders-Declarations/2020/2020_aelm.

[2] APEC, "Post-2020 Vision," https://www.myapec2020.my/en/apec-malaysia-2020/post2020vision/.

放、活力、坚韧、和平的亚太共同体及以此实现共同繁荣。① 至此，APEC确立了"后茂物"时代的目标。但关于"茂物目标"实现与否，APEC并未给出明确答案。不过，从对APEC实现茂物目标进展的最终审查中，可以看出经过多年的推进，APEC在多个领域都取得了重大的进展，例如大幅度降低关税、进一步开放服务贸易、降低投资壁垒、简化海关手续等。同时，审查结果也显示，APEC还有一些未完成的任务，例如在个别部门的关税依旧很高，贸易往来中某些领域的限制增加，在初级产业中投资受限等。② 虽然如此，在马来西亚的主导下，APEC在2020年以"2040年愿景"接棒"茂物目标"，达到了既定的预期目标。

三 马来西亚2020年主导APEC议程的意义

马来西亚2020年主导的APEC议程及所取得一系列会议成果显示，马来西亚虽然面临疫情、大国竞争等挑战，但作为东道主在主导APEC相关议程、主办系列会议等方面依旧取得了显著成果，促使APEC议程聚焦于有关优先事项，成功举行了一系列APEC各级别会议，总体上发挥了东道主的作用，也取得了预期的成果。这对于APEC发展及马来西亚自身来讲均具有深远意义，同时也彰显了现有国际政治经济形势下，APEC多数成员对于推进区域一体化和全球化的积极姿态。

首先，马来西亚2020年主导的APEC议程及其所取得的成果是APEC发展的重要分水岭，为其在"后茂物"时代的发展指明了新的发展方向。

APEC自1989年成立至今，已经历了三十多年的风风雨雨，其组织架构不断完善，亚太地区贸易自由化、便利化程度不断提高。根据相关数据，APEC地区2019年名义GDP为53万亿美元，占全球名义国内生产总值的

---

① APEC, "APEC Putrajaya Vision 2040," https://www.apec.org/Meeting-Papers/Leaders-Declarations/2020/2020_aelm/Annex-A.
② APEC, *APEC's Bogor Goals Dashboard*, 2020, https://www.apec.org/Publications/2020/12/APEC-Bogor-Goals-Dashboard.

61%；在贸易方面，2019年APEC地区约占全球商品和商业服务贸易的47%；在关税方面，最惠国税率高于10%的关税项目比例从2009年的15.9%降至2019年的12.0%，而同期免税关税项目的比例从43.1%增加到48.5%。在签署协定总数方面，1990~2019年，由AEPC经济体签署和执行的贸易协定总数大幅上升，分别达到192项和177项的新高；同时，自1990年以来，APEC内部签署和执行的协议数量大幅增加，截至2019年，APEC内部签署和执行的协议数量分别为69项和66项。① 可见，APEC的成绩非凡，亚太地区多数国家的经贸、投资关系也因APEC变得更为紧密。

然而，APEC主要经济体当前受到新冠肺炎疫情和"百年未有之大变局"的交织影响。在新冠肺炎疫情出现及其在全球范围内的大流行之前，世界经济形势的发展已经开始给APEC经济体带来深刻影响。在"百年未有之大变局"下，APEC的发展及其成员不得不面临多方面挑战。其一，受"逆全球化"、欧美保护主义的影响，亚太地区经济发展环境极其不确定，产业链呈现出不稳定态势；其二，APEC内传统发达国家与新兴国家的结构性问题并未随着区域一体化的发展消失，而随着传统的发达国家经济发展滞缓并与众多新兴国家经济高速发展形成鲜明对比，展现出新的形态，发达经济体与发展中经济体的矛盾已经从区域经济和投资自由化进程转向APEC未来走向亚太共同体进程中的理念、规则和秩序主导权之争；其三，智能经济、数字经济等新兴经济正在APEC多个成员的经济发展中发挥着日益显著的驱动作用，但毋庸置疑的是，新科技革命与工业4.0目前对地区经济的推动依旧处在转换的窗口期。在这一情势下，新冠肺炎疫情的出现及其在全球的大流行，进一步加剧了"百年未有之大变局"，并促使APEC多数经济体陷入困境，它们之间的经贸与投资往来、人文交流也遭遇沉重打击。

在这一背景下，马来西亚不仅需要将合作抗疫作为APEC在2020年的合作重点，还必须在"茂物目标"到期的情形下为"后茂物"时代APEC

---

① APEC Secretariat, APEC Policy Support Unit, *APEC in Chart 2019*, 2019, pp.1-17.

的发展拟订方向。因此，马来西亚2020年议程成为APEC重新启航的起点。但出于"模糊性战略"的考量，"茂物目标"对于贸易标准并没有明确量化，APEC故而无法在2020年做出已实现贸易和投资自由化的明确结论，亚太地区经济一体化的进程还将继续深入推进。[1] 同时，《区域全面经济伙伴关系协定》（RCEP）、《全面与进步的跨太平洋伙伴关系协定》（CPTPP）等大型区域经贸协定安排的发展无疑会在一定程度上弱化部分成员对APEC贸易和投资自由化进程的关注度和投入。[2] 因而，如何正确引领经济体的发展、规避成员之间的恶性竞争，对于APEC来说将是一大挑战。在马来西亚的推动下，APEC在2020年协商通过了"2020年后愿景"和"2040年愿景"，聚焦于数字经济技术、女性、中小型企业等方面的发展。这成为APEC未来发展的风向标，指导和督促各成员继续朝着贸易自由化、便利化方向不断发展，以期早日建成一个开放、活力、强劲、和平的亚太共同体，实现亚太地区的共同繁荣。

其次，马来西亚2020年主导APEC议程对于自身来讲也有深远影响。

一是显著提升了该国的国际形象。马来西亚在面对内外较大挑战的情况下，能够根据疫情的发展对主导APEC议程的形式进行及时调整，成功举办了系列会议，尤其是APEC领导人非正式会议，并取得了良好的效果，彰显马来西亚对外交往政策的成熟稳定，同时也展现了该国的政治、经济与社会及文化的发展，显著地提升了其国际影响力。

二是2020年APEC议程和主要优先关注事项对马来西亚等APEC内发展中国家经济体有着积极的深远影响，这主要体现在平等发展和开放发展方面。"2020年后愿景"多次使用包容性一词。这意味着在马来西亚的主导下，APEC正视并聚焦于发达国家与发展中国家之间存在的发展鸿沟，马来西亚提倡更具包容性的合作与发展，以促进APEC内各经济体间建立平衡和

---

[1] 刘晨阳、王晓燕：《"后茂物"时代的APEC进程与"一带一路"建设》，《亚太经济》2018年第4期，第6页。
[2] 刘晨阳、曹以伦：《APEC三十年与我国参与亚太区域经济合作的战略新思考》，《东北亚论坛》2020年第2期，第9页。

公平的合作。同时,"2040年愿景"也对APEC内各个经济体的经济开放与发展提出了更高的要求。显然,这些对于马来西亚未来的国家经济发展将产生深远影响,也给马来西亚的经济发展提供了机遇和指引。世界银行发布的《全球经济展望》认为马来西亚经济目前正经历20年来最严重的衰退,将其2020全年的经济增长预测调低至-5.8%。① 新冠肺炎疫情改变了马来西亚生产水平、家庭支出、投资和劳动力市场方面的经济格局,经济放缓的严重性也逐渐改变着劳动力市场格局;同时,新冠肺炎疫情导致行动受到限制,信息和通信技术等数字经济技术的应用有着前所未有的必要性。马来西亚2020年将发展与合作的重点放在数字经济层面,这既响应了APEC发展长久以来的目标,又能在未来影响马来西亚的产业结构。另外,马来西亚在举办APEC会议的过程中,在各相关领域培训了更多的本地专家,而中小企业也在马来西亚主办APEC会议进程中获得了商机。②

最后,在新冠肺炎疫情全球蔓延和世界经济低迷、震荡的背景下,马来西亚2020年主导APEC议程彰显出APEC多数成员在持续推进区域一体化和全球化方面显著的积极姿态。

"2040年愿景"指出APEC在2040年将建成一个开放、活力、强劲、和平的亚太共同体,实现亚太地区的共同繁荣,并在贸易与投资、数字经济与数字贸易、包容性经济发展等方面给出了明确的愿景指导。在贸易与投资方面,APEC将继续构建自由、开放、公平、非歧视、透明和可预测的贸易和投资环境;支持多边贸易体制,推进国际贸易往来的稳定性和可预见性;继续推进区域经济一体化,包括推动亚太自贸区进程,促成高标准和全面的区域安排。在数字经济与数字贸易方面,APEC将通过数字经济新业态新模式使亚太人民和工商界更好参与全球经济;促进创新增长,推动数字贸易发展。在包容性经济发展方面,APEC将致力于为中小企业、妇女带来更多参

---

① The World Bank, *Global Economic Prospects*, January 2021, https://www.shihang.org/.
② APEC, "Benefits of Hosting APEC," https://www.myapec2020.my/en/apec-malaysia-2020/apec-malaysia/.

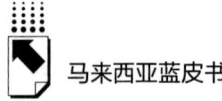

与经济发展和从中获益的机会,让经济发展更加可持续、具有韧性。① 因此,在"百年未有之大变局"与新冠肺炎疫情全球大流行叠加交织影响的背景下,"2040年愿景"延续了"茂物目标"推进区域贸易和投资自由化、便利化的精神,维护了APEC支持多边贸易体制的传统价值,信守了地区保持开放区域经济、推进经济一体化的长期承诺,更展现出了APEC主要经济体推动经济全球化、一体化和区域开放、包容发展的积极姿态。

---

① 商务部新闻办公室:《商务部国际司负责人就亚太经合组织领导人通过〈2040年APEC布特拉加亚愿景〉答记者问》,2020年11月21日,http://www.mofcom.gov.cn/article/news/202011/20201103017363.shtml。

中马关系篇
China-Malaysia Relations

B.12 中马合作：挑战与机遇

许利平 张澍*

摘　要： 突如其来的新冠肺炎疫情给中国和马来西亚都造成了不同程度的冲击。中国和马来西亚之间的合作是挑战与机遇并存的。在挑战方面，双方合作面临马来西亚政局动荡、经济受疫情冲击和地缘政治影响三重挑战；在机遇方面，中马双方在卫生、数字经济、可持续发展、区域合作等方面将有可能创造新的机遇。

关键词： 中马合作　数字经济　区域合作

---

* 许利平，博士，中国社会科学院亚太与全球战略研究院研究员，亚太社会文化研究室主任。主要研究方向为亚太社会与文化、东南亚政治与国际关系、非传统安全。张澍，北京外国语大学马来语专业本科生，主要研究方向为马来西亚政治。

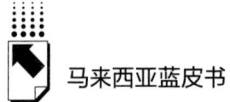
马来西亚蓝皮书

中国和马来西亚是隔海相望的好邻居、好兄弟、好伙伴,两国的友谊跨越千年。2020年,突如其来的新冠肺炎疫情对中国和马来西亚的经济、社会等造成了不同程度的冲击,但双方的合作不仅没有减少,而且处在不断深化之中。在疫情防控常态化时期,中国和马来西亚的合作虽然面临不少挑战,但也将创造许多机遇,并将推动中马全面战略伙伴关系迈上一个新的台阶。

一 2020年马来西亚疫情概况

面对新冠肺炎疫情的冲击,马来西亚的情况可谓严峻。截至2020年11月30日,马来西亚卫生部发布的新冠肺炎疫情数据显示,马来西亚单日新增1212例新冠肺炎确诊病例,累计确诊65697例,累计死亡360例。[①] 截至2020年12月29日,马来西亚出现多个严重的感染群,造成了大范围的社会影响。

面对严重的疫情,马来西亚政府采取了多项行动管制措施,包括颁布行动管制令、宣布国家进入紧急状态、在全国推广抗疫标准作业程序(SOP)。目前马来西亚政府主要根据各地疫情的严重程度"分区施策"执行管制措施。针对疫情最严重的个别县区,政府实施强化行动管制令;在疫情较严重的州属、联邦直辖区或个别县区,则实施更宽松的有条件行动管制令,允许大部分经济社会活动运行;在全国大部分地区实施复苏期行动管制令,进一步开放社会经济活动,尽量降低疫情对经济和民生带来的影响。鉴于首都吉隆坡和部分地区的新冠肺炎疫情持续蔓延,马来西亚政府多次宣布延长上述地区现行的行动管制措施。

由于采取行动管制措施,国家内部和对外经济严重受损。以国家支柱产业旅游业为例,政府自2020年3月18日起,在全国范围内实施行动管制令,同时颁布多项措施限制外籍人员入境,据初步统计,2020年马来西亚

[①] 陈越绮:《马来西亚新增1212例新冠肺炎确诊病例,累计确诊65697例》,央视新闻,2020年11月30日,https://baijiahao.baidu.com/s? id=1684781975290996089&wfr=spider&for=pc(访问时间:2021年10月6日)。

旅游业损失超过1000亿林吉特（约合246.1亿美元）①。

尽管经济蒙受重大损失，但政府的当务之急是竭尽全力治理和管控疫情。根据马来西亚财政部预算，政府将花费5.044亿美元用于采购疫苗。马来西亚与科兴生物、康希诺生物和俄罗斯加玛列雅研究所针对疫苗研发和购买进行谈判，寻求为超过80%的人口采购（新冠）疫苗的途径。② 截至2021年4月12日，马来西亚已在疫苗接种计划的第一阶段收到了120万剂疫苗，其中有超过100多万剂的辉瑞疫苗及20万剂的科兴疫苗。

二 中马合作面临的挑战

针对疫情，马来西亚政府对多个领域进行调整和部署，随着管制措施的进一步推动和取得成效，马来西亚也步入了疫情防控常态化时期。中国和马来西亚在政治、经济、文化和抗疫方面的合作面临三大挑战：一是马来西亚国内政局尚未平稳，国家紧急状态法令的颁布让穆希丁政府面临在野党的指责和民众的不信任；二是新冠肺炎疫情对马来西亚经济的冲击巨大，且由于疫情持续严重，国内复工进程缓慢，对外贸易尚未恢复；三是地缘政治影响中马双边合作，双方需要在区域争端中厘清政治关系，细化合作脉络。

（一）国内政局动荡

2020年2月，穆希丁在"喜来登政变"后成功出任马来西亚总理，土著团结党及其盟友组成了"国民联盟"政府。彼时的新政府有两大重要任务：一是对抗新冠肺炎疫情，二是促进经济复苏，以减少被在野党讥讽为"后门政府"的反对声音，并打消民众对新政府执政水平的疑虑。然而，在野党对新政府的不断攻击、执政联盟内部成员党的掣肘和民众的不信任，导

---

① 《马来西亚启动十年计划重振旅游业：今年损失超1600亿》，亚太日报网，2020年12月23日，https://cn.apdnews.com/toutiao/1005051.html（访问时间：2021年3月25日）。
② 科兴生物：《马来西亚将花费5.044亿美元用于采购疫苗》，2020年12月22日，https://xueqiu.com/S/SVA/166368685（访问时间：2021年3月29日）。

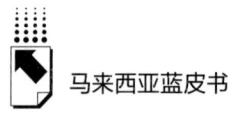

致马来西亚国内政局持续动荡，疫情治理和经济复苏因此遭遇障碍，国家对外合作进程延缓。

通过政府实施的一系列管制措施，在2020年6月中旬至9月初，马来西亚疫情得到了较好的控制，每日新增确诊病例数都维持在两位数水平。然而，沙巴州选举的开展却导致疫情急速恶化。10月，马来西亚每日新增确诊病例数飙升，迅速达到了三位数乃至四位数。因此，马来西亚总理穆希丁于10月23日觐见了国家元首，提出颁布紧急状态法令的举措，以应对持续恶化的新冠肺炎疫情，同时也以此回应在野党的批评声，避免政局持续动荡。

当时国内以马哈蒂尔、安瓦尔等政治领袖为首的在野党成员大多不承认国民联盟政府的合法性，他们暗中组织反对现政府的国会议员组成统一战线，意欲在国会大会上发起对总理穆希丁的"不信任动议"，从而开展新一轮的投票。而国家元首如果宣布国家进入紧急状态，则意味着将停止一切政治活动，包括国会会议。由此，外界质疑穆希丁意欲借此举推迟国会召开，为巩固自身的政治地位争取时间。

2020年12月15日，国会表决通过了政府2021年财政预算案，随着大量资金拨入疫情治理和经济恢复领域，国家抗疫进程也进入了快车道。随后，多名在野党成员转向表态支持穆希丁政府，这使支持在野党发起"不信任动议"的人数无法超过国会议员半数。2021年1月12日，马来西亚最高元首宣布国家进入紧急状态，停止了国会等的一系列政治活动。这意味着穆希丁的总理职位暂时可以免受来自法律程序的质疑，但这并不意味着在野党的挑战已经停止；相反，在野党领袖一直在催促政府举行大选。除了在野党对现政府不断发难，执政联盟内部也存在分歧。巫统在2021年3月30日宣布，经巫统大会讨论决定，在下届全国大选中巫统将不再与土著团结党合作，且担任国家部门正副部长的17名巫统成员只会以个人身份留任到2021年8月。这意味着在2021年8月1日后，巫统将不再支持现任政府。巫统是"国民联盟"的重要成员，此番掣肘很可能预示着联盟的瓦解。

综上所述，愈发严重的疫情、在野党持续的质疑和反对、执政联盟内部可能的瓦解，都给马来西亚现政府的抗疫和对外合作造成了干扰。穆希丁总理领导的现政府需要平衡和处理各领域的事务，为对外合作创造可能。

（二）疫情对经济的冲击

面对新冠肺炎疫情，尽管马来西亚政府采取了一系列疫情防控措施，但疫情仍对国家经济造成了巨大的冲击，也给中马合作带来了挑战。从外部看，疫情在全球的扩散造成了外部需求下降，马来西亚的对外贸易受到了负面影响；从内部看，行动管制令的颁布及多次延期、国家紧急状态法令的颁布，导致国内服务业进入"冰冻期"，私人消费增长遭遇阻力。对此，马来西亚政府出台了一系列经济刺激措施，通过增加公共和私人消费来扩大总需求并带动总供给，促进供需平衡，以求尽快恢复国家内外经济，为下一步和其他国家开展合作奠定基础。

新冠肺炎疫情给马来西亚的外部经济造成巨大冲击，国家对外贸易下降，国家经济整体明显下滑。近年来，马来西亚正在逐渐推动经济的多元化发展，重点发展以外需为主的出口导向型工业。对马来西亚而言，贸易与投资既增加了国家的就业机会和国民收入，也保证了经济的平稳运行与发展。据统计，目前马来西亚全国约40%的就业机会与进出口贸易有关。① 这也意味着国家经济对外贸的依赖程度较大，对外贸易的变化将动摇国家经济基础。

马来西亚国家银行（马来西亚中央银行）发布的报告显示，马来西亚2020年第一季度国内生产总值（GDP）为3342亿林吉特（约合795亿美元），比去年同期增长0.7%，如未受到疫情影响，其有望取得3.9%至4.2%的增长。由于出口骤减，马来西亚GDP增速被显著拉低，导致第一季度GDP增长萎缩了4.7%。② 作为典型的出口导向型国家，马来西亚对外依

---

① 安凯屹：《后疫情时代的马来西亚经济》，《东南亚观察》，海国图志研究院，2020年6月8日，http://www.dg.gov.cn/dgsmch/gkmlpt/content/3/3176/post_3176102.html?jump=false#1540（访问时间：2021年3月20日）。

② ING, Malaysian economy beats expectations in first quarter, May 13, 2020, https://think.ing.com/articles/malaysian-economy-beats-expectations-in-first-quarter/（访问时间：2021年3月20日）。

存度较高，其经济发展高度依赖稳定的外部环境。新冠肺炎疫情在全球范围内的扩散，导致全球经济乏力和大规模金融波动产生，在其连锁效应下，外部冲击对马来西亚经济造成了巨大影响。

在全球供应链中，马来西亚提供了大量半成品，其中主要出口产品有棕榈油及棕榈低级产品、电气与电子产品，分别约占总出口额的6.5%与35%。同时，马来西亚为外向型经济体，经济对进出口依存度较高，2019年为123.09%，其中出口依存度为65.34%，进口依存度为57.75%。但目前马来西亚除中国外的主要贸易伙伴如美国、新加坡、欧盟等国家和地区的疫情防控形势仍较为严峻，未能较好地恢复经济活动，所需的进口产品不同程度地缩减。2020年3月，马来西亚出口额同比下降了4.69%，其中对美国出口同比下降3.6%。疫情在全球范围的大规模扩散，导致马来西亚外部产品的出口与需求大规模下降，这可能会造成国内大量工厂关闭，引发潜在的失业潮。①

在国家内部层面，新冠肺炎疫情也对生产造成了巨大冲击。马来西亚面临的最大考验可能不仅是来自病毒的威胁，还有政府疫情防控措施的影响。自2020年3月18日开始实行的行动管制令，虽然成功有效地控制住了国内的疫情蔓延，但也对经济产生了显著的负面影响。根据马来西亚统计部门的一项调查，受访的自由职业者中有一半人暂时无工作，有1/3的人收入锐减九成。在行动管制令下几乎大部分经济活动都被迫停止，国家经济陷入半瘫痪状态。企业没有订单，被迫关门；雇员收入减少，甚至面临失业窘境。

四度延期的行动管制令，严重打击了马来西亚国内的服务业，航空、旅游、餐饮等相关产业陷入低迷。疫情下的餐馆订餐量大幅度减少，不同的州削减了80%~95%。"作为马来西亚的重要经济支柱，旅游业产生了350万个岗位，创造的总价值占国民生产总值的15%以上，疫情给旅游业所带来的破坏是难以估量的。1~3月，飞往亚太地区的航班预订量

---

① 新世纪评级：《新冠疫情下马来西亚经济增长将持续下行》，2020年5月21日，https://www.sohu.com/a/396751655_120055288（访问时间：2021年3月30日）。

大幅下降了98%，游客数量急剧减少。2003年的'非典'导致中国前往马来西亚的游客减少了17.42%，预计造成了40亿林吉特的损失。而在目前跨国旅游较为流行的情况下，新冠肺炎疫情造成的损失更是可想而知。亚洲开发银行曾预测马来西亚的旅游业将蒙受2.3亿~57亿林吉特的亏损。"①

面对潜在的失业潮、暗淡的经济前景，民众的收入预期与支付能力降低，可能会改变自身的消费行为，这将对零售业造成剧烈冲击。根据亚洲开发银行对2003年"非典"疫情的观察，零售额增长每季度下降约3%。鉴于新冠肺炎疫情有时间长、波及范围广的特点，这种负面影响会更大。以马来西亚汽车行业为例，在行动管制令、消费者信心不足等因素的影响下，"2020年1~3月的汽车销量累计比去年下降了25.59%，即10.6428万辆，2020年对汽车行业来说也是艰难的一年"②。

总体来说，新冠肺炎疫情给马来西亚带来了国内外层面的双重困难。为此，马来西亚政府实施了大规模的经济刺激方案，将私人消费与政府消费列为GDP增长的重要驱动因素。为应对新冠肺炎疫情下的经济下滑压力，政府与央行打出组合拳，财政政策与货币政策相互配合。具体而言，2020年2月27日，马哈蒂尔宣布出台了200亿林吉特的《2020年经济振兴配套方案》，该计划以应对疫情影响、促进以人为本的增长，以及鼓励高质量投资为主要策略，实施了对企业和从业者提供补贴，以减税、提供优惠券等推动旅游业复苏等举措。同时，"政府将阻止疫情蔓延作为首要目标，增加对卫生部的拨款，在购买医疗用品和设备的同时为参与疫情防控的医护人员、警察、军人等发放津贴。这是马来西亚有史以来最大规模的经济刺激计划，总计约占GDP的18%。马来西亚央行2020年多次下调隔夜政策利率（OPR）

---

① 《旅游业已经成为马来西亚经济的重要支柱产业》，皮书网，2020年2月7日，https://www.pishu.cn/psgd/545202.shtml（访问时间：2021年10月6日）。
② 《马来西亚财政部长：大马经济已走出疫情影响，开始全面复苏》，央视新闻，2020年9月22日，https://baijiahao.baidu.com/s?id=1678529590122651203&wfr=spider&for=pc（访问时间：2021年3月15日）。

以应对新冠肺炎疫情带来的冲击"。①

随着2021年财政预算案的通过,将有更多国家资金注入各个经济领域,以帮助国家渡过疫情难关,重振国家经济。② 经济复苏计划的逐步实行,将为马来西亚的对外合作减少阻碍,也将为中马合作带来新的生机。

(三)地缘政治的影响

马来西亚地理位置重要,地处太平洋到印度洋、亚洲到大洋洲的重要交通要道。马来西亚又是伊斯兰会议组织的重要成员,美国等视其为沟通西方与伊斯兰世界的重要桥梁。基于马来西亚特殊的地缘政治位置,美国等西方国家不断拉拢马来西亚,以对冲中国在马来西亚的影响力。

首先,美国利用"印太战略"不断拉拢马来西亚,迫使其在中美之间"选边站队"。美国拜登政府自2021年1月上台以来,延续实施特朗普时期的"印太战略"。3月12日,在美国的积极倡议与主导下,美国、日本、澳大利亚、印度四国领导人举行视频会议。表面上该会议是讨论如何应对新冠肺炎疫情和气候变化等问题,实际上美国试图借此将"四边机制"坐实,强化美国主导的地区安全结构,遏制中国崛起。联合盟友和伙伴国共同遏制中国,已成为美国拜登政府对外政策的一大特征。"四边机制"举办首次领导人会议,本质上反映了美国竭力联合印太地区盟友与伙伴国推进"印太战略"的意图,即把四国间合作扩大到印太地区,包括加强与马来西亚伙伴国的合作。

2021年3月17日,马来西亚最高法院判决将一名朝鲜男子引渡到美国,这引起朝鲜的极大不满,3月19日朝鲜与马来西亚断交。虽然马来西亚与美国签署了引渡条约,马来西亚高等法院的判决似乎不存在法律问题,但此判决被外界解读为一种政治判决,体现了美国对马来西亚的影响,被视

---

① 安凯屹:《后疫情时代的马来西亚经济》,《东南亚观察》,海国图志研究院,2020年6月8日,http://www.dg.gov.cn/dgsmch/gkmlpt/content/3/3176/post_3176102.html?jump=false#1540(访问时间:2021年3月20日)。本段数据均来源于此。
② 《马来西亚财政部长:大马经济已走出疫情影响,开始全面复苏》,央视新闻,2020年9月22日,https://baijiahao.baidu.com/s?id=1678529590122651203&wfr=spider&for=pc(访问时间:2021年3月15日)。

为美国与马来西亚加强伙伴关系的一种体现。未来不排除美国针对中国向马来西亚施压的可能性，但对于马来西亚来说，其将面临两难的境地。

其次，美国利用南海问题挑拨中马关系，试图"火中取栗"。作为南海争端水域的声索国之一，马来西亚并未像印度尼西亚、菲律宾、越南一样希望西方势力介入争端，而是坚持由声索国和中国在双边渠道中解决问题。但有时在美国的强大压力下，马来西亚会被迫做出一些与中国在南海的利益相冲突的事，如2019年12月12日，马来西亚政府向联合国提交了一份与南海有关的文件，希望安理会能够根据《联合国海洋法公约》，同意马来西亚在存在争议的南海区域中划出一块属于该国的经济专属区。马来西亚这一行动与越南等南海周边国家遥相呼应，背后体现了美国因素在作祟。

三　中马合作的机遇

中马合作不仅符合双方的共同利益，能够惠及双方的民众，而且对地区经济一体化起着重要的推动作用，丰富了中马全面战略伙伴关系的内涵。新冠肺炎疫情这一特殊事件的发生，让中马双方有机会巩固和拓展原有的合作领域，包括共建"一带一路"、共建"东盟东部增长区"、深化人文交流、深化地区与国际可持续发展合作。除此以外，此次疫情也使中马双方能够拓展新的合作领域，包括公共卫生、数字经济合作等领域。中马全面战略伙伴关系迎来了前所未有的机遇，双方应该抓住机遇，深化紧密合作，共同重建后疫情时期国际关系，为亚洲国家群体性崛起塑造良好的地区和国际环境。

（一）巩固已有合作

自"一带一路"倡议提出以来，中国和马来西亚携手在政治、经济、环境、文化等领域开展活动，为两国的合作发展奠定了良好基础。在过去一年中，中马共同抗击新冠肺炎疫情，推动经济复苏，坚守多边主义，两国政治互信更加牢固、合作成果更加丰硕。今后中国和马来西亚将在"一带一路"倡议的基础上进一步深化区域合作，比如：开展好中国东盟建立对话关系30周年纪念活动，推动《区域全面经济伙伴关系协定》早日生效实施；在推动缅局势止乱回稳上发挥积极作用，在坚持不干涉内政原则的前提下积极劝和促谈，帮助缅各党各派找到弥合分歧、缓和局势的办法；加快推进"南海行为准则"磋商，共同维护好南海和平稳定。

目前，亚洲发展中国家的经济逐步复苏。据亚洲开发银行（ADB）的预测，亚洲发展中国家经济将在2021年增长7.1%，而东南亚经济将增长3.1%。① 为助力疫情防控常态化时期经济恢复工作，需要加强"中国—东盟东部增长区"合作机制，这意味着中国和东盟国家需要携手提高贸易、旅游业和投资业的竞争力，共同促进区域经济复苏和发展。

中马两国将进一步加强人文交流。2020年是中马文化旅游年，尽管由于疫情，两国旅游业均受到一定负面影响，但是疫情促使中马两国共同寻找新思路，为进一步深化人文交流做好准备。在短期内难以恢复的行业，以旅游业为例，中国和马来西亚要不断提升旅游竞争力，准备好在疫情好转后迎接大量游客。此外，中马两国可以采用线上的方式安全、高效地进行人文交流。比如，疫情期间宁波职业技术学院与马来西亚敦胡先翁大学40多名师生在"云端直播"课堂进行了"云研学"活动，就两国文化开展学习交流，并设计了"咖啡制作""跨境电商""畅游宁波""汉语文化"等线上课程。这些成功经验可以逐步推广应用于教育、艺术等多个人文领域，为中马两国深化人文交流提供新的平台。②

（二）开拓合作新机遇

1. 卫生合作的新机遇

中马合作在卫生领域大有可为。目前，中国已经和马来西亚在疫苗援

---

① 《第十四届东盟东部增长区领导人峰会线上举行》，中华人民共和国商务部，2021年11月1日，http://bn.mofcom.gov.cn/article/jmxw/202111/20211103213286.shtml（访问时间：2021年11月17日）。
② 陈素萍、董鸿安、刘沪波、吴安萍：《疫情之下，云端之上，中马两所高校创新实践双边"云研学"活动》，《钱江晚报》2020年11月20日，https://baijiahao.baidu.com/s?id=1683870603355863508&wfr=spider&for=pc（访问时间：2021年11月17日）。

助方面达成了合作。2021年2月27日,中国驻马来西亚大使欧阳玉靖与马来西亚国防部部长伊斯梅尔·萨布里共同迎接"科兴"疫苗运抵马来西亚。中国驻马来西亚大使欧阳玉靖在疫苗运抵的记者会上指出:"数据和结果证明,科兴疫苗安全和有效。此外,印尼政府将其视为清真疫苗。我希望这方面的资讯可提高马来西亚人民日后对注射疫苗的信心。"① 他也强调,中国大力支持和主动参与全球的抗疫行动,并将继续与马来西亚和其他国家强化在疫苗供应、疫情防控和经济复苏方面的合作。据悉,中国将按照与马方所达成的协议,预计在一年内供应1400万剂科兴疫苗。首批科兴疫苗运抵后,下一批从3月起分批送达。在马来西亚总理穆希丁率先于2月24日接种疫苗后,马来西亚史上最大型的疫苗接种计划"全国新冠疫苗计划"正式启动,医护、安保等前线的人员陆续开始接种疫苗。

疫苗是最终战胜疫情的利器,也是下一步国际抗疫合作重点。随着中方疫苗半成品陆续运抵吉隆坡,马来西亚将成为本地区继印度尼西亚之后第二个同中方开启灌装合作的国家,这标志着双方的疫苗合作进入新阶段,提升至新水平。中马疫苗合作将惠及更多地区人民,切实提高疫苗的可及性和可负担性,以实际行动抵制"疫苗民族主义"。中马双方还愿意加快打造人员往来的"快捷通道",探讨开展健康码互认,实现范围更广、效率更高的人员流动,让"常来常往"重新成为两国民众交流的常态。

同时,中医也在这个特殊时期走出国门,向马来西亚传播中国智慧。2020年10月31日,国际中医药交流会以在线视频方式在马来西亚槟城举办,中马两国及国际中医业界人士汇聚一堂,共同探讨"后疫情时代"及"大数据时代"中医药面临的挑战与机遇。② 此次会议邀请来自中国、马来西亚、英国、捷克、西班牙、比利时、荷兰等国的专家学者和业界人

---

① 《欧阳玉靖:中国疫苗安全有效》,亚洲时报网,2021年2月27日,https://www.asiatimes.com.my/2021/02/27/欧阳玉靖:中国疫苗安全有效/(访问时间:2021年10月6日)。
② 《中马及国际中医药界槟城探讨后疫情时代中医药发展》,大洋网,2020年10月31日,https://news.dayoo.com/china/202010/31/139997_53630898.htm(访问时间:2021年2月27日)。

士以视频方式与会，会议内容涵盖中医药在疫情期间的贡献、中医药的价值和未来、各国中医药业交流合作、大数据时代中医药发展理念等。

中马医疗交流合作已有上千年的历史，此次在中国派出医疗专家组协助马来西亚抗击新冠肺炎疫情的过程中，中国中医界发挥了重要作用。中马两国和国际业界人士将在相关理论、实践、科研和行业标准等方面进行交流，为中医药发展做出贡献。

2. 数字经济合作的新机遇

疫情也为中马双方在数字经济领域的合作带来了新的机遇。在疫情常态化的背景下，数字经济逆势上升，如远程办公、在线教育快速发展，共享工厂、智能制造等新业态方兴未艾。中马企业家可以利用2020年中国—东盟数字经济合作年的机会，充分挖掘彼此的潜力，开展在线教育、在线医疗、共享工厂、物联网、智慧城市等方面合作。

中国驻马来西亚大使欧阳玉靖表示，"中国与马来西亚的发展需求高度契合，是天然的合作伙伴"①。欧阳大使表示，中马贸易额近年来稳步增长，贸易结构进一步优化，互补性进一步增强。据中方统计，2020年的双边贸易额超过1311亿美元，同比增长5.7%；其中，中国对马来西亚出口达564.3亿美元，同比增长8.2%，马来西亚对华出口达747.3亿美元，同比增长3.9%。② 针对2021年的中马双边经贸关系发展前景，欧阳大使在接受马新社专访时表示，上述数据是在疫情下取得的，难能可贵，彰显出两国经贸的强大活力和韧性。

马来西亚总理穆希丁表示，新冠肺炎疫情推动了东盟成员国数字经济的发展。穆希丁建议东盟设立基金，以改善成员国的互联网基础设施。马来西亚政府表示数字经济是国家的关键性经济成长领域。马来西亚政府将

---

① 《马中发展需求高度契合，务实合作将迎来新发展》，〔马来西亚〕马新社，2021年3月12日，https://www.bernama.com/man/news.php?id=1940782（访问时间：2021年3月12日）。
② 《2020年1-12月中国—马来西亚经贸合作简况》，中华人民共和国商务部，2021年3月12日，http://www.mofcom.gov.cn/article/tongjiziliao/sjtj/yzzggb/202103/20210303042845.shtml（访问时间：2021年3月29日）。

努力实现全民共享繁荣的承诺,保障各收入群体、种族和区域的分配公平。此外,政府将聚焦于强化马来西亚人民的数字技能、实现业务数码化、推动数码投资等方面的发展。此外,穆希丁补充道,东盟成员国未来可以打造一个网络平台,通过连接区域内的中小企业,直接向消费者出售原商品,缩短交易链条。

3. 可持续发展合作的新机遇

2021年是中国与东盟可持续发展合作之年。根据"十四五"规划,自2021年起中国将迈入高质量发展阶段,可持续发展、绿色发展将是发展的重点领域之一。中马双方可以在减贫、能源、环境保护、气候变化、灾害管理等可持续发展领域开展务实合作,特别是在清洁能源、新能源汽车等领域具有很强的市场合作空间。

针对减贫问题,中国驻马来西亚大使欧阳玉靖于2021年3月12日拜会负责经济事务的总理府部长慕斯达法,双方表明愿开展减贫合作,并讨论拓展新领域和深化现有领域的合作。[①] 慕斯达法赞赏中国取得消除绝对贫困的历史性成就,并表明马来西亚政府目前也在着手推进国内减贫进程,希望能同中方加强在该领域的交流与合作。欧阳玉靖则指出,中国努力不懈地为国际社会减贫事业贡献了中国方案、中国智慧和中国力量,愿同马方开展减贫合作。

4. 区域合作的新机遇

国内国际双循环的新发展格局为中马深化区域合作开辟了新的空间。东盟东部增长区是中国与东盟升级合作的重要路径之一,也是中马合作的新增长点。中马在东盟东部增长区合作具有政治优势、区位优势、资源优势和人文优势。双方在能源、基建、交通和人文四个领域开展卓有成效的合作。展望未来,中马可以在互联互通的基础设施、热带农业、海洋经济、旅游等方面开展深度合作,提升中马全面战略伙伴关系水平,在国内国际双循环中占

---

① 《欧阳玉靖晤慕斯达法,马中愿展开减贫合作》,〔马来西亚〕马新社,2021年3月12日,https://www.bernama.com/man/news.php?id=1940862(访问时间:2021年3月12日)。

得先机。

此外,中马在养老、育幼、金融保险等现代服务业领域也面临新的合作机遇。以养老服务业为例,根据中国云南省昆明制定的《昆明市大健康发展规划(2016—2025年)》,昆明将被建设成为健康养老示范基地,面向东南亚和南亚开放,通过招商引资打造全领域养生养老基地,推动当地大健康和养老服务业发展。该地已经和马来西亚多家健康企业达成合作,举办多次养生养老产业博览会,这也预示着在该领域中马双方有望展开更加深入的合作。①

总而言之,2020年对中马双方来说都是艰苦奋斗、砥砺前行的一年。未来中马合作面临多重挑战。这些挑战有的是短期的,有的是长期的,但都需要各方采取务实措施,将挑战的风险降到最低。同时,我们应该看到中马合作还存在不少机遇,需要双方加强战略对接,把合作机遇转化成两国利益联系的纽带,将双边全面战略伙伴关系提升到一个新的高度。

---

① 彭飞:《昆明市大健康发展规划(2016—2025年)》,中国云南省昆明市投资促进局,2019年8月26日,http://invest.km.gov.cn/c/2019-08-26/3097938.shtml(访问时间:2021年3月25日)。

B.13
2020年中马人文交流发展和模式

张静灵[*]

摘 要: 2020年是中国—马来西亚建交46周年。中马两国友谊历久弥坚,除了日益深化的经贸合作外,两国间的人文交流活动也日益频繁。中马人文交流涵盖了教育、文化、艺术、卫生等领域。研究中马人文交流现状对于如何更好地实现民心相通有着一定的现实意义。本报告通过梳理和对比2019年和2020年有关中马人文交流活动的报道和机构资料,发现2020年两国人文交流主要涉及的领域为教育、文化和卫生领域;人文交流以线上交流为主,"线上+线下"交流为辅的模式展开;人文交流具有一定的持续性和务实性,并形成多个常态化交流机制;组织交流的推动者仍以官方为主,民间为辅。随着线上模式的不断尝试,未来的中马人文交流会有更多的创新和发展。

关键词: 中国 马来西亚 人文交流

一 媒体报道中的中马人文交流

2020年是中国—马来西亚建交46周年,也是中马文化旅游年。当

---

[*] 张静灵,博士,中国传媒大学外国语言文化学院教师,研究方向为马来语言文学及马来群岛文化。

然，突发的新冠肺炎疫情也使得这一年成为特殊的一年。由于疫情防控工作的需要，中国和马来西亚两国之间的旅游合作和人员往来受到了影响，但是两国间的人文交流仍在积极地持续进行。本报告围绕"中马人文交流"这一主题，对相关新闻进行数据抓取和梳理，发现马来语主流媒体在2019年有65篇相关报道，2020年有60篇相关报道。根据新闻内容的相关领域进行划分，2019年的新闻报道中有24篇是涉及外交领域的，如两国高层互访和签署谅解备忘录等；有4篇是关于两国产业合作的；剩余的37篇涵盖了教育、科技、艺术、体育、文化、旅游等领域的合作。2020年有19篇有关外交的新闻报道，剩余41篇则涉及卫生、科技、文艺、文化、体育、旅游等领域合作，其中涉及卫生领域的报道有29篇（见表1）。

表1　2019~2020年马来语主流媒体关于中马人文交流的报道

单位：篇

报道领域	2019年	2020年
文化	11	1
教育	7	4
艺术	6	1
旅游	5	3
体育	5	1
科技	3	2
卫生	0	29
总计	37	41

资料来源：笔者根据相关资料整理。

与此同时，2019年中国主流媒体以"中马人文交流"为主题的报道有55篇，其中有42篇报道涉及教育、文化、体育、卫生、科技、旅游等领域的人文交流；2020年仅有20篇，比上年少了一半以上，主要涉及教育、文化、旅游和卫生等领域（见表2）。

表 2　2019～2020 年中国主流媒体关于中马人文交流的报道

单位：篇

报道领域	2019 年	2020 年
文化	17	10
教育	9	5
体育	5	0
科技	5	2
艺术	3	0
旅游	2	1
卫生	1	2
总计	42	20

资料来源：笔者根据相关资料整理。

从两国主流媒体的相关报道可以看出，2019 年相关报道数量持平，2020 年马来西亚媒体的报道数量较多，其中以卫生领域的合作，特别是中国向马来西亚捐赠卫生医疗用品、两国在新冠疫苗合作方面的报道居多。从交流领域来看，两国在文化和教育领域开展了广泛的合作。其中文化领域包含了各种文化展览、文化庆典活动、翻译和出版合作、美食活动及学术研讨会。教育领域则包括了教育展、高校合作、留学生交流、海外分校建成等内容。可以说，2020 年中马两国的人文交流在上述领域取得了一定的成果。

二　中马人文交流的内容和成果

虽然 2020 年全球疫情蔓延给人文交流带来了很大的阻碍，但各方继续努力，迎难而上，通过创新思路和方法，在中马人文交流方面做出了积极有效的探索，并在文化、教育和卫生领域取得了可喜的成果。

（一）文化领域

文化是一个国家最根本、最持久的核心竞争力。中马两国历来重视双边文化的互鉴互赏,积极通过各种形式的交流活动促进两国人民的互相了解、增进友谊,以更好地实现民心相通。2020年的文化交流以庆典活动、文化展览、学术研讨会和讲座以及翻译出版合作为主。

2020年1月19日,2020"中国马来西亚文化旅游年"开幕式在马来西亚首都吉隆坡举行。中国总理李克强和马来西亚总理马哈蒂尔分别在开幕式中致贺词。李克强表示:"希望双方以文化旅游年为契机,扩大文化交流,深化旅游合作,促进人员往来,增进两国人民之间的相互了解,不断续写两国友谊新的佳话,为发展中马全面战略伙伴关系进一步夯实民意和社会基础。"①作为中国马来西亚文化旅游年系列活动,由中国文化娱乐行业协会主办的"2020中国马来西亚文化旅游年·丝路数字文旅"活动于9月24日隆重开启。为期一周的活动采取线上的方式进行,涵盖中马数字文旅产业云论坛、中马数字文旅云展、中马青年产业人才云沙龙等内容。②2020年12月18日,马中友好协会、贵州省人民对外友好协会共同举办题为"数据新时代、携手创未来"的中马青年线上交流会。③这些活动进一步创新中马两国文化旅游产业的合作模式,促进两国数字文化产业交流,加强两国青年的沟通协作,共享当代青年的成就和经验。

2020年1月20日,中国驻马来西亚大使馆、世界中餐业联合会在吉隆坡香格里拉酒店联合主办"欢乐春节——行走的年夜饭"走进马来西亚活动。"行走的年夜饭"是文化和旅游部"欢乐春节"活动的重要子品牌。马来西亚是2020年唯一举办清真"年夜饭"的一站。中国驻马来西亚大使白天指出:"以此为契机,让更多马来西亚朋友爱上中国美食、爱上中华文化,更有兴趣

---

① 《李克强和马来西亚总理马哈蒂尔向2020"中国马来西亚文化旅游年"开幕式致贺词》,中国政府网,2020年1月19日,http://www.gov.cn/guowuyuan/2020-01/19/content_5470789.htm(访问时间:2021年3月1日)。
② 《"丝路数字文旅"架设中马合作与友谊桥梁》,中国文化娱乐行业协会,2020年9月28日,http://www.cnccea.com/index.php?m=newscon&id=408&aid=1070(访问时间:2021年3月1日)。
③ 《唐锐代办出席"数据新时代、携手创未来"中马青年线上交流会》,中国驻马来西亚大使馆,2020年12月18日,http://my.china-embassy.org/chn/tpxw/t1841218.htm(访问时间:2021年3月3日)。

去挖掘中马穆斯林文化的相通之处。"① 2020年9月，吉隆坡中国文化中心开始以丰富多样的形式举办文化交流活动，其中包括古筝和绘画培训、中马文化旅游月活动、中秋节文化周、"美丽中国·与爱同行"征文比赛等，这些活动让当地民众感受到中国传统文化的魅力，增进了两国人民间的深厚友谊。②

此外，多场讲座和研讨会也贯穿整个2020年。广西民族大学东盟学院以"东盟快闪"线上学术沙龙的形式，举办了6场与马来西亚相关的主题讲座。其中包括的主题有"从马来民族领袖的观点谈马华关系与马来西亚建国""'喜来登政变'以来马来西亚的政治发展""新冠肺炎疫情下马来西亚政坛乱局""东南亚与南亚地区的疫情和经济"等。厦门大学人文学院历史系、河南大学历史文学学院、拉曼大学中华研究院及马来亚大学中国研究所均主办了相关系列讲座。4月24日，由拉曼大学的陈爱梅博士和中国社会科学出版社的宋燕鹏教授共同策划的"马来西亚历史云学堂"正式开讲。第一期推出了8个主题讲座，受到了广大网友的关注和好评，可以容纳500人的会议室几乎每场都爆满。之后，他们又推出了"2.0：传统信仰文化"（10场）和"3.0：疾病、疫情与社会"（9场）。讲座的主题丰富多彩，兼具了学术性和趣味性，如"从华人街道名发现吉隆坡历史""马来西亚印度人历史简介""二战结束后的马来亚：马来亚联盟诞生的历史背景""马来西亚印度庙：风格与神祇""消退还是延续？——从城市马来人择偶看伊斯兰教的影响""马来西亚制度性宗教的历史传承：以怡保岩洞庙宇为例""马来半岛东海岸潮州人的民间信仰与宗教""沙巴卡达山杜顺人对流行病疾病的神话""瘟疫与游神：20世纪初大马华人在疾疫时期的神明应对""吉隆坡华人医院史、百年回顾：1918年马来亚瘟疫史"等。主讲嘉宾来自马来西亚和中国，听众也主要来自两国。这些讲座有助于两国人民从历

---

① 《"欢乐春节——行走的年夜饭"走进马来西亚活动在吉隆坡》，中国驻马来西亚大使馆，2020年1月22日，http://my.china-embassy.org/chn/tpxw/t1735089.htm（访问时间：2021年3月3日）。

② 《吉隆坡中国文化中心疫情期间多种形式促中马交流》，新华网，2020年9月6日，http://big5.xinhuanet.com/gate/big5/www.xinhuanet.com/world/2020-09/06/c_1126459544_2.htm（访问时间：2021年3月1日）。

史、文化、宗教、社会等方面更深入地理解对方。另外，多个在线国际学术研讨会顺利举办，主题包括："首届华马翻译国际研讨会""马来西亚华人的华文教育、族群认同与多元文化""中国、马来西亚及地区经济合作展望：新冠肺炎疫情影响和地缘政治紧张关系""'一带一路'——新冠肺炎疫情带来的影响、变化及未来发展""第三届中马'两国双园'合作"等。这些学术会议和《马来西亚发展报告（2020）》发布会，均体现了两国高校、科研机构以及学者之间的合作与交流。

中马两国在翻译领域的合作也取得了可喜成果。2020年1月初，马来西亚副总理旺·阿兹莎（Dato' Seri Dr. Wan Azizah）在副总理署正式接收中国古典文学四大名著的马来文译本。其翻译工作由"CNI长青中国"荣誉赞助、马来西亚国家语文出版局出版、马来西亚汉文化中心主导。[①] 11月26日，二月河的代表作《雍正皇帝》的第一部《九王夺嫡》举行马来文版线上推介仪式，该书由马来西亚汉文化中心组织翻译、马来西亚国家语文局和汉文化中心联合出版。在推介仪式上，汉文化中心还和长江出版传媒股份有限公司签署《雍正皇帝》第二部和第三部的翻译合作意向书。该中心主席吴恒灿表示："中国古典四大名著、《九王夺嫡》等优秀中国文学作品在马来西亚出版，可以让马来西亚民众更好地'听好中国故事'，促进两国民心相通。"[②]马来西亚汉文化中心还出版了《美丽中国之节约资源》和《美丽中国之绿色中国》的马来语版。外文出版社负责的《网络时代的中国》、《孙子兵法》和《老子》的马来语版翻译和终审工作也相继完成。电影《龙之战》和电视剧《遇见幸福》被译制成马来语版，《浮世双娇》和《狼殿下》也在翻译定稿中。通过两国学界和业界的通力合作，中国有更多的优秀作品被翻译成马来语，这使马来西亚受众能够突破语言障碍，更好地了解中国的传统文化和现当代流行文化。

---

① 《长青中国赞助翻译马来版四大名著，促进中马交流》，搜狐网，2020年1月5日，https：//www. sohu. com/a/364861014_ 811200（访问时间：2021年3月1日）。
② 《二月河作品〈九王夺嫡〉推出马来文版本》，新浪新闻网，2020年11月26日，https：//news. sina. cn/2020 - 11 - 26/detail - iiznezxs3859822. d. html（访问时间：2021年3月1日）。

（二）教育领域

自 2011 年中马两国教育部签署双方互相承认高等教育学历和学位的协定后，两国在教育领域的交流与合作得到了进一步发展。中国教育部的数据显示，2019 年，我国出国留学人员总人数为 70.35 万人，较上年增加 4.14 万人，增长 6.25%①，在中国学习的共建"一带一路"国家留学生占比达 54.1%。目前，中国是世界最大的留学输出国和亚洲最大的留学目的国。马来西亚现拥有来自 150 多个国家的留学生 17 万余人，中国留学生的人数在马来西亚外国留学生人数排行榜中名列第二。2018 年在马来西亚的中国留学生有 12002 人②，2019 年有 13450 人③，这个数量正在逐年快速递增。根据中国驻马来西亚大使馆的数据，截至 2019 年 3 月，前往中国留学的马来西亚学生近 9500 名。与 2018 年同期相比，赴华深造人数达到近 20% 的快速增长。④

香港英文报纸《南华早报》报道称，长期以来中国学生一直以美国、英国、澳大利亚和加拿大等西方国家为主要留学目的国，但是在察觉到西方对疫情的处理不当以及不断上升的种族主义后，中国家长不愿把他们的孩子送到卫生系统不堪重负、风险很高的国家了。⑤ 马来西亚媒体表示，新冠肺

---

① 《2019 年度出国留学人员情况统计》，中华人民共和国教育部，2020 年 12 月 14 日，http://www.moe.gov.cn/jyb_xwfb/gzdt_gzdt/s5987/202012/t20201214_505447.html（访问时间：2021 年 3 月 3 日）。

② *Statistik Pendidikan Tinggi 2018*: *Kementerian Pendidikan Malaysia*, 2019, p. 66, https://www.moe.gov.my/muat-turun/laporan-dan-statistik/pendidikan-tinggi/buku-perangkaan-2018-10/2403-statistik-pendidikan-tinggi-2018-bab-3-ipts-bukan-warganegara-pdf/file（访问时间：2021 年 3 月 2 日）。

③ R. Hirschmann, Number of International Students in Higher Education Institutes in Malaysia in 2019, 2020, https://www.statista.com/statistics/866731/international-students-in-malaysia-by-country-of-origin/（访问时间：2021 年 3 月 2 日）。

④ 《马来西亚留华同学会：赴中国留学生每年增加》，〔马来西亚〕光华日报网，2019 年 4 月 13 日，https://www.kwongwah.com.my/20190413/马来西亚留学同学会：赴中国留学生每年增加/（访问时间：2021 年 3 月 3 日）。

⑤ 《港媒：西方大学将更难吸引中国学生》，新浪网，2020 年 5 月 25 日，http://finance.sina.com.cn/review/hgds/2020-05-25/doc-iirczymk3359490.shtml（访问时间：2021 年 3 月 3 日）。

炎疫情缓解后马来西亚高校收到中国学生申请的数量迅速增长。马来亚大学收到硕士研究生的申请数量增加了33%，硕士和博士研究生的申请总数增长了130%。①中国学生的这种选择不仅基于马来西亚优质的教育保障、合理的留学费用、良好的国际化环境、便捷的申请程序及潜在的发展机遇，也与中马两国长期以来建立的深厚友谊和面对疫情时守望相助、共克时艰的实际行动有着密不可分的关系。疫情发生后，中马两国的高校和相关机构十分重视在校留学生的学习和生活，为他们提供了充分的保障，积极引导留学生正确应对疫情，通过线上教学的方式帮助他们完成学业。中国驻马来西亚大使领馆也积极调动各种资源，通过各种方式全力帮助留学生排忧解难，筹措物资，为在马来西亚的中国留学生发放"健康包"。

2020年9月22日，中国国际文化交流中心"一带一路"绿色发展研究院东盟分院在吉隆坡举行揭牌仪式。9月28日，中国驻马来西亚大使馆向玛拉工艺大学捐赠"远程教室"和"远程会议室"设备，帮助玛拉工艺大学师生建立更快捷的教学与交流渠道。②12月10日，马来西亚沙捞越科技大学孔子学院揭牌仪式通过云端连线顺利举行。该孔子学院由马来西亚沙捞越科技大学、中国华北水利水电大学合作主办，以水利水电为特色，是马来西亚第五所孔子学院。③

2020年10月7日，北京外国语大学、马来西亚理科大学、马来西亚国家语文局、马来西亚驻华大使馆联合举办的"2020年马来语教育教学国际论坛"在线上举行。来自中国、日本、韩国、马来西亚、文莱、新加坡、

---

① COVID-19：Pelajar China mula pandang Malaysia, Singapura sebagai destinasi pendidikan, Astro Awani，Julai 22，2020，https：//www.astroawani.com/berita－dunia/covid19－pelajar－china－mula－pandang－malaysia－singapura－sebagai－destinasi－pendidikan－252269（访问时间：2021年3月3日）。
② 《唐锐公使出席使馆捐赠玛拉工艺大学"远程教室""远程会议室"设备交接仪式》，中国驻马来西亚大使馆，2020年9月30日，http：//my.china－embassy.org/chn/sgxw/t1820443.htm（访问时间：2021年3月3日）。
③ Institut Confucius di UCTS yang pertama di Sarawak, Utusan Borneo, Disember 11, 2020, https：//www.utusanborneo.com.my/2020/12/11/institut－confucius－di－ucts－yang－pertama－di－sarawak（访问时间：2021年3月3日）。

泰国等7个国家的200余名知名学者参会,他们就马来语教学、马来语国际化、马来语专业发展等问题展开了深入交流与讨论。① 论坛中,北京外国语大学亚洲学院院长苏莹莹教授作为中国代表做主旨演讲,介绍了中国马来语专业的发展历史、教学情况、科研成果及中马人文交流情况。

另外,马来西亚以主宾国的身份成功参与了"第21届中国国际教育年会——2020中国国际教育研讨会",成为第一个获此殊荣的东盟国家。12月,马来西亚驻华大使馆教育处先后在北京、西安和云南举办了3场马来西亚—中国高等教育交流活动,为两国高等院校提供交流平台,推动双方教育合作迈上新台阶。活动中,北京外国语大学、西安外国语大学和云南民族大学的马来语专业学生呈现了精彩的马来文艺表演,展示了国内马来语专业教学的优秀成果,马来西亚驻华大使馆还为多所中国高校颁发了"马来西亚教育友谊奖"。12月10日,由中国—东盟职业教育研究中心举办的"2020中国—东盟职业教育发展论坛"在南宁召开。与会代表围绕"一带一路、人工智能、产教融合、应对疫情"四个专题,就中国—东盟职业教育合作与交流以"线上+线下"的方式进行了深入研讨。② 12月22日,在山东省教育厅、山东省人民政府外事办公室、马来西亚教育部职业技术教育和培训司的指导支持下,德州市人民政府外事办公室和德州学院联合举办中马(山东)教育合作对话活动。③ 这一系列活动不仅分享了中马教育合作的经验和成果,还促进中马教育合作在地域和层次上的延展。

(三)卫生领域

2020年,中马两国在卫生领域有着密切务实的交流与合作。新冠肺炎疫情在中国突袭而至,马来西亚原产业部与手套制造商协会迅速向武汉捐赠

---

① 《2020年马来语教育教学国际论坛举行》,北京外国语大学,2020年10月8日,https://news.bfsu.edu.cn/archives/281574(访问时间:2021年3月7日)。
② 《2020中国-东盟职业教育发展论坛在南宁举行》,新华网,2020年12月11日,http://www.gx.xinhuanet.com/2020-12/11/c_1126848486.htm(访问时间:2021年3月3日)。
③ 《德州学院承办中马(山东)教育合作对话活动》,德州学院,2020年12月22日,http://www.dzu.edu.cn/info/1081/9606.htm(访问时间:2021年3月3日)。

了1800万只医用手套，此后中马两国一直携手抗击疫情，共渡难关。在中国抗击新冠肺炎疫情最困难的时刻，马来西亚政府、企业、民间团体都以各种形式为中国捐款捐物，缓解了当时中国一线物资紧张的情况。救援组织"希望行动"发起"支援武汉捐赠活动"，向马来西亚人民募集医疗物资和义款，通过韵达速递和马来西亚航空公司将防护物资运送到中国武汉。而当马来西亚出现困难的时候，中国政府和人民也都伸出了援助之手。2020年3~6月，中国驻马来西亚大使馆的官网新闻中，有12条是关于中国向马来西亚捐赠医疗物资的。3月28日，中国政府援助马来西亚的抗疫物资搭乘包机运抵吉隆坡，其中包括10万份核酸检测试剂、10万只N95医用口罩、50万只医用外科口罩、5万件医用防护服、200台便携式呼吸机等马方急需的物资。① 5月15日，中国的第二批物资到达马来西亚，白天大使在物资交接仪式上表示，据不完全统计，在过去两个月中，中国政府、驻马使馆、企业、民间团体和个人共向马方捐赠普通医用口罩近494万只、N95口罩42万只、检测试剂12.5万份、防护服7万多件、手套5.5万只、护目镜1.3万多副、呼吸机200台。中国政府抗疫医疗专家组也来到马来西亚，与马方同仁们分享中国疫情防控和诊疗的有效做法。②

2020年10月13日，外交部部长王毅与马来西亚外长希沙慕丁举行会谈，双方就开展疫苗研发、生产、采购等全方位合作达成共识，继续深化抗疫合作。中国还与马方携手支持世卫组织，共同推动构建人类卫生共同体。11月18日，科技部部长王志刚与马来西亚科技创新部部长凯里·贾马鲁丁分别代表两国政府，以视频形式签署了《中华人民共和国政府与马来西亚政府关于疫苗开发和可及性的合作协定》。该协定是新冠肺炎疫情发生以来，中国政府与外国政府签订的第一个政府间疫苗合作协定。根据协定，中

---

① 《中国政府援助，到了！》，中国驻马来西亚大使馆，2020年3月28日，http://my.china-embassy.org/chn/sgxw/t1763079.htm（访问时间：2021年3月3日）。
② 《第二批中国政府援助，到了！》，中国驻马来西亚大使馆，2020年5月15日，http://my.china-embassy.org/chn/sgxw/t1779558.htm（访问时间：2021年3月3日）。

马双方将支持和鼓励在疫苗尤其是新冠疫苗领域开展科研等合作。[1]中国新任驻马来西亚大使欧阳玉靖表示，中马疫苗合作得到马来西亚各界的一致赞许和高度评价。中马疫苗合作已成为中国同周边国家深化抗疫合作、发展友好关系的最佳缩影。[2]

三 中马人文交流的模式和特点

2020 年的各项活动多以线上模式展开，随着疫情逐渐得到控制，在年末也发展成"线上+线下"结合的展开模式。线上交流模式呈现出多平台、多渠道的特点，有以下四个优势。首先，节省了经费和与会者的时间。原本每人一天只能参加一个研讨会，通过线上模式则有可能一天参加多个研讨会。其次，线上活动有效地扩大了受众人群，覆盖面更广。不论是 Zoom 平台还是腾讯会议，来自不同国家和地区的人员通过虚拟空间都可以顺利地交流。从一开始采用小型会议室进行小范围交流，到为了满足更多需求而采用大型会议室，一场讲座的听众可达 500 人之多。当会议室满足不了需求的时候，有些活动还选择在学术志、B 站、脸书等不同的平台进行直播。10 月 1 日中国驻马来西亚大使馆举办线上国庆招待会，有近 300 名嘉宾通过 Zoom 会议系统进行线上参与，使馆中、英、马来文三语脸书主页同步实时直播，累计覆盖人数逾 4.5 万人。[3] 11 月 1 日举办的"马来西亚华人的华文教育、族群认同与多元文化"国际学术研讨会，受到国内外华人华侨研究界以及东南亚地区华侨社团、华人学校、华人机构与高校华人组织的密切关注，《星洲日报》等多家马来西亚华人媒体报道了这次会议，线上观看人数逾 10

---

[1] 《中国—马来西亚疫苗合作协定签署》，中华人民共和国科学技术部，2020 年 11 月 30 日，http://www.most.gov.cn/tpxw/202011/t20201130_159840.htm（访问时间：2021 年 3 月 6 日）。
[2] 欧阳玉靖：《中马疫苗合作进入快车道（大使随笔）》，人民网，2021 年 3 月 29 日，http://world.people.com.cn/n1/2021/0329/c1002-32063026.html（访问时间：2021 年 4 月 1 日）。
[3] 《云端招待会共庆祖国华诞 大使话离别情系中马友谊》，中国驻马来西亚大使馆，2020 年 10 月 1 日，http://my.china-embassy.org/chn/sgxw/t1821219.htm（访问时间：2021 年 3 月 3 日）。

万人，产生了较大的社会反响。①再次，线上模式可以有效地保留会议记录，主办方通过录屏的方式，能够将会议的过程记录下来。有些直播平台还具有回放功能，有效地解决了一些人员因各种因素没法参加实时活动的问题。最后，线上活动的互动性较强。与会者可以通过语音或聊天室留言的方式与嘉宾进行互动。特别是在讲座中与会者在聊天室的实时互动，既是一种分享，也能碰撞出更多火花。

线上活动是一种新的沟通模式，但要想更好地展开人文交流，线下的实际工作也需要跟上步伐。从这两年的人文交流成果来看，线下的人文交流具有一定的持续性和务实性。比如2019年，中国驻马来西亚大使馆同玛拉工艺大学联合举办"中国文化日"活动，白天大使宣布将向玛拉工艺大学捐赠远程教室及远程会议室设备。2020年，中国大使馆向玛拉工艺大学捐赠的这批华为远程设备正式交付启用。2019年11月，华北水利水电大学与马来西亚沙捞越科技大学在河南广播电视台联合举办孔子学院执行协议签约仪式。2020年12月，马来西亚沙捞越科技大学孔子学院揭牌仪式通过云端连线顺利举行。中马两国在职业教育领域的合作和成果也体现了这种持续性和务实性。

中马人文交流合作逐渐形成多个常态化交流机制，为双方提供了稳定、良好的平台。如"中国—东盟职业教育发展论坛""中国—东盟教育交流周""中国文化行""亲情中华""欢乐春节——行走的年夜饭"等。由中华人民共和国教育部和广西壮族自治区政府共同举办的"中国—东盟职业教育联展暨论坛"已经成功举办了6届。2019年，马来西亚人力资源部与中国教育国际交流协会在该论坛上签署谅解备忘录，联合促进两国国际交流学生和职业技术教育。2020年"中国—东盟职业教育发展论坛"在南宁以"线上+线下"的形式顺利召开，这种常态化交流机制更有利于双方合作的持续深入发展。

---

① 《海内外学者共议马来西亚华人的华文教育、族群认同与多元文化》，武汉大学，2020年11月6日，https：//news.whu.edu.cn/info/1015/62317.htm（访问时间：2021年3月6日）。

目前中马人文交流的组织者仍以官方为主，民间为辅，然而民间参与人文交流的动力逐渐增强。中马两国的官方机构一直在积极推动两国间的人文交流，其中较为突出的有中国驻马来西亚大使馆、吉隆坡中国文化中心、中外友协、马来西亚驻中国大使馆、马中友协、马来西亚汉文化中心及马来西亚国家语文局等。中国驻马来西亚大使馆的官网新闻显示，大使馆组织或参与的中马人文交流活动在2019年多达45次，2020年为41次。2020年，吉隆坡中国文化中心开展了约35次人文交流活动，其中包括读书访谈节目《作家的作家》、中马旅游月活动、国际武术文化视频大赛、海报绘画比赛、传统节日有奖竞猜、征文、影展、图片展等，还通过开设古筝学习班、水墨画和书法学习班传播中国传统文化。根据马中友协的年度报告[①]，马中友协组织或参与的中马人文交流活动在2019年为15次，2020年为11次。此外，两国的高等院校、科研机构和智库也是中马人文交流的主体。中国目前有15所高等院校开设了马来语专业，该专业的师生都成为中马人文交流的使者，积极参与相关活动。比如，中央广播电视总台记者梁靓用马来语录制了一段日常防疫视频，向马来西亚观众介绍中国的防疫经验。她流利的马来语获得了许多马来西亚网民的称赞，因此成为知名的马来语博主，她通过日常分享与马来西亚网民形成了良好的互动。从官方报道中也可以看出，越来越多的民间组织作为协办或联办方，积极参与中马人文交流活动。线上活动的开展，逐渐拓展了民间人文交流的平台。线上活动的优势也促进了民间组织更加主动地开展人文交流活动。

四 未来中马人文交流的展望

回顾2020年中马两国的人文交流，笔者认为两国间的人文交流并未因疫情的困扰而停滞下来。相反，两国人民通过多平台、多渠道的方式不断探索人文交流的新模式。随着疫情防控形势趋于稳定，社会秩序趋于稳定，经

---

① 感谢马中友协的何丹提供年度活动摘要。

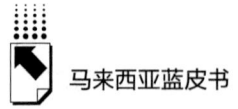

济发展得以恢复，人们的生活都基本恢复正常。为了守护好健康防线，疫情防控已逐渐成为常态化。通过不断的探索，未来的人文交流也将根据情况采用"线上""线下"相结合的模式，使交流效果达到最大化。

5G、大数据、云计算、区块链、人工智能、虚拟现实等新兴数字技术的发展，将为中马人文交流带来新的契机。数字化进程将加速推动人类进入万物互联的新世界，多领域、跨平台的融合和创新，将为中马人文交流提供更多新机遇、新方案。特别是两国的文旅业合作，通过像"丝路数字文旅"这样的活动，为其注入新动力。

中马两国通过疫苗合作，共筑人类卫生健康共同体，守卫两国人民的生命健康。2021年4月1日，国务委员兼外交部部长王毅与马来西亚外长希沙慕丁会面时，共同探讨开展健康码互认，实现疫情常态化形势下人员流动。相信健康码和疫苗互认的实现将进一步促进中马两国人文交流的发展，人员间的往来将进一步扩大。人文交流领域将逐渐拓宽。

随着"一带一路"合作的不断推进，人类命运共同体理念日益深入人心，中马两国的人文交流积极地促进了两国人民的相互了解和相互学习，深化了两国间各个领域的合作，从而推动两国关系向更深层次发展。

B.14
马来西亚华文和马来文媒体对"一带一路"的认知差异

——基于《星洲日报》《当今大马》报道的对比分析

邵颖 李可*

摘　要： 马来西亚位于"一带一路"的重要节点地区，2019年中马合作取得突出成绩。2020年以来，马来西亚经历了政府更替、疫情肆虐，国内政治、经济等发生的一系列变化给中马"一带一路"合作项目带来了不确定性。本报告选择2019~2020年马来西亚华文媒体《星洲日报》和马来文媒体《当今大马》对"一带一路"的新闻报道进行比较分析，通过对这两家媒体的长期跟踪，发现两家媒体与"一带一路"相关的大多数新闻报道都聚焦于马来西亚从中获得的经济发展机会，但同时也存在对争议话题的关切。本报告也尝试为中国更好地向世界传递"一带一路"倡议以及中国对外宣传提出参考性建议。

关键词： 《星洲日报》 《当今大马》 "一带一路" 认知差异

马来西亚是"一带一路"建设的关键节点和重要组成部分。在东南亚

---

* 邵颖，博士，北京外国语大学亚洲学院副教授，主要研究方向为马来西亚语言文化、马来西亚教育和跨文化交际。李可，北京外国语大学亚非语言文学专业硕士研究生，主要研究方向为马来西亚语言文化。

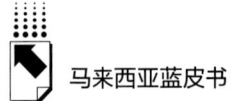

地区，马来西亚最早、最积极响应"一带一路"倡议，也最早从中受益，堪称中国的"好邻居、好朋友、好伙伴"。[①] 在"一带一路"倡议得到响应的过程中，国外相关舆情需要得到关注，而主流媒体作为国家重要的舆论阵地之一，具有较高的研究价值。长期以来，国内研究东南亚问题的学者持续关注"一带一路"在马来西亚的媒体中的反映。如骆立[②]、谢婷婷和骆立[③] 就马来西亚华文媒体《星洲日报》对"一带一路"的态度及华人社会对"一带一路"的认识和参与程度进行了详细的解读；邵颖对马来西亚官方媒体对"一带一路"的认知进行了分析。但是这些研究均只聚焦于单一源流媒体，并未关注马来西亚国内不同族群对"一带一路"认知的异同。马来西亚是一个多民族国家，马来族、华族、印度族等各族人民和谐共处，多元文化缤纷多彩，而其媒体语言也相应呈现出多样化特征——使用马来文、英文、华文、泰米尔文等。其中，华文媒体《星洲日报》以及马来文媒体《当今大马》（Malaysia Kini）都属于马来西亚的主流媒体，具有较高的影响力。我国的大多数研究主要通过华文或者英文媒体了解马来西亚，而鲜有通过马来语媒体关注其声音。因此我们有必要对作为马来西亚政府喉舌的马来文媒体进行研究，并通过长期关注马来西亚具有代表性的主流媒体，以真实了解"一带一路"在马来西亚社会的传播形势和舆论环境，并观察"一带一路"相关项目在马来西亚的实际落地情况。

《星洲日报》和《当今大马》分别使用华文和马来文作为新闻报道的媒介语，读者群体有所不同。《星洲日报》创刊于1929年，为马来西亚华人社会服务。从英国殖民统治时代、日本占领时期、独立运动时期，到建国后的发展历程，《星洲日报》都扮演了见证者和参与者的角色。《星洲日报》可以称为马来西亚最大的华文媒体，历史悠久，其报道很直观地

---

① 邵颖：《马来西亚官方媒体对"一带一路"的认知》，《中国外语》2018年第3期。
② 骆立：《马来西亚华社对"一带一路"的回应——从〈星洲日报〉考察》，《文化软实力》2017年第4期。
③ 谢婷婷、骆立：《受众理论视角下的"一带一路"话语传播——基于马来西亚华人社会回应数据库的分析》，《东南亚研究》2019年第1期。

展现了其对华人社会的所见所思所议。《当今大马》新闻网站于 1999 年 11 月上线,是马来西亚著名的网络媒体,荣获过多项国际新闻自由奖项。在网络媒体迅速发展之时,《当今大马》作为其中的代表,以网络为阵地,凭借清晰美观、角度多元、语言风趣的特点,受众迅速扩大,尤其是深受当地年轻人的关注,其报道能够清晰地展示出马来民众对"一带一路"最直观的感受。因此,本报告选择《星洲日报》及《当今大马》的相关报道作为研究样本,将从多个角度比较两家媒体关于"一带一路"报道的差异性以及共同点,借以分析和解读"一带一路"倡议在马来西亚社会的传播情况。

一 2019~2020年《星洲日报》与《当今大马》的"一带一路"报道对比

笔者在《当今大马》官方新闻门户网站对"Jalur dan Laluan""One Belt One Road""Inisiatif Jalur Dan Jalan""OBOR"四个马来语关键词进行搜索,在《星洲日报》官方新闻门户网站对"一带一路""丝绸之路"等关键词进行搜索,并通过限定 2019 年 1 月 1 日至 2020 年 12 月 31 日搜索的方式,采集到了两家媒体关于"一带一路"相关话题的共 124 篇新闻报道,其中 2019 年的相关文本 97 篇、2020 年的相关文本 27 篇。下面将对两家媒体报道的"一带一路"相关新闻从数量、配图、议题及倾向性四个角度进行详细的对比分析。

(一)报道数量对比

新闻报道的数量在一定程度上反映了某段时期内当地社会和民众对某事件的关注、看法及倾向。从报道数量看,2019~2020 年《星洲日报》共刊登"一带一路"相关报道 90 篇,《当今大马》刊登 34 篇,前者的数量是后者的 2.6 倍左右。显而易见,《星洲日报》更关注"一带一路"相关话题(见图1、图2)。

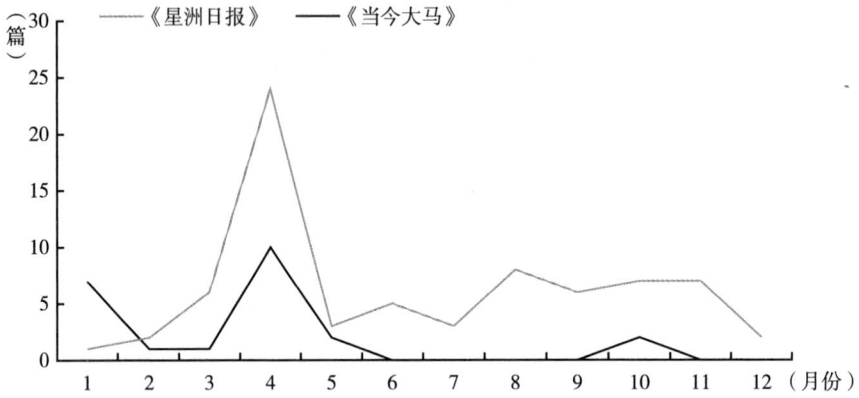

图1　2019年《星洲日报》与《当今大马》"一带一路"新闻报道数量对比

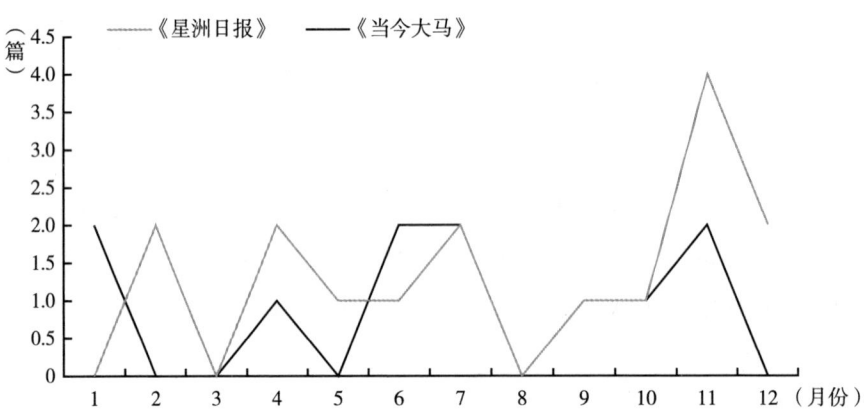

图2　2020年《星洲日报》与《当今大马》"一带一路"新闻报道数量对比

从图1、图2不难看出，2019年《星洲日报》与《当今大马》的"一带一路"的新闻报道数量远远多于2020年。这是因为2019年正值中马建交45周年，两国对话合作密集。而2020年由于马来西亚政权更迭、新冠肺炎疫情肆虐，中马两国的重点都放在防治疫情上，很多合作项目停摆，马来西亚上述两家媒体对"一带一路"的报道都明显少于上年。

除此之外，可以看到《星洲日报》对"一带一路"的新闻报道数量远远多于《当今大马》。在2019年，《星洲日报》共报道相关新闻74篇，《当

《今大马》则为23篇。在1月之外的其他11个月份中,《星洲日报》的报道数量都超过了《当今大马》。值得关注的是,在2019年4月,两家媒体的新闻报道数量都达到了两年内的最高值,《星洲日报》刊登"一带一路"新闻报道24篇,约占2019年相关新闻报道总数的32.4%;《当今大马》刊登"一带一路"相关新闻报道10篇,约占2019年报道"一带一路"相关新闻总数的43.5%。产生上述现象的原因是,2019年4月27日第二届"一带一路"国际合作高峰论坛在北京雁栖湖国际会议中心举行,37个国家的领导人及代表等出席,其中包括马来西亚时任总理马哈蒂尔。马哈蒂尔在会上表示支持"一带一路"倡议,发表了题目为"加强政策协同、建立更紧密的伙伴关系"的演讲。马哈蒂尔访华期间,中马两国还签署了棕榈油贸易和东海岸铁路计划(ECRL,简称"东铁")两份重要备忘录。2018年7月,马哈蒂尔作为新政府首脑重新上台后,虽然希望维持与中国的友好关系,但同时也表示不会宣扬"一带一路"。因此他在上台之初就叫停了"东铁"项目,重提"向东看"政策,引发了外界对中马关系的众说纷纭,认为这是马哈蒂尔发出的"亲美亲日"信号。2019年4月中马相关备忘录的签署,正式确认了"东铁"项目的重启,同时也标志着马哈蒂尔向中国发出友好信号。以上事件受到上述两家媒体的重点关注,说明马来西亚社会对中马合作的关切程度较高。

2020年《星洲日报》共报道"一带一路"相关新闻16篇,《当今大马》则为11篇。2020年的相关报道数量比2019年急剧减少,其主要原因是受新冠肺炎疫情影响,中马"一带一路"合作放缓。相比之下,2020年《星洲日报》更注重对两国"一带一路"合作项目现状的跟踪报道,同时由于其受众主要是华人,其也针对性地报道了3篇马来西亚华人组织主动推进"一带一路"合作的相关新闻,约占该年相关新闻报道总数的18.8%,展现了华人对"一带一路"项目的积极态度。而《当今大马》则将焦点主要放在了"一带一路"项目在马来西亚本地化过程中所引发的问题,比如漫画《互利共赢的"一带一路"》在当地被列为禁书等,共有相关报道2篇,约占该年《当今大马》相关新闻报道总数的18.2%。

（二）报道配图对比

新闻报道的配图是为了对文章进行补充说明，使其更加直观和清晰。同时，新闻配图的选择也代表了媒体对某新闻事件的看法和角度。通过分析笔者发现，从《星洲日报》和《当今大马》中收集的"一带一路"相关新闻样本主要属于两个类型，即时事新闻和评论文章，其中时事新闻占多数。在两家媒体的报道配图中，人物图片均占绝对多数。

在《星洲日报》90篇新闻样本中，共68篇新闻报道有配图，其中人物配图62篇。在《当今大马》34篇新闻样本中，共32篇有配图，其中人物配图31篇。人物配图占绝对多数是由于"一带一路"的相关新闻报道大多数是关于双方政府及有关方面的会议、座谈等，其中的人物配图也大多是国家领导人、政府高级官员及各领域精英。比如，2019年4月27日发布在《星洲日报》上的名为《"一带一路"高峰论坛，习近平提三目标，做大共同利益蛋糕》的新闻报道中共有2张配图，其中一张为习近平在会上的特写照，另一张为与会各国领导人的合照，并特意标注了习近平和马哈蒂尔的站位。2020年6月22日发布在《星洲日报》上的名为《"一带一路"总商会建行合作，依斯干达：利惠马中小企》的新闻报道，使用的配图为马来西亚一带一路总商会会长拿督依斯干达与中国建设银行马来西亚分行首席执行官封奇签署谅解备忘录的场景。

除人物配图外，《星洲日报》的配图还包括风景照、地标照、军队照、漫画、表演照、防疫物资照、合作项目标牌照，《当今大马》的配图还包括棕榈油、农作物、漫画、东铁项目实景、风景等图。从整体看，《星洲日报》的配图更为丰富，且更为努力地希望通过配图来提升新闻的层次及说明度。比如，《星洲日报》于2019年9月30日刊登的题目为《走过冷战时期　迎向"一带一路"，马中建交45年如史诗》的新闻报道中，共有5张配图。其中第1张是中马建交45周年之际天安门广场上升起中马国旗的照片，第2张是毛泽东与马来西亚第二任总理敦·拉扎克握手的照片，第3张是邓小平与马来西亚时任总理侯赛因握手的照片，第4张是江泽民和马哈蒂尔握手的照片，第 5 张是马哈蒂尔于 2019 年 4 月访华期间与习近平握手的照片。这 5 张照片展现了中马建交 45 周年以来的深厚友谊，具有高度的人文情怀和审美价值，也反映了马来西亚社会对马中友谊的认同和感悟。

（三）报道议题对比

在《星洲日报》与"一带一路"有关的 90 篇新闻报道中，其议题大致可以分为三类，即创造的机会（67 篇，占比 74.4%）、相关争议（12 篇，占比 13.3%）、带来的挑战（11 篇，占比 12.2%）（见图 3）。

由图 3 可见，《星洲日报》关于"一带一路"的新闻报道多认为合作项目在相关领域带来了发展机会，包括商贸、基础设施建设、经济发展、新冠肺炎疫情防治以及外交合作等领域。其中对中马经济合作的新闻报道数量最多。比如《星洲日报》在 2020 年 11 月 27 日刊登的《东盟博览会启幕，共建"一带一路"，共兴数字经济》新闻报道，重点介绍在广西南宁举行的第 17 届中国—东盟博览会以及中国—东盟商务与投资峰会，使观众可一站式采购东盟 10 国及其他国家的特色商品。对"一带一路"的相关争议则集中

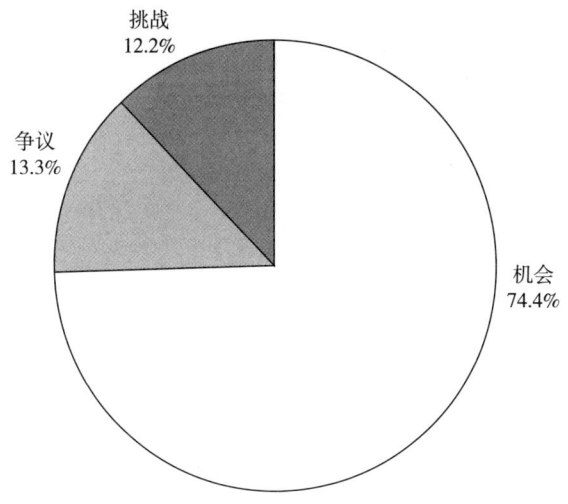

图 3　2019～2020 年《星洲日报》"一带一路"相关新闻报道议题占比

于马来西亚内政部将《互利共赢的"一带一路"》漫画集列为禁书一事。内政部声称该漫画内容可能会破坏公共安全及公众安宁,混淆与影响民众的思维。而后马来西亚政府又表示其官方立场是支持"一带一路"倡议的,呼吁内政部重新检讨查禁《互利共赢的"一带一路"》漫画集的决定。这个事件在马来西亚各界引起了争议,有相关报道5篇。

在《当今大马》刊登的34篇相关新闻报道中,认为"一带一路"带来机会的有14篇(占比41.2%)、对其利弊存在争议的有15篇(占比44.1%)、认为带来挑战的有5篇(占比14.7%)(见图4)。

从图4可以看出,《当今大马》的相关新闻报道主要聚焦于"一带一路"带来的争议以及商贸机会方面。其中与争议有关的文章主要聚焦于纳吉布"一马公司"贪腐案。除此之外,马哈蒂尔于2019年4月访华,并宣布停工一年的"东铁"项目正式重启,这得到了《当今大马》的高度重视,上述认为"一带一路"带来机会的14篇报道中有11篇与该事件有关。而其中认为"一带一路"带来挑战的新闻报道则与中美博弈有关。中美贸易争端的发生势必给世界带来一定影响,马来西亚也在其中。有报道称时任总

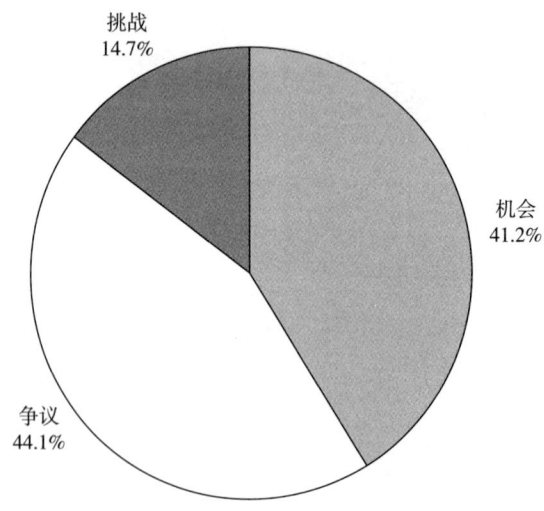

图4　2019~2020年《当今大马》"一带一路"相关新闻报道议题占比

理马哈蒂尔曾公开表示，在中美之间更希望中国"富裕"起来。中美贸易争端为马来西亚经济发展带来一定挑战，这也是马来西亚在参与"一带一路"倡议时需要思考如何制定有针对性的发展策略的一个重要事件。

综上，通过对2019～2020年《星洲日报》和《当今大马》所报道的"一带一路"相关新闻议题的归纳总结和横向对比，可以很清晰地看出，《星洲日报》对"一带一路"的敏感度更高，且普遍认为其将给马来西亚多个领域带来发展机会，同时也关注东南亚各国对"一带一路"倡议的立场及合作情况。2020年是马来西亚政坛风起云涌的一年。总理马哈蒂尔突然辞职，穆希丁成为马来西亚历史上首位由最高元首任命而非选举产生的领导人。政府更迭后，新任政府的主要精力放在疫情防控及稳定国内政局上，鲜少针对"一带一路"项目发表评论。其中《星洲日报》于10月13日转载了马来西亚国家新闻社（马新社）报道的新闻《中国承诺三年内向大马购170万吨棕榈油》。在新闻中，马来西亚外交部部长希沙穆丁表示，在互信互惠及共享繁荣的原则下，马来西亚支持"一带一路"倡议。这可以从侧面反映出《星洲日报》关注马中"一带一路"合作的积极动向。而《当今大马》则主要站在马来西亚的角度，聚焦国内"一带一路"项目的现状，新闻更贴合本地马来人的想法和观念。同时，两家媒体都关注中美贸易争端对中马"一带一路"合作的影响。总的来看，两家媒体都认为"一带一路"倡议给马来西亚带来的更多是发展机会，中马两国可以通过合作互利共赢。

（四）报道倾向性对比

报道倾向性的背后是媒体态度的展现，从中可以窥见媒体对某一事件的立场和情感倾向。然而对于倾向性的划分如果从主观出发则易有失偏颇，本报告将引入框架理论，以便客观且多维度地探寻两家媒体报道倾向性的不同。

媒体可通过构建不同的新闻框架来表达自己所代表的观点和立场。从框架理论出发，可以清晰直观地对新闻报道的倾向性进行分类，根据报道的表现形式和内容，感知新闻报道的态度框架，确定新闻报道的立场和情感倾向。框架理论被广泛应用于新闻报道分析中,该理论来自贝特森①,经戈夫曼②发扬光大。该理论认为框架是人们用来认识和阐释外在客观世界的认知结构,它来自我们过去实际生活的经验,是每个人在"存在、发生和意义这些问题上进行持续不断的选择、强调和表现时所使用的准则"。具体到新闻中,新闻框架包含两个层次:一是对新闻材料的选择,包括新闻来源和消息来源两个方面;二是新闻材料的建构,主要指报道对象的圈定,报道内容的表现,以及报道的数量、版面位置和主题基调等。③ 基于上述理论,笔者将两家媒体的报道倾向性分为四种,即正面报道、负面报道、中性报道和混合报道。

按照上述报道倾向性的划分,在与"一带一路"相关的新闻报道中,《星洲日报》的90篇报道中有63篇正面的(70%)、9篇负面的(10%)、12篇中性的(13.3%)和6篇混合的(6.7%)。《当今大马》的34篇相关新闻报道中有13篇正面的(38.2%)、15篇负面的(44.1%)、4篇中性的(11.8%)和2篇混合的(5.9%)(见图5)。

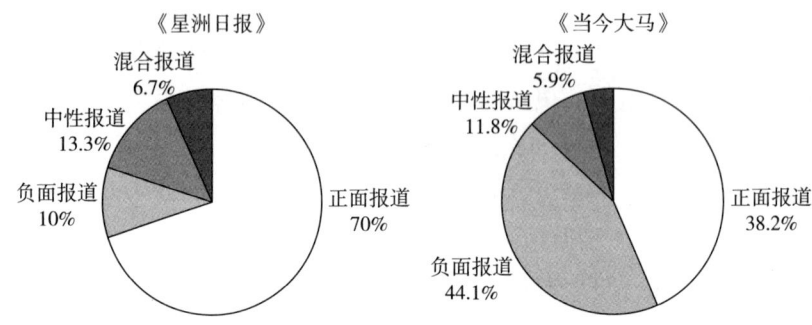

图5　2019~2020年《星洲日报》与《当今大马》的报道倾向性

---

① Gregory Bateson, *A Theory of Play and Fantasy*, Boston: MIT Press, 1955, pp. 39-51.
② Erving Goffman, *Frame Analysis: An Essay on the Organization of Experience*, Harvard University Press, 1974.
③ 潘晓凌、乔同舟:《新闻材料的选择与建构:连战"和平之旅"两岸媒体报道比较研究》,《新闻与传播研究》2005年第4期。

从图 5 可以看出,《星洲日报》的新闻报道大多为正面报道,体现了华文媒体对"一带一路"倡议更为积极的态度。其报道了多位马来西亚华人政要和企业家积极响应"一带一路"倡议的行动,比如2019年8月24日在题为《陈国伟:促进经贸刺激全球经济 马粤须深化"一带一路"合作》的新闻报道中,马来西亚对华特使兼马中商务理事会主席陈国伟表示,马中应深化"一带一路"合作,为双边经贸乃至全球经济复苏带来更多正能量。而《当今大马》负面报道占比较高的原因是其在2019年1月及2020年6月集中报道了纳吉布"一马公司"贪腐案。该报引用《华尔街日报》的内容,提出中方曾建议协助解决"一马公司"基金问题,但此事并无任何根据。马哈蒂尔上台后对"一马公司"贪腐案的清算也被认为是马哈蒂尔所在的希望联盟上台后巩固政权的一步。代表国民阵线的前任总理纳吉布的贪污丑闻势必会成为新任政府攻击的主要目标。此前,希望联盟赢得马来西亚第14届大选也被认为是纳吉布的贪污丑闻使得民众失望透顶所致。《当今大马》被认为是支持希望联盟的媒体,因此《当今大马》对此事的集中报道也可以佐证其政治倾向。

二 以霍尔"编码解码"理论为依据的报道差异分析

通过对《当今大马》与《星洲日报》相关新闻报道的数量、配图、议题及倾向性这四个角度的对比分析,不难看出马来西亚华文媒体与马来文媒体对"一带一路"的认知的异同。从相同点来看,两家媒体"一带一路"相关新闻报道数量峰值的出现时间是一致的。即在2019年4月两家媒体的报道数量都达到了两年内的最高值。其原因是第二届"一带一路"国际合作高峰论坛在北京举行,时任总理马哈蒂尔访华并出席会议,两家媒体都对此进行了集中报道。除此之外,两家媒体所报道的新闻中有很大一部分涉及人物观点,即国家领导人,政府官员以及政、经、文化界知名人士的相关言论。在涉及争论议题时,两家媒体的共同之处体现在均选择通过人物自身的观点来表现事件，而很少通过记者的评论或报道来呈现。这也是大众媒体的一个趋势，尽量避免媒体本身呈现太强的攻击性或者尖锐性。因此《星洲日报》和《当今大马》在报道"一带一路"相关新闻时都有避免体现媒体视角的趋势，这也符合现代媒体客观化、真实报道事件真相的趋势。但是，在两家不同源流媒体的报道中，其差异性也显而易见。

（一）霍尔"编码解码"理论

不同点分析是本报告关注的重点，在这里，本报告引入霍尔的"编码解码"理论，将两家媒体产生报道差异的原因进行系统科学的分析，并讨论其产生的原因。

英国"文化研究之父"斯图亚特·霍尔（Stuart Hall）在《电视话语中的编码与解码》一文中提出了"编码解码"理论。"编码"（encoding）指信息传递者将所传递的信息、意图或观点转化为具有特定规则的代码。"解码"（decoding）指信息接收者将上述代码按特定规则进行解读。霍尔认为研究者应该将注意力指向分析内容产生的社会和政治语境（编码）以及对媒介内容的消费（解码）。[①] 该理论认为主导意义并不是通过直接的意指传递的，而是通过隐含的、自然化的编码来实现的。隐含主导意识形态的符码并不是透明的，不会被受众简单地接受。受众要借助解码，才能获得意义。霍尔的"编码解码"理论把传播过程视为由"生产—流通—分配与消费—再生产"四个阶段构成的一个"主导的复杂结构"。受众的知识结构、社会地位、解码语境与传播者关系的不同，会导致他们对传播内容做出不同的解码。霍尔认为，制约受众解码的主要因素是他们在社会结构中的地位即阶层。并提出了与受众阶层相对应的三种解码立场。第一种是统治—霸权立场，受众在编码者设定的框架内进行解读，认同主导的意识形态。第二种是

---

① Stuart Hall, "Encoding and Decoding in the Television Discourse," Discussion Paper, University of Birmingham, 1973.

协商立场,受众与占统治地位的意识形态之间处于矛盾和协商状态。第三种为对立立场,受众根据自己的经验和背景解读出与编码者完全不同的意思(见图6)。①

霍尔的学生兼同事莫利(David Morley)是对"霍尔模式"进行实证检验的先行者。莫利总结出了不同团体的解码策略,证实了受众对传播内容的解释的确存在"支配""协商"和"对立"三种解码类型,但并非如霍尔所说的,权力阶级对应"支配立场",中产阶级对应"协商立场",工人阶级对应"对抗立场"。受众的解读比霍尔的设想更为复杂。② 根据上述理论,可以得出媒体所报道的新闻是"多义性"的,即读者可以对一个新闻产生不同的解读。

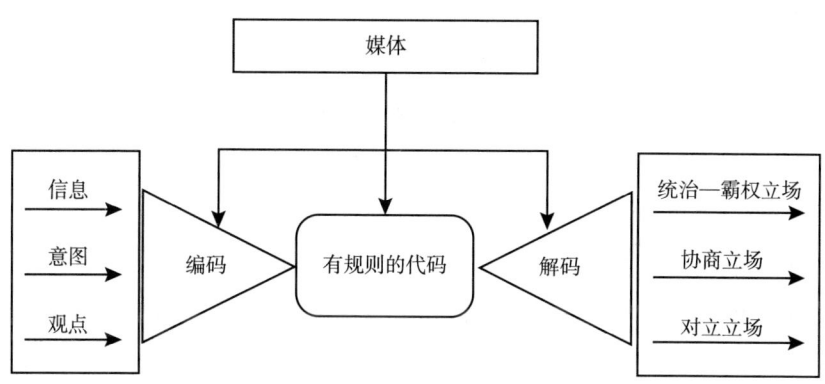

图6 霍尔"编码解码"理论

(二)报道差异性成因

基于霍尔的"解码编码"理论,笔者研究《星洲日报》和《当今大马》对"一带一路"相关新闻报道的差异主要从两个角度进行。第一,马

---

① 陈力丹、林羽丰:《继承与创新:研读斯图亚特·霍尔代表作〈编码/解码〉》,《新闻与传播研究》2014年第8期。

② David Morley, "The Nationwide Audience: Structure and Decoding," David Morley and Charlotte Brunsdon, *The Nationwide Television Studies*, London: Routledge, 1999, pp. 111 - 291.

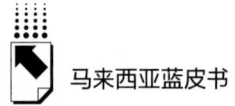

来西亚媒体对"一带一路"倡议是以信息接收者、响应者的角度呈现的。马来西亚媒体在报道"一带一路"相关新闻的过程中对所报道事件进行阐释,即"解码"过程势必会发生,但其"解码"的过程却各不相同。第二,《星洲日报》以及《当今大马》在传递有关"一带一路"信息的"编码"过程中,由于其读者群体的不同,与之相对应的意识形态也有所不同,"编码"的过程势必存在差异。

从"解码"的角度来看,两家媒体对"一带一路"的相关新闻报道均处于受众立场。总体来看,在莫利总结的三种解码类型中,两家媒体均呈现"协商立场"。其大多数新闻报道都聚焦于马来西亚从中获得的经济发展机会。但同时也可以看出,《星洲日报》对"一带一路"倡议的关注度更高,从多领域聚焦它给马来西亚带来的发展机会。这是因为《星洲日报》作为华文媒体,在"一带一路"话题上拥有语言优势,可以更清晰地捕捉到与此有关的中国动态。而《当今大马》则大部分引用了马新社的新闻报道,因此它所处的解码角度主要站在马来社会的立场,而鲜少涉及除马中之外其他国家的"一带一路"立场。

从"编码"的角度来看,媒体作为信息传播者,将所传递的信息、意图或观点转化为具有特定规则的代码,呈现给读者。由于两家媒体读者群体的不同,其编码的过程势必也会产生不同。《星洲日报》相关新闻中多次报道华人代表的观点,这也更切合华人读者的阅读需求。同时,华人对中华文化具有很强的归属感和文化自信,中国提出的"一带一路"倡议也势必会吸引华人群体的关注。从而可以看出,《星洲日报》的相关报道更加全面,适应了读者群体对"一带一路"倡议关注的需求,即华人群体主要关注它给马来西亚华人群体所带来的经济合作机会。因此,为适应这一需求,《星洲日报》的正面报道更多,且大部分集中在经济领域。反观《当今大马》,其受众为马来人群体,更多地立足于本国立场,关注马来西亚在国际关系及大国角力中的地位,同时关注地区霸权对本国的影响、本国如何进行利益权衡,因此报道中负面及混合的报道占据了大部分。

三 对中国"一带一路"倡议推广的建议

根据上述对比分析,可以发现《星洲日报》对"一带一路"倡议的态度更加积极,报道倾向性多为正面,且对该倡议在全世界的发展态势都较为关注。可以说,华文媒体对"一带一路"倡议在马来西亚的传播起到了非常积极的作用,极大地促进了当地华人对该倡议的理解。华人是马来西亚社会的重要组成部分。华人懂华语,讲华礼,为促进两国间的交流理解起到了润滑剂作用。在中马友谊源远流长的历史脉络中,华人与马来西亚各族人民一道,成为中马民心相通的重要一环。《星洲日报》在一定程度上架起了中马之间信息互通的桥梁,有助于马来西亚人民直观、清晰地获取"一带一路"相关信息,以更为客观、全面的视角介绍"一带一路",而鲜少存在语言转换过程中产生的信息传递效率打折扣的现象。笔者认为,这也为中国媒体在对外传递"一带一路"信息带来了启发,因此特提出几点建设性的思考。

第一,马来西亚华人在该国总人口中的占比约为22%①,是其主要族群之一。马来西亚华人对华语和中华文化具有很高的民族认同感,能准确理解中国声音想表达的内涵,可以助推"一带一路"倡议在马来西亚的发展,使两国在互相理解的基础上实现互利共赢。中国在进行对外宣传时应该利用好这个宝贵资源,与马来西亚的华文媒体积极对接沟通,让当地华人群体和媒体成为"一带一路"的助力。华人的语言优势使其可以对中国提出的政策和见解进行更加准确的解读,帮助当地人民更好地理解中国"一带一路"倡议的内涵和精髓,减少误解,提高沟通效率。

第二,中国在传递"一带一路"倡议信息或者其他中国声音时,需要充分了解对方的国情以及当地民众的需求,有针对性地讲好中国故事,从双方的共同需求出发,使得当地民众在理解的基础上更加欢迎"一带一路"

---

① 马来西亚国家统计局,2021年3月15日,https://www.dosm.gov.my。

倡议。同时中国也可以加强两国间民间机构、高校、企业的合作，多渠道多领域地展开宣传工作，让当地民众切实地感受到"一带一路"带来的好处，自发自愿地参与其合作项目。

第三，中国在制定对外宣传政策、积极推动"一带一路"倡议时，应高度关注并提前研究对方媒体的声音，不只局限于当地英文或华文媒体，还应该更多地关注当地主流媒体，以便及时把握对方政治、社会新动向，洞察对方的真实需求。在获取马来西亚的相关信息时，不仅要关注以英文和华文为媒介的这些我们容易理解的媒体，同时也要特别关注作为该国最大民族母语的马来文媒体的声音，以使我们认清马来西亚的时局动态，全面掌握各民族的情感和诉求，从而使相关结论及提出的建议更加准确、具有针对性。

第四，为了更好地关注对象国的主流媒体，应加大对国内非通用语人才的培养和储备，尤其是在新闻媒体行业。中国对外进行宣传时是以英语为主的，虽然英语在很多国家通用，但要让当地民众更好地接受中国声音、感受到中国的诚意及对当地民族的尊重，使用该国的国语才是最好的选择。因此借助非通用语人才的力量，通过该国的语言进行对外宣传工作显得极为重要，且刻不容缓。

第五，中国在传递"一带一路"相关信息时，还可以通过在国内将信息翻译成对象国语言的形式，让国外人民直观地感受到中国对某一事件的理解和看法。由中国国际广播电台主办的中央重点新闻网站"国际在线"（CRI Online）就是一个很好的例子。"国际在线"提供马来语频道，为马来族群带来最新的资讯和最直接的中国声音，让马来西亚人民更直观、迅速、顺畅地了解中国的动态。同时，中马新闻媒体也可以加强合作，以加深两国人民的互相了解，提升信息传递效率。

结　语

本报告通过对2019~2020年马来西亚华文媒体《星洲日报》和马来文媒体《当今大马》的"一带一路"相关新闻报道进行多角度对比分析，结合相关理论解读其报道差异的成因,并尝试从系统客观的理论体系出发,通过具体数据的对比分析,感知马来西亚社会对"一带一路"的真实态度。这种尝试有利于中国了解马来西亚社会对"一带一路"倡议的真实看法,知晓马来西亚人民的期望,增进中马的相互了解,促进双方合作的不断深化和可持续发展,为进一步促进两国之间的政策沟通、设施联通、贸易畅通、资金融通、民心相通提供灵感,并能够为中国媒体在向世界传递中国声音时避免误解、提升效率提供一定的参考。

附　录
Appendix

B.15
马来西亚大事记（2020年1~12月）

廖博闻*

1月14日　马来西亚国家动物园为在马出生的第二只雌性大熊猫宝宝"谊谊"庆祝两周岁生日；纪录片《光阴的故事——切水不断》首播仪式在马来西亚举行。

1月15日　马来西亚"2020中国影视节"启动仪式在吉隆坡举行。

1月19日　2020"中国马来西亚文化旅游年"开幕式在吉隆坡举行。

1月20日　马来西亚向发达国家退回大量"洋垃圾"。

2月1日　国务委员兼外长王毅应约同马来西亚外长赛夫丁通电话。

2月13日　国家主席习近平应约同马来西亚总理马哈蒂尔通电话。

2月22日　2020年亚太经济合作组织（APEC）首次高官会在马来西亚普特拉贾亚结束。

2月24日　马来西亚总理马哈蒂尔向最高元首阿卜杜拉递交辞呈。

2月25日　马来西亚最高元首就新总理人选逐一面谈下议院议员。

---

* 廖博闻，新加坡国立大学马来研究系硕士研究生，研究方向为宗教与社会。

2月26日 马来西亚过渡总理马哈蒂尔辞职后首次表态愿重新出任马来西亚总理。

2月28日 马来西亚国家元首表示将致力于根据宪法寻求政局出路。

2月29日 马来西亚最高元首阿卜杜拉同意任命前副总理穆希丁·亚辛为新任总理。

3月1日 马来西亚前副总理穆希丁在国家皇宫宣誓就任总理。

3月4日 马来西亚新任总理穆希丁将国会下议院今年首次会议日期推迟两个多月。

3月9日 国务院总理李克强致电穆希丁，祝贺他担任马来西亚总理；马来西亚总理穆希丁宣布新内阁名单。

3月10日 马来西亚新内阁宣誓就职。

3月11日 国务委员兼外长王毅应约同马来西亚新任外长希沙慕丁通电话。

3月16日 马来西亚宣布从3月18日至3月31日在全国范围内实施"行动管制令"以防控新冠肺炎疫情。

3月25日 马来西亚政府延长"行动管制令"。

3月28日 首批中国政府援助物资移交马来西亚政府；马来西亚外交部长希沙慕丁感谢中方在马来西亚最困难的时候提供援助，表示共同抗疫让两国关系更加紧密。

4月10日 马来西亚政府再度延长"行动管制令"。

4月18日 中国赴马来西亚抗疫医疗专家组从广州启程。

4月23日 马来西亚政府第三次延长"行动管制令"。

5月1日 马来西亚宣布放松限制措施，逐步重启经济活动。

5月10日 马来西亚政府延长行动管制措施至6月。

5月15日 国务委员兼国防部部长魏凤和同马来西亚国防部部长伊斯梅尔·萨布里·雅各布通电话；第二批中国政府援助物资移交马来西亚政府。

5月18日 马来西亚国会复会，最高元首敦促朝野团结应对新冠肺炎疫情。

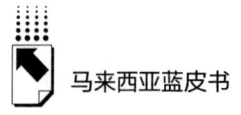

6月5日　马来西亚前总理纳吉布所涉"一马公司"案审理完毕，等待宣判。

6月7日　马来西亚宣布进一步放宽疫情管控措施。

7月14日　马来西亚与新加坡同意相互放开部分人员往来。

7月28日　马来西亚法院裁定前总理纳吉布多项贪腐指控罪名成立。

8月5日　国务委员兼外长王毅同马来西亚外长希沙慕丁通电话。

8月24日　马来西亚议会批准提高政府债务上限应对疫情冲击。

8月28日　马来西亚宣布延长"复苏式行动管制令"至年底。

8月31日　马来西亚庆祝独立63周年。

9月7日　马来西亚总理穆希丁在吉隆坡会见到访的中国国务委员兼国防部部长魏凤和。

9月9日　马来西亚中国银行与马来西亚中华总商会签署备忘录合作推广第三届进博会。

10月13日　马来西亚总理穆希丁在吉隆坡会见对马进行正式访问的国务委员兼外长王毅；王毅同马外长希沙慕丁举行会谈。

10月14日　马来西亚开始对吉隆坡等地实施更严格防疫措施。

11月7日　马来西亚将"行动管制"范围拓至国内大部地区。

11月18日　亚太经济合作组织领导人非正式会议将在马来西亚举行。

11月28日　第二届中国—马来西亚经贸对接会在线上举办。

11月28日　马来西亚总理穆希丁表示将在新冠肺炎疫情结束以后举行议会选举。

12月5日　马来西亚延长吉隆坡等地行动管制防疫措施。

12月6日　"疫"字当选2020年马来西亚年度汉字。

12月17日　中国与马来西亚联合申报的送王船申遗成功。

12月18日　马来西亚再度延长首都吉隆坡等地的行动管制措施。

12月21日　马来西亚总理穆希丁表示中国在维护国际贸易体系中发挥重要作用。

12月29日　马来西亚中国企业家联合会举行5周年庆祝活动。

Abstract

The year of 2020 is another important year in Malaysian history. In this year, Tun Dr. Mahathir, the Prime Minster of Malaysia stepped down unexpectedly caused by the pressure from the split of the ruling party coalition Pakatan Rakyat, which is called Sheraton Coup. Due to the small margin in Dewan Rakyat, the parliament of Malaysia, the new government led by the BERSATU President Tan Sri Mahiaddin Yasin, has encountered fierce political competition. At the same time, COVID-19 has spread in 2020, suffering Malaysia. The ruling and opposition parties cooperated to fight against the pandemic when political competition was under way. Due to the need to cope with the virus, the Mahiaddin Yasin's government survived from the power struggle.

The blue book focuses on the changes of Malaysian internal politics and foreign relations under the background of Sheraton Coup and COVID-19. The scholars discuss many issues like political changes after Sheraton Coup, National Emergency, the role of Malaysian King, e-economy and development of automotive industry, the APEC leaders meeting, the new characteristics of China-Malaysian people-to-people exchanges, and the perception of Malaysian media on Belt and Road Initiative (BRI). The book also talks about the prospect of China-Malaysian relations. The topics mentioned above are the new topics relating to the changes in Malaysian politics, economy, foreign relations and security.

Our research finds that in 2020, political situation in Malaysia was unstable. The new government led by Mahiaddin Yasin struggles from the conflict of ruling and opposition parties and intervene of the King. Power struggle, prevention of COVID-19 and economic development are the major challenges for Malaysia in the coming years.

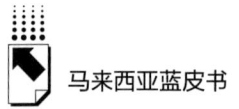

Affected by COVID-19, Malaysia's economy contracted 5.6% in 2020. All sectors were hit hard by the pandemic, especially the service sector and foreign trade. However, the e-economy made big progress. Service in e-commerce and e-payment has increased dramatically, promoting the economic development to some extent. E-economy industry is facing some difficulties like lack of infrastructure, talented persons and digital gap. Apart from e-economy, the Malaysian government published policy for automotive industry to guide its development in the next decade.

In foreign relations, though Malaysian foreign activities were confined by the pandemic, the APEC leaders meeting was successfully held by Malaysia. Regional Comprehensive Economic Partnership (RCEP) was also signed to promote regional economic cooperation.

At the same time, in 2020, China-Malaysia relations achieved success. The people to people communication between the two countries was sustainable and pragmatical with the establishment of some regular mechanisms. BRI cooperation between China and Malaysia was under way. The Malaysian Chinese media like *Sinchew Daily* played an active role in sharing the information to promote BRI cooperation. For the relations between China and Malaysia after the pandemic, the two countries will face both opportunities and challenges. The unstable political situation, economic downturn and geopolitical competition are the three challenges, but China and Malaysia can expand cooperation in the fields like public health, e-economy, sustainable development and regional integration.

Keywords: Malaysia; Sheraton Coup; COVID-19; China-Malaysia Relations

Contents

I General Report

B.1   Malaysia in 2020: Facing Unprecedented Challenges and
Difficulties   *Luo Yongkun* / 001

Abstract: Malaysia witnessed great challenges in 2020. On one hand, Affected by the globally spread of COVID-19, Malaysia's political, economic and social development encountered difficulties. Economy has seen recession since the Asian Financial Crisis in 1997 and 1998. On the other hand, political struggle became more and more fierce. Tun Dr. Mahathir stepped down unexpectedly. Although Tan Sri Mahiaddin Yasin became new Prime Minister of Malaysia, he was a typically weak leader in Parliament or Dewan Rakyat with only two-seat advantage. The new Prime Minister has been challenged not only by the opposition parties, but also by supporters in ruling coalition, making the political arena unstable. In future, the major task for Malaysia is fighting COVID-19, promoting economic development and building a stable government.

Keywords: COVID-19; Mahathir; Perikatan Nasional; Mahiaddin; UMNO

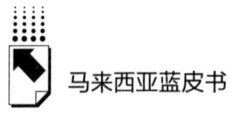

马来西亚蓝皮书

Ⅱ　Topical Reports

B.2　Malaysian Politics in 2020: Reconfiguring the Political Order in A Changing Situation

Fu Congcong, Chen Rongxuan / 021

Abstract: In 2020, Malaysia's political situation is in turmoil. The newly formed Perikatan Nasional government is stumbling along amidst the outbreak of COVID-19 Pandemic, with internal conflicts within the coalition, external shocks from opposition parties and indirect interference from the royal family. Meanwhile, the new political landscape has been shaken by the split in the opposition parties and the Sabah state elections. The "Pluralism under Malay Dominance" is being replaced by a new order and the Malaysian political order is being reconfigured amidst turbulence.

Keywords: Malaysian Politics; Perikatan Nasional; UMNO; Political Order

B.3　Malaysian Economic Situation in 2020: Heavily Impacted but with Hope for Recovery

Kong Tao / 038

Abstract: Largely due to negative impact of COVID-19, the Malaysian economy contracted 5.6% in 2020. The first half of the year was particularly distressing as the economy reached the lowest of point of growth at −17.1% in the second quarter. Aided by a range of supportive policies, positive signs of recovery emerged in the second half of the year and the decline slowed down. Household income and consumption demonstrated resilience given the magnitude of the shock. All sectors were hit by the pandemic, especially service industries. Both export and import slowed down significantly, while good account registered surplus, deficit of service account grew. Together with decline in the deficit of income account, Malaysia saw an increase in its current account surplus. Private consumption and investment declined sharply while public consumption expanded to maintain the basic wellbeing of the society. Monetary policy was accommodative and inflation was subdued. Domestic financial market underwent turbulence while labor market suffered. It is expected that as the vaccination coverage improves, the health crisis will gradually abate and containment measures will be lifted. Together with domestic and external demand recover, growth of Malaysian economy is set to rebound in 2021.

Keywords: Malaysia; Macroeconomic Conditions; Public Policy

**B.4 A Review of Malaysia's Foreign Affairs in 2020:
Diplomacy under Triple Crises**　　　　*Rao Zhaobin* / 068

Abstract: In 2020, due to domestic political instabilities and the COVID-19 pandemic, Malaysia's foreign activities were scaled down and less active compared to a year before. The new prime minister, Mahiaddin Yasin focused on domestic affairs, leaving the conduct of foreign affairs mostly to the new foreign minister Hishammuddin Hussein. China-Malaysia relations progressed well under the pandemic, as both countries collaborated in fighting the coronavirus. However, in 2020 Malaysia also had some tense incidents with China and the Philippines. Towards the end of the year, Malaysia successfully hosted Asia Pacific Economic Cooperation (APEC) Summit, and signed the Regional Comprehensive Economic Partnership (RCEP), making contribution to regional economic cooperation.

Keywords: Perikatan Nasional; Malaysia's Diplomacy; Cooperation Against COVID-19 Pandemic; China-Malaysia Relations

马来西亚蓝皮书

Ⅲ Special Reports

B.5 The Development and Evolution of the Relations between the Main Political Parties of the Malaysia Perikatan Nasional Government in 2020　　*Zhong Darong* / 078

Abstract: The One-Party Predominant Regimes system has disappeared after the 14th general election in Malaysia in 2018. From the beginning of the Pakatan Harapan Government to the Perikatan Nasional government, the relations between the main political parties in Malaysia have been in adjustment and collision. The cooperation of the main political parties of the Perikatan Nasional government can be reflected in the establishment of the Perikatan Nasional government and the maintenance of the stability of the regime. Their main contradictions are the distribution of elections and resources, while the multi-faceted struggle and cooperation of both the government and opposition alliance show the characteristics of vertical and horizontal.

Keywords: Malaysia; Perikatan Nasional Government ; The Relations of the Political Parties

B.6 The Political Background of Malaysia's State of Emergency in 2021　　*Zhou Meifen* / 091

Abstract: Under the advice presented by the National Alliance Cabinet, His Majesty the Yang di-Pertuan Agong issued a Proclamation of Emergency per Article 150 (1) of the Federal Constitution to declare a state of Emergency for Malaysia effective from January 12 to August 1, 2021. Although this is for the control of the COVID-19, it is considered a means to create time and space for the National Alliance government to win support and stabilize the political situation under the political background that the ruling government is at risk. Although the opposition parties could not challenge Prime Minister Mahiaddin's position through Parliament during the suspension of Congress under the state of emergency, the support received by both was still difficult to distinguish, and the situation became more complicated under lingers. Unless a single party wins a decisive majority of Parliament seats in the next General Election to form a stable and unshakeable government, expecting to solve the political dilemma by returning political power to the people through the general election may come to nought. Political unrest will continue.

Keywords: Malaysia; State of Emergency; Federal Constitution

B.7 The Role and Influence of the Kingship in Regime Change in Malaysia in Recent Years *Fan Ruolan, Peng Jian* / 111

Abstract: General Election in 2018 led Malaysia regime to shift and demonstrated political upheaval, "multipolar" and power fragmentation. Especially after the "Sheraton Coup" in February 2020, a series of federal and state regime coups happened, which provided an unprecedented opportunity for the supreme head of state and Sultans to play important roles in selecting prime minister and state governors. The intervention of royal power was helpful to stabilize the political situation quickly, but to some extent, it violated the principle of "false monarch" and the principle of elected people, which may affect the democratic transformation of Malaysia.

Keywords: Sheraton Coup; Sultan; Kingship; Malaysia

B.8 Elites in the Malay World: Typologies, Variations and
　　　Functions　　　　　　　　　　*Azhar Ibrahim, Liao Bowen* / 129

Abstract: The role of elites has been recognized as one of fundamental elements in the development of society, especially in developing regions. This report attempts to provide this background discussion on the elites in the Malay world, inasmuch as a critical assessment of this influential class. It argues that elite domination is still a strong feature in the politics of the region. Crony capitalism and business-politics collusion becomes a known fact, spawned further in this neo-liberal economic order. The growing populist sentiments today question the dominancy, privileges of the upper class and elites. But it is clear that elite expansion and renewals is happening in all societies, retaining its ingenious power base, instruments and maximizing the resources for securing their interest, influence and dominance.

Keywords: Malay Elites; Elitism; Populism

B.9 The Development of Digital Economy in Malaysia in 2020
　　　　　　　　　　　　　　　　　Kong Jinlei, Zhai Kun / 139

Abstract: Although the COVID-19 outbreak in early 2020 has brought a low point to Malaysia's macro economy, it also has injected impetus to the development of digital economy. During the epidemic, Malaysia's digital economy has undergone great progress, with explosive growth in e-commerce, electronic payment and other fields, which has improved the unfavorable situation of Malaysia's economic development to a certain extent. Despite Malaysian government has made long-term plans and provided policy support for digital economy, Malaysia's digital economy is still faced with obvious problems such as backward infrastructure construction, lack of talents and digital divide, restricting the further development of this field. Through close cooperation with China, it is believed that these issues will be properly resolved and Malaysia's digital economy will usher in a new stage of development.

Keywords: Digital Economy; Policy Support; China-Malaysia Cooperation

B.10 National Automotive Policy and the Development of Malaysian National Automotive Industry　　*Liu Yong* / 153

Abstract: The Malaysian automotive industry was established in the 1980s, and has gradually developed into a pillar industry of the national economy. Since 2006, the ruling government has begun to formulate policies and guidelines to direct the development of Malaysian automotive industry, after its ups and downs. In 2017, the troubled Proton made a decision to cooperate with the Geely Auto, which turned out to bring new development. At the beginning of 2020, Malaysia launched the National Automotive Policy 2020 (NAP 2020), pointing out the development direction and goals for automotive industry in the next 10 years. NAP 2020 focuses on Next-Generation Automobiles, Mobility-as-a-Service, the Industrial Reform 4.0, and attempts to lead Malaysian automotive industry to achieve new levels of success.

Keywords: National Automotive Policy; National Automotive Industry; Proton; Malaysia

B.11 Malaysia and the 2020 APEC Agenda
　　Ge Hongliang, Tang Jiaxin / 170

Abstract: Malaysia is one of the founding members of APEC. In 2020, Malaysia hosted the APEC meetings for the second time, and played a good role in coordinating and organizing. This report starts from the context of the relationship between Malaysia and APEC, analyzes some important nodes, and

then summarizes the 2020 APEC agenda led by Malaysia and discusses the role of Malaysia comprehensively. At the end this report gives a interpret of the multiple meanings of the 2020 APEC agenda.

Keywords: APEC; Malaysia; Bogor Goals; 2040 Vision

Ⅳ China-Malaysia Relations

B.12 China-Malaysia Cooperation: Challenges and Opportunities

Xu Liping, Zhang Shu / 189

Abstract: The outbreak of COVID-19 epidemic has caused different levels of impacts on China and Malaysia. Challenges and opportunities coexist in international cooperation between China and Malaysia. The cooperation between the two sides is faced with the triple challenges of Malaysia's political turmoil, economic down and geopolitical crisis. Meanwhile, China and Malaysia will have the potential to create new cooperation opportunities in health, digital economy, sustainable development and regional affairs.

Keywords: China-Malaysia Cooperation; Digital Economy; Regional Cooperation

B.13 The Development Model of People-to-People Exchanges between China and Malaysia in 2020   *Zhang Jingling* / 203

Abstract: The year of 2020 marks the 46th anniversary of the establishment of diplomatic relations between China and Malaysia. The friendship between China and Malaysia has become stronger over years. In addition to deepening economic and trade cooperation, people-to-people exchanges between the two countries have become more frequent. China-Malaysia cultural exchanges cover education, culture, art, health and other fields. By comparing reports and institutional data on China-

Malaysia people-to-people exchange activities in 2019 and 2020, this report finds that the areas of people-to-people exchanges between the two countries in 2020 focus mainly on education, culture and health. The mode of the exchanges is online communication and online/offline exchanges are supplemented. People-to-people exchanges have a certain degree of continuity and pragmatism, and have formed multiple normalized exchange mechanisms. The government still plays an important role in facilitating the people-to-people exchanges and the private sector supplements. With the continuous attempts of online models, there will be more innovations and developments in China-Malaysia people-to-people exchanges in the future.

Keywords: China; Malaysia; People-to-people Exchanges

B.14 The Cognitive Differences between the Malaysia Local Chinese Media and the Malay Media on the "Belt and Road" Initiative
—Based on the Comparative Analysis of the Reports in *Sin Chew Daily* and *Malaysia Kini*   *Shao Ying, Li Ke* / 217

Abstract: Malaysia is one of the countries that has continued its concern of the "Belt and Road" Initiative. From the glorious year of China-Malaysia's "Belt and Road" cooperation in 2019 to 2020 when the government was replaced and the COVID-19 epidemic was raging, a series of changes in Malaysia's domestic situation has brought uncertainty to the relevant cooperation. This report compares and analyses the news coverage of the "Belt and Road" by the Malaysian Chinese-language media, *Sin Chew Daily*, and the Malay-language media, *Malaysia Kini* from 2019 to 2020. Through a long-term follow-up of the news reports on the "Belt and Road" Initiative in these two mainstream Malaysian media, this report finds that the two mainstream media focus on the economic development opportunities Malaysia has gained from the "Belt and Road" Initiative, but there are also concerns about some contentious topics. The report also tries to make suggestions on how China can better communicate the "Belt and Road" Initiative to people around the world and give informative advice on China's foreign propaganda.

Keywords: *Sin Chew Daily*; *Malaysia Kini*; The "Belt and Road" Initiative; Cognitive Differences

Ⅴ Appendix

B.15 The Key Events of Malaysia (January-December 2020)

Liao Bowen / 234

权威报告・一手数据・特色资源

皮书数据库
ANNUAL REPORT(YEARBOOK) DATABASE

分析解读当下中国发展变迁的高端智库平台

所获荣誉

- 2019年，入围国家新闻出版署数字出版精品遴选推荐计划项目
- 2016年，入选"'十三五'国家重点电子出版物出版规划骨干工程"
- 2015年，荣获"搜索中国正能量 点赞2015""创新中国科技创新奖"
- 2013年，荣获"中国出版政府奖・网络出版物奖"提名奖
- 连续多年荣获中国数字出版博览会"数字出版・优秀品牌"奖

成为会员

通过网址www.pishu.com.cn访问皮书数据库网站或下载皮书数据库APP，进行手机号码验证或邮箱验证即可成为皮书数据库会员。

会员福利

- 已注册用户购书后可免费获赠100元皮书数据库充值卡。刮开充值卡涂层获取充值密码，登录并进入"会员中心"—"在线充值"—"充值卡充值"，充值成功即可购买和查看数据库内容。
- 会员福利最终解释权归社会科学文献出版社所有。

数据库服务热线：400-008-6695
数据库服务QQ：2475522410
数据库服务邮箱：database@ssap.cn
图书销售热线：010-59367070/7028
图书服务QQ：1265056568
图书服务邮箱：duzhe@ssap.cn

卡号：128734357211
密码：

基本子库
SUB DATABASE

中国社会发展数据库（下设 12 个子库）

整合国内外中国社会发展研究成果，汇聚独家统计数据、深度分析报告，涉及社会、人口、政治、教育、法律等 12 个领域，为了解中国社会发展动态、跟踪社会核心热点、分析社会发展趋势提供一站式资源搜索和数据服务。

中国经济发展数据库（下设 12 个子库）

围绕国内外中国经济发展主题研究报告、学术资讯、基础数据等资料构建，内容涵盖宏观经济、农业经济、工业经济、产业经济等 12 个重点经济领域，为实时掌控经济运行态势、把握经济发展规律、洞察经济形势、进行经济决策提供参考和依据。

中国行业发展数据库（下设 17 个子库）

以中国国民经济行业分类为依据，覆盖金融业、旅游、医疗卫生、交通运输、能源矿产等 100 多个行业，跟踪分析国民经济相关行业市场运行状况和政策导向，汇集行业发展前沿资讯，为投资、从业及各种经济决策提供理论基础和实践指导。

中国区域发展数据库（下设 6 个子库）

对中国特定区域内的经济、社会、文化等领域现状与发展情况进行深度分析和预测，研究层级至县及县以下行政区，涉及省份、区域经济体、城市、农村等不同维度，为地方经济社会宏观态势研究、发展经验研究、案例分析提供数据服务。

中国文化传媒数据库（下设 18 个子库）

汇聚文化传媒领域专家观点、热点资讯，梳理国内外中国文化发展相关学术研究成果、一手统计数据，涵盖文化产业、新闻传播、电影娱乐、文学艺术、群众文化等 18 个重点研究领域。为文化传媒研究提供相关数据、研究报告和综合分析服务。

世界经济与国际关系数据库（下设 6 个子库）

立足"皮书系列"世界经济、国际关系相关学术资源，整合世界经济、国际政治、世界文化与科技、全球性问题、国际组织与国际法、区域研究 6 大领域研究成果，为世界经济与国际关系研究提供全方位数据分析，为决策和形势研判提供参考。

法律声明

"皮书系列"(含蓝皮书、绿皮书、黄皮书)之品牌由社会科学文献出版社最早使用并持续至今,现已被中国图书市场所熟知。"皮书系列"的相关商标已在中华人民共和国国家工商行政管理总局商标局注册,如LOGO( )、皮书、Pishu、经济蓝皮书、社会蓝皮书等。"皮书系列"图书的注册商标专用权及封面设计、版式设计的著作权均为社会科学文献出版社所有。未经社会科学文献出版社书面授权许可,任何使用与"皮书系列"图书注册商标、封面设计、版式设计相同或者近似的文字、图形或其组合的行为均系侵权行为。

经作者授权,本书的专有出版权及信息网络传播权等为社会科学文献出版社享有。未经社会科学文献出版社书面授权许可,任何就本书内容的复制、发行或以数字形式进行网络传播的行为均系侵权行为。

社会科学文献出版社将通过法律途径追究上述侵权行为的法律责任,维护自身合法权益。

欢迎社会各界人士对侵犯社会科学文献出版社上述权利的侵权行为进行举报。电话:010-59367121,电子邮箱:fawubu@ssap.cn。

社会科学文献出版社